Tom Kenyon & Virginia Essene

Die Hathor-Zivilisation

Tom Kenyon & Virginia Essene

Die Hathor-Zivilisation

Gespräche mit interdimensionalen Wesen

KOHA

Hathor, fotografiert von Gregg Braden.

Dieses Foto stammt aus einer unlängst entdeckten Tempelanlage in Memphis, Ägypten. Die aufgrund von Überschwemmungen durch den Nil mit Sand und Schlick bedeckte Tempelskulptur ist besonders bedeutsam, weil es sich hier um die bislang besterhaltene Darstellung der Hathoren handelt. Das Originalfoto der Skulptur wurde von Gregg Braden 1987 aufgenommen.

Titel der Originalausgabe: *The Hathor Material*

Deutsche Ausgabe:
KOHA-Verlag GmbH Burgrain
2. Auflage 2012

Aus dem Englischen von Silvia Autenrieth
Lektorat: Franz Simon
Gesamtherstellung: Karin Schnellbach
Druck: CPI, Moravia
ISBN 978-3-86728-153-9

Inhalt

Widmung

Ich widme dieses Buch dem Einen, dem Einen Leben, das durch alle Formen lebt, dem Einen, das den Atem aller Kreaturen atmet, und dem Einen Herzen universeller Liebe, das alles vereint. Mögen wir alle bei seinem Ruf erwachen und wach werden für die Heiligkeit des Lebens. Mögen wir lernen, uns selbst und einander das Geschenk des Mitgefühls zu geben.

Tom Kenyon

Dieses Buch ist unserem Schöpfer gewidmet, unter all den vielen Namen, die ihm gegeben wurden, den geliebten spirituellen Führern aller Dimensionen, Zeiten und Orte, die uns geduldig zurück zum göttlichen Bewusstsein führen, und allen Formen von Leben allerorts, die positiv zur Expansion des Lebens, der Liebe und der Weisheit beitragen.
Ehren möchte ich auch meine Mitschwestern und Mitbrüder vom Planeten Erde, die mit mir ein gemeinsames Erbe und eine sich unablässig erweiternde kosmische Reise teilen.

Virginia Essene

EINLEITUNG
von Tom

»Der menschliche Geist ist wie ein Fallschirm: Um zu funktionieren, muss er offen sein.«

Das Material, das hier zu lesen sein wird, stammt aus einer höchst ungewöhnlichen Quelle: von einer Gruppe interdimensionaler Wesen, die unter dem kollektiven Namen »die Hathoren« bekannt sind. Diese Wesen leben nach eigener Angabe in der vierten Dimension unseres Universums. Sie sind, was ihr Bewusstsein angeht, ältere Geschwister von uns, und sie befassen sich schon seit Jahrtausenden mit der Menschheit. Im Ägypten des Altertums wirkten sie durch den Fruchtbarkeitskult der Himmelsgöttin *Hathor*. Sie sind Meister des Klangs und der Energie.

Vor etwas mehr als drei Jahren kam eines dieser Wesen bei der Meditation unerwartet auf mich zu. Damals erhielt ich eine ausführliche Unterweisung in ein System heiliger geometrischer Figuren, mit denen sich die höheren Gehirnzentren öffnen lassen, was ICT oder *Interdimensional Consciousness Training* (Interdimensionales Bewusstseinstraining) genannt wird. Den Hathoren zufolge haben wir im Gehirn 3.200 Chakras, wobei das *Ajna*-Chakra und Kronchakra nur zwei dieser Chakras darstellen, die in unserem Kopf anzutreffen sind.

Dieses Buch entstand auf Bitte der Hathoren. Aus eigenem Antrieb verspürte ich mit Sicherheit nicht den leisesten Wunsch, so etwas zu schreiben. Ich hatte mit meiner psychotherapeutischen Praxis, meiner wissenschaftlichen Arbeit und meiner Lehrtätigkeit schon alle Hände voll zu tun. In den rund zwei Jahren davor hatte ich in den gesamten Vereinigten

Staaten mit fantastischen Resultaten Seminare zur Arbeit mit ICT abgehalten. Dabei hatte ich ganz deutlich feststellen können, dass diese »innere Technologie« das Leben von Menschen zum Besseren veränderte.
Außerdem hatte ich gemeinsam mit den Hathoren mit Klang gearbeitet, was für mich eine höchst spannende Angelegenheit war, da ich von meinem beruflichen Hintergrund her sehr stark aus der Psychoakustik komme (dem Studium des Einflusses von Klang, Sprache und Musik auf das Bewusstsein). Ein Großteil meiner Arbeit in Sachen »Hathor-Gruppe« basiert auf dem Einsatz von Klang, insbesondere in Form eines Tonisierens, bei dem ich mich auf meine Mentoren einstimme und es ihnen ermögliche, mit Hilfe meiner Stimme Töne zu produzieren. Diese Arbeit faszinierte mich und erwies sich für diejenigen, die sie erlebten, immer wieder als äußerst wirkungsvoll. Ich hatte diesen Teil des Wirkens der Hathoren also bereits integriert und kam gut damit zurecht, da bat mich meine »Hathor-Gruppe«, für diejenigen, die die Klänge nicht persönlich hören konnten, ein Buch zu »channeln«. Mir widerstrebte die Idee. Ich betrachtete mich nicht als »Medium« (obwohl ich denke, dass wir in gewisser Hinsicht alle Medien sind), und ich wollte mit einem solchen Vorhaben nichts zu tun haben. Nachdem sie mich immer wieder damit piesackten, gab ich jedoch nach und erklärte mich einverstanden, ihr Buch zu schreiben.
Ich musste feststellen, dass ich die Gedanken der Hathoren nicht in den Computer tippen konnte, da sich dann mein innerlicher »Redakteur« einschaltete und mitten im Fluss die Zeichensetzung und Grammatik verändern wollte, was mich aus dem Trancezustand herausbrachte. Da mir die Zeit fehlte, die Informationen auf Kassette aufzuzeichnen und dann zu transkribieren, sagte ich den Hathoren im Grunde, sie sollten das Ganze vergessen und sich einen anderen suchen. Ich bilde-

te mir natürlich absolut nicht ein, dass ich das einzige »Channel-Medium« für diese Informationen war. Also vergaß ich die Sache, und auch die Hathoren vergaßen sie – oder zumindest dachte ich das.

Etwa vier Monate später schafften es die Hathoren, mich ziemlich zu schockieren. Ich hielt mich gerade in der Gegend um die Bucht von San Francisco auf, und während dieses Aufenthalts wussten sie meine volle (und verblüffte) Aufmerksamkeit auf sich zu lenken. Ich hielt dort gerade eine Abendveranstaltung ab, ein Einführungsprogramm für einen Hathor-Workshop am darauf folgenden Wochenende, als mich eine Frau ansprach, die zusammen mit anderen, die Fragen an mich richten wollten, in der Schlange gestanden hatte. Sie stellte sich als Virginia Essene vor. Der Name sagte mir etwas, da ich schon Bücher von ihr gelesen hatte, aber wir waren uns noch nie persönlich begegnet.

Man muss sich an dieser Stelle klarmachen, dass es nur eine Person gab, die von dem durchkreuzten Buchprojektplan wusste, nämlich meine Frau Pam. Und da kommt diese mir völlig unbekannte Frau auf mich zu und sagt: »Hallo ..., mein Name ist Virginia Essene, und ich habe ein etwas merkwürdiges Gefühl dabei, Ihnen eine Nachricht zu übermitteln, da wir uns noch nicht begegnet sind, aber wie dem auch sei: Ich soll Ihnen etwas ausrichten.«

Ich weiß noch, wie ich ihr bedeutete, weiterzusprechen.

Daraufhin sagte sie mir, ihr geistiger Führer und die Hathoren seien gekommen und hätten sie gebeten, ihnen dabei zu helfen, mir die Wichtigkeit dieses Buches vor Augen zu führen.

Ich war wie vom Donner gerührt. Einen Moment lang verschlug es mir die Sprache, und dann musste ich lachen. Die Geschichte war doch zum Schreien!

Ich erzählte Virginia, dass ich eigentlich auch versucht hatte, das Material in Schriftform zu bringen, für eine solche Mitschrift aber zu viel zu tun hätte. Ohne lange zu fackeln, bot mir Virginia daraufhin die Mithilfe ihres Verlagshauses an, und so fanden die Hathoren in ihr und der SHARE Foundation eine willige Geburtshelferin. Ohne sie wäre dieses Buch nicht geschrieben worden. Und so möchte ich Virginia für ihre Offenheit und ihren Weitblick danken. Danke an sie und ihre Mitarbeiterinnen und Mitarbeiter für ihre Mitwirkung bei den unzähligen Detailfragen, die ein derartiges Projekt mit sich bringt. Und außerdem danke an diejenigen, die mir geholfen haben, dieses auf Kassette existierende Material schriftlich aufzuzeichnen, worauf es dann von Virginia redaktionell bearbeitet wurde.

Die Hathoren haben wiederholt gesagt, dass unsere menschlichen Gefühle ein wesentlicher Aspekt der bewussten Evolution seien. Und so möchte ich euch bitten, euren eigenen gefühlsmäßigen Reaktionen auf ihre Worte und Ideen nachzuspüren. Nehmt sie nicht einfach verstandesmäßig als bloße Gedanken hin, sondern spürt, welchen Widerhall sie in eurem eigenen Herzen und Geist finden. Die Hathoren gehören wirklich zu den liebevollsten und meisterhaftesten Wesen, die mir bislang begegnet sind, und es ist mir eine Ehre, euch mit diesen »Urältesten« unter den Weisen bekannt zu machen. Ich bin sicher, dass ihr von ihnen so tief berührt sein werdet, wie ich es war. Also: Fallschirme auf!

Tom Kenyon

Einleitung

von Virginia

Im Laufe der letzten zehn Jahre hat die SHARE-Foundation über ihr Verlagshaus S.E.E. Publishing sechs Bücher herausgebracht – dies ist nun die siebte Publikation –, die eine große Bandbreite von gechannelten Informationen weitergeben. Ihr Zweck war der, gegenwärtige Sichtweisen infrage zu stellen, euch bislang ungenutzte Bereiche eurer wahren Natur zu eröffnen und neue Anstöße für euer fortlaufendes spirituelles Erwachen – euer Wachstum und eure geistige, körperliche und emotionale Gesundheit – zu geben.

Da noch viele weitere Menschen und Organisationen, insbesondere in diesem letzten Jahrzehnt des 20. Jahrhunderts, Ähnliches getan haben – wofür ich ihnen auf immer und ewig dankbar bin –, wird die Vorstellung einer telepathischen Kommunikation zwischen verschiedenen Dimensionen derzeit salonfähiger als je zuvor. Natürlich sind, so glaube ich, wo wir uns nun dem Jahr 2000 nähern und zunehmend vertrauter werden mit unserem hiesigen Sonnensystem sowie der Existenz weiterer Regionen jenseits von ihm, viele uralte zellulare Erinnerungen in unserem Unbewussten wachgerufen worden. Tatsache ist, dass diese zellulare Expansion auch unser Interesse an den vielen uralten Mysterien hat entstehen lassen, die nun publik werden dürfen, sowie unser Interesse an den vielen Heilungspraktiken, die positive Zivilisationen früherer Zeiten nun offenbaren.

Wir lernen, dass das Leben keinen Zufall kennt und dass der Beobachter und das Beobachtete Teil ein und desselben Zyklus sind. Sofern das Fakt ist und nicht Erfindung, so bewirkt und beobachtet unsere Menschenfamilie derzeit ihre ureigene

Transformation, und für diesen Fortschritt in unserer Evolution können wir alle Hilfe gebrauchen, die wir bekommen können!

Es erfüllt mich von daher mit großer Freude, die Hathoren vorzustellen, die sich zurzeit auf den ätherischen Ebenen des Planeten Venus befinden und die einmal einen sehr großen Einfluss auf die Geschichte der Erde hatten. Diese aufgestiegene Zivilisation verfügt über unglaubliche Fähigkeiten im Hinblick auf den heilenden Einsatz von Klang. Unter Mitwirkung von Tom Kenyon lassen uns die Hathoren nun hieran teilhaben. Ausgehend von meinen persönlichen Erfahrungen mit Tom in seinen diversen Seminaren, kann ich sagen, ich glaube, dass die Informationen der Hathoren und die entsprechenden energetischen Prozesse sehr kraftvoll und positiv sind. Dennoch könnt nur ihr selbst entscheiden, wie wertvoll ihre Botschaft für euch persönlich ist.

Da Toms Stimme viereinhalb Oktaven abdeckt, entstehen, wenn er mit Hilfe der Hathor-Energie Töne anstimmt oder singt, unglaubliche Klänge, wirklich wie aus einer »anderen Welt«, ganz außergewöhnlich. Ich empfehle also, ihn möglichst einmal persönlich zu erleben oder zumindest eine CD zu kaufen.

Indem die Hathoren ihre Botschaft an den Planeten Erde vermitteln, geben sie uns Informationen wie auch praktische energetische Techniken. In unserem Buch präsentieren wir im ersten Teil eines jeden Kapitels ihre Kommentare, gefolgt von Antworten auf Fragen meinerseits, die darauf abzielen, Aspekte des Materials zu klären oder näher auszuführen. Man kann sich vorstellen, dass ich nicht jede Frage stellen konnte, die ich gehabt hätte, da der Raum begrenzt war; genauso wenig konnten meine Fragen alles abdecken, was ihr vielleicht gern gefragt hättet, aber ich hoffe, dass ihr von den Fragen profitiert.

So legen wir nun also mit Freude zum ersten Mal die Auf-

zeichnungen von unserem Kontakt mit den Hathoren in gedruckter Form vor. Möge all das eurem eigenen Wachstum und eurer Inspiration dienen ... und dem höchsten Wohl des Planeten und des Lebens überall.
Frieden, liebe Freundinnen und Freunde, und Segen uns allen!

Virginia Essene

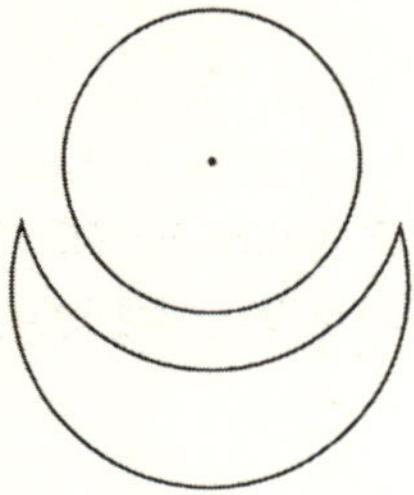

Das uralte alchemistische Symbol oben steht für die »heilige mystische« Vermählung von Männlich und Weiblich. Diese »Vermählung« ist kein weltliches Ereignis. Vielmehr ist sie etwas, das tief in einem Menschen geschieht, eine Herstellung des Gleichgewichts der Kräfte in unserem eigenen Innern. Wenn ein Mensch die sogenannten männlichen und weiblichen »Strömungen« in sich ins Gleichgewicht bringt, so erreicht er einen Zustand, der als »universell-androgyn« bezeichnet wird. Dieser Gleichgewichtszustand des Bewusstseins öffnet den Zugang zu den tieferen Mysterien unseres eigenen Bewusstseins.

Die runde Scheibe steht für die »Sonne« oder positiv geladene Elektrizität. Der Halbmond darunter steht für den »Mond«, die negativ geladene magnetische Anziehungskraft. Die Ausgewogenheit von elektrischen und magnetischen Kräften im Wesen eines Menschen gehört zu den Zielen der ägyptischen Alchemie.

Wir haben dieses Symbol als eine Art stummes Gebet in dieses Buch aufgenommen. Es ist unser brennender Wunsch, dass der Kampf zwischen Mann und Frau – ob in der äußeren Welt oder der inneren – ein Ende hat; dass alle Menschen im heiligen Tempel ihres eigenen Herzens den Frieden der Ausgewogenheit finden werden; und dass dieser Friede, der »alles Verstehen übersteigt«, sich über die ganze Welt ausbreiten möge.

1

Wer wir sind und warum wir zu euch kommen

Wir sind die Hathoren. Wir kommen in Liebe und verkünden eine neue traumhafte Wirklichkeit für eure Erde. Wenn ihr so weit seid, die neue Welt aufzubauen, so laden wir euch ein, uns mit Geist und Herz auf eine Reise zu begleiten. Wir sind eure älteren Brüder und Schwestern. Wir begleiten euch schon seit langer Zeit bei eurer Evolution auf diesem Planeten. Wir waren in früheren Äonen an eurer Seite – selbst in jenen vergessenen Tagen, bevor eure aktuelle Geschichtsschreibung irgendeine Spur von uns verzeichnet. Unsere eigene Natur ist energetisch und interdimensional. Ursprünglich kamen wir über den Sirius, der ein Portal zu eurem Universum ist, von einem anderen Universum, und von Sirius aus setzten wir schließlich unseren Weg zu eurem Sonnensystem und den ätherischen Regionen der Venus fort.

In der Vergangenheit fand unser Wirken hauptsächlich mit und durch *Hathor* statt, der Fruchtbarkeitsgöttin des alten Ägyptens. Ferner nahmen wir mit den tibetischen Lamas in der Entstehungszeit des tibetischen Buddhismus Kontakt auf. Von daher gehen einige ihrer unverwechselbaren Techniken und Praktiken im Hinblick auf den Einsatz von Klang auf unser eigenes Erbe zurück und auf das, was wir sie gelehrt haben. Obwohl es unsererseits zu Interaktionen mit einigen der frühen Kulturen der Erde kam, sind wir eine intergalaktische Zivilisation mit Außenposten, die über Teile des euch bekannten Universums und darüber hinaus verstreut sind.

Wir sind das, was ihr vielleicht eine aufgestiegene Zivilisation nennen würdet – eine Gruppe von Wesen, die in einem bestimmten Schwingungsfeld existieren, genau wie sogar auch ihr eine bestimmte energetische Handschrift aufweist. Es ist einfach so, dass wir schneller schwingen als ihr. Dennoch sind wir alle Teil des Mysteriums, Teil jener Liebe, die alle Universen zusammenhält und verbindet.

Wir sind gewachsen, wie auch ihr gewachsen seid, und sind dabei aufgestiegen zur Einen Quelle von allem, was ist. Wir sind wie ihr freudvoll gewachsen und durch Leid. Wir befinden uns, wollte man uns in der unendlichen Weite einordnen, ein wenig höher auf der Wahrnehmungs- und Bewusstseinsspirale als ihr; von daher können wir euch anbieten, was wir gelernt haben – als Freunde, Mentoren und Mitreisende auf dem Weg, der zurück zur Erinnerung an Alles-Was-Ist führt.

Wir befinden uns in einer Zeit immenser Heilung auf allen Ebenen dieses lokalen Sonnensystems und in allen Reichen, nicht nur im Menschenreich. Und dennoch haltet ihr als Menschen den Schlüssel für die Entwicklung und den Aufstieg eures Planeten Erde in der Hand. Ihr befindet euch in einem Schwebezustand mitten in einer immens bedeutungsvollen Epoche in der Bewusstseinsentwicklung auf diesem Planeten. Es geschieht derzeit etwas, das noch nie zuvor da war, und es ist uns eine Freude und hat etwas geradezu Ekstatisches, mit euch noch einmal daran teilzuhaben und in euer Bewusstsein zu treten. Denn als wir das letzte Mal bewusst zusammen waren, war das im alten Ägypten.

In der ägyptischen Geschichte gibt es wenig Hinweise auf unsere Existenz, unsere Motive und unser physisches Aussehen. Es sind jedoch bildhauerische Werke von den Hathor-Tempeln erhalten, die unser Aussehen zeigen. Auf dem Cover dieses Buches findet ihr eine Fotografie solch einer Skulptur; das kann für manche von euch als Gedächtnisstütze dienen.

Auf den nachfolgenden Seiten werden wir uns bemühen, euch

von unserer Bewusstseinsebene her Hilfsmittel und das entsprechende Verständnis an die Hand zu geben. Wir hoffen und wünschen uns, dass sie sich für euch als hilfreich erweisen werden. Wir wollen klar herausstellen, dass wir nicht eure Erlöser sind. Wir sind nicht messianisch. Wir sind eure Brüder und Schwestern, die ganz in eurer Nähe wohnen, und doch werden wir uns weder in eure Entscheidungen noch in eure Evolution einmischen, denn dies alles ist eurem freien Willen überlassen.

Aber wir stehen parat, um euch behilflich zu sein. Wir stehen parat, um euch zu unterstützen, und zwar nicht nur durch die Techniken und das Verständnis, das wir auf den nachfolgenden Seiten offenbaren, sondern wir sind auch bereit, mit euch ganz eng und individuell zu arbeiten, damit sich euer Gesundheitszustand und euer Bewusstsein verbessern. Die Tatsache, dass ihr euch für dieses Buch entschieden habt, ist ein Zeichen eurer Bereitschaft, und wir sind unsererseits bereit und stehen euch auf vielen Bewusstseinsebenen zur Verfügung. Durch unser Hilfsangebot möchten wir jedoch weder in irgendeiner Weise störend in das Wirken eurer sonstigen spirituellen Helferinnen und Helfer und kosmischen Beziehungen eingreifen, noch in eure religiösen Überzeugungen oder eure Zugehörigkeit zu einer bestimmten Gruppe oder Organisation, die für euch hilfreich ist. Dennoch ist da eine Menge, was wir euch gerne übermitteln würden.

Beginnen wir also mit dem Verständnis, dass ihr selbst Energie seid. Wir setzen mit unseren Ausführungen bei der Energie an, da das Bewusstsein auf der Erde derzeit auf einer Ebene eingeschlossen und fixiert ist, die ihr die dreidimensionale Wirklichkeit nennen würdet – die materielle Welt, die ihr mit euren physischen Sinnen anfassen und sehen könnt. Und dennoch könnt ihr innerhalb des Spektrums von Energien, des elektromagnetischen Spektrums, das eure Physiker entdeckt haben, *weniger als ein Prozent von dem sehen, was es gibt!* Wir existieren in den restlichen 99 Prozent nicht wahrgenommener Energie, ebenso wie die unzähligen sonstigen Reiche dieses Universums, die euch noch zu erkennen bleiben.

Wenn ihr doch verstehen würdet, wie sehr man euch in den anderen Sphären schätzt, so könntet ihr die Ketten der Selbstverleugnung abstreifen, die eure Spezies seit Jahrhunderten gefangen halten. Und doch beginnt nun dankenswerterweise eine Auslöschung von alldem – was uns große Freude und viel Lachen schenkt. Ihr werdet de facto merken können, dass wir älteren Geschwister Humor haben, da die Manifestation der Einen Quelle, die sich in unendlichen Sphären und auf unendlich vielen Ebenen entfaltet, im Kern freudvoll ist, ja sogar voller Humor. Denn es ist doch ein Witz – oder etwa nicht? –, dass das Unendliche sich mitten ins Endliche hineinversetzen kann? Es ist, als nähme man den Himmel, steckte ihn in ein Marmeladenglas und dächte dabei die ganze Zeit, man selbst sei das Marmeladenglas – bis dann eines Tages das Glas zerbricht und der Himmel freigesetzt wird. Habt keine Angst vor diesem Zertrümmern, Freunde. Es braucht nicht schwierig zu sein. Es braucht nicht leidvoll zu sein. Es kann freudig erfolgen. Froh – und sehr, sehr komisch.

Mit diesen Kommentaren würden wir vorschlagen, dass ihr nun Fragen vortragt, die vielleicht aufgekommen sind. Hast du eine bestimmte Frage, die du gerne stellen möchtest, Virginia?

Virginia: Da ich euch Hathoren auf eine Weise vorstellen möchte, die Menschen dabei hilft, eine gewisse Vertrautheit zu erleben, beschreibt mir doch bitte, wie viele in dieser Gruppe oder diesem Rat sind, die daran arbeiten, uns diese Informationen zu übermitteln. Und bitte gebt uns ein paar Faktoren zu euren Interessen oder euren Kenntnissen auf bestimmten Gebieten an. Wir würden diese Informationen gern in diesem ersten Kapitel unterbringen, damit die Leute sozusagen das Gefühl bekommen können, euch persönlich zu begegnen.

Hathoren: Wir sind eine Gruppe von zehn. Eigentlich sind wir dreizehn, aber drei von uns haben nichts mit der Weitergabe dieses Materials zu tun. Sie sind Beobachter und halten sich bei diesem Prozess zurück. Wir zehn drücken uns mehr oder weniger als Gruppenbewusstsein aus, und wir werden hauptsächlich durch einen aus unserer Gruppe gechannelt, dessen Name Avar ist.

Virginia: Avar?

Hathoren: Ja. Wir sind zehn Individuen aus einer Zivilisation, die mehrere Millionen umfasst. Was unseren Hintergrund angeht, so sind unter anderem einige unter uns, die man bei euch als Ärzte bezeichnen würde beziehungsweise als Wissenschaftler, dazu mehrere Lehrer und Historiker. Einen unter uns würdet ihr vielleicht als Mystiker oder Philosophen bezeichnen, obwohl wir unserem Wesen nach alle Mystiker und Philosophen sind. Wir haben in unserer Gruppe also sehr verschiedene und voneinander abweichende Sichtweisen.

Virginia: Ihr habt euch offenbar freiwillig entschieden, an uns heranzutreten. Kannst du uns sagen, warum?

Hathoren: Wir schätzen und lieben unsere Menschenbrüder und -schwestern. Wir spüren und sehen eine immense Veränderung, die sich auf diesem Planeten abspielt. Ihr befindet euch inmitten eines Prozesses, bei dem ihr in eine neue Bewusstseinsdimension hineingeboren werdet. Auch unsere Zivilisation hat diesen Prozess hinter sich. Wir kennen die Schmerzen, die mit der Geburt durch das Portal von Raum und Zeit in eine größere Wirklichkeit verbunden sind. Deshalb haben wir aus unserer Liebe und unserem Mitgefühl heraus – und weil es uns eine Freude ist, mit Menschen zusammen zu sein – beschlossen, dieses Material herauszugeben, in der Hoffnung, dass es euch eine Hilfe ist.

Virginia: Nun, dafür danken wir euch natürlich! Könntet ihr für uns diese Seite mit dem weiblichen Aspekt klären – dieser weiblichen, schöpferischen, fruchtbaren Qualität, für die der Name Hathor zu stehen scheint?

Hathoren: Ja. Alles im Universum ist zyklischer Natur und dualistischer Natur, bis man zu der fundamentalen Oktave kommt, wo alle Dualität zu Einheit zusammengeführt wird. Alle Dinge im Universum – dem physischen Universum und allen anderen, feinstofflichen Universen – verfügen über eine Polarität. Um menschliche Metaphern zu gebrauchen: Diese Polaritäten sind männlich und weiblich – oder positive und negative elektrische Ladungen.

Zu jenem Zeitpunkt, als wir in das frühe Bewusstsein der Menschheit kamen, war euer neu entstehendes Bewusstsein in Kontakt mit der Großen Erde, die ihr vielleicht die Große Mutter nennen würdet. In den großen Religionen der Vergangenheit hieß die Erde ja Große Mutter. Und so geschah es, dass das frühe Bewusstsein hier zutiefst mit der Erdmatrix, diesem Bewusstsein der Erde als etwas Weiblichem verbunden war, sodass die weiblichen Mysterien und die weibliche Natur die Grundausdrucksformen des Bewusstseins waren. Dann, als das Weibliche von dem überwältigt wurde, was ihr das Männliche nennen würdet, fielen uns als euren Beobachtern bestimmte Ereignisse auf. Die Menschen begannen ihre Verbindung zur Erde zu kappen und sich in Richtung auf eine Autonomie ihrerseits hin zu entwickeln. Es ist zwar wichtig, dass die Menschheit ihre Autonomie erkannt hat, doch ihre Trennung von der Erde und von der wechselseitigen Verbundenheit allen Lebens ist sehr gefährlich. Was derzeit geschieht: Das menschliche Bewusstsein beginnt zu spüren, dass es dazu zurückkehren muss, die Große Mutter Erde zu ehren. Und dieser Fortschritt vollzieht sich in Zyklen.

In der frühen Entstehungszeit der ägyptischen Kosmologie

wurde die Göttin Hathor mit dem Himmel in Verbindung gebracht. Erst später galt Hathor als die Fruchtbarkeitsgöttin. Es ist kein Zufall, dass ihr Name und der unsere ähnlich sind. Wir säten die Saat für dieses frühe Symbol des weiblichen Mysteriums und unterstützten es. Die Göttin Hathor existiert in der Tat losgelöst von uns und ist das, was man als »archetypisches Muster« bezeichnen könnte. Sie ist eine kosmische Kraft, für die man vergleichende Metaphern finden kann, und wir als Kultur haben uns mit ihrer Qualität der Liebe, Ekstase und Glückseligkeit identifiziert.

Derzeit hat das menschliche Bewusstsein zweierlei Polaritäten durchlebt: das Erdbewusstsein der Mutter und dann das Autonomie- oder männliche Bewusstsein des Vaters, doch ohne dass die beiden zusammengekommen wären. Die Sache ist die, dass die beiden zusammenkommen müssen, damit das Männliche und das Weibliche in einem ausgewogenen Verhältnis stehen. Es ist kein Zufall, dass es zu diesem Prozess kommt, bei dem jeder Mensch sich mit seiner eigenen Androgynität, mit der eigenen Männlichkeit/Weiblichkeit arrangieren muss. Diejenigen, die wach und bewusst sind, spüren, dass das Männliche und das Weibliche sich die Waage halten müssen. Ihnen wird klar, dass der Krieg zwischen den Polaritäten Männlich und Weiblich beendet werden muss, damit die Autonomie des männlichen Prinzips und die Empfänglichkeit des weiblichen wieder im Gleichgewicht sein können.

Während das Weibliche sich sozusagen aus der Asche erhebt, kehren die Mysterien des alten Ägyptens zurück. Und die Rückkehr dieses Wissens ist einfach eine Hilfe. Was die Menschen damit zu tun entscheiden, bleibt ihrem eigenen freien Willen überlassen. Doch die Vorstellung kehrt zurück, und viele von euch erinnern sich an ihre Wurzeln im ägyptischen Altertum und diese frühere Epoche, da es an der Zeit ist dafür, dass das Weibliche wieder erwacht. Aber lasst uns vorbringen, dass das Weibliche auf andere Weise zurückkehrt als zuvor: als im Gleichgewicht befindliches Prinzip – nicht ganz weiblich, nicht ganz männlich, sondern eine androgyne, ausgewogene Verschmelzung der beiden.

Virginia: Wenn ich das, was du über das weibliche Prinzip gesagt hast, recht verstehe, gilt das also für das gesamte Sonnensystem? Oder ist es in erster Linie etwas, worauf hier auf der Erde die Konzentration liegt?

Hathoren: Es wird durchaus auf das gesamte Sonnensystem angewandt, doch zu unterschiedlichen Zeiten. Es ist entscheidend für das, was derzeit auf der Erde geschieht. Weißt du, es gibt zwei parallele Prozesse. Die Erde als Bewusstsein durchläuft ihre eigene Erhebung auf eine höhere Schwingungsebene, eine Veränderung ihrer selbst, also sind alle Organismen – nicht nur die menschlichen, sondern auch die Pflanzen und Tiere – davon berührt. Sie alle durchleben ihre eigenen individuellen Prozesse, um sich an die Verlagerung der Erde auf ein höheres Schwingungsfeld anzupassen.

Das restliche Sonnensystem durchläuft ebenfalls einen Prozess, bei dem sich die Schwingungsfelder wandeln, da eure Sonne sich verschiebt; besonders die Erde jedoch macht einen einzigartigen Prozess durch, der zu diesem exakten Zeitpunkt von den anderen Planeten nicht erfahren wird. Deshalb haben sich Wesen aus vielen Dimensionen und anderen Sphären rund um die Erde auf Planeten, Asteroiden und interdimensionalen Räumen postiert, um zu beobachten, was da geschieht. Es ist so einzigartig.

Virginia: Ich wüsste gerne, wie Erde und Venus mit diesem Sonnensystem zusammenhängen. Gab es einmal ein einziges Bewusstsein oberhalb und jenseits des Bewusstseins in den physischen Planetensphären, die wir Venus und Erde nennen? Könntet ihr etwas zu unserer früheren und aktuellen Beziehung zu ihnen sagen?

Hathoren: Denke dir die Venus als ältere Schwester der Erde. In der Zeit vor der Formgebung, als die Planeten de facto erst geschaffen wurden, existierte bereits die Saat, es existierten die feinstofflichen Schwingungen dieser Planeten, und es gab Gedankenformen und Wesen, die sich durch diese Räume im All bewegten. Damals bestand eine innige Verbindung zwischen den Planeten Erde und Venus. Sie riefen eine pulsierende Bewegung von Energie hervor, so ähnlich wie ein Unendlichkeitszeichen. Also waren Venus und Erde schon vom Konzeptionsstadium an miteinander verbunden. Sie sind wie Schwesterplaneten. Diejenigen von uns in der Nähe der Venus, die mit ihrer eigenen Arbeit befasst sind und ihrer eigenen Entwicklung hin zu einem umfassenderen Verständnis, sind mit der Erde zutiefst verbunden. Von daher engagieren wir uns dafür, euch zu helfen, und es ist uns eine Freude, diesen Wesen zu helfen, die beschlossen haben, sich auf diesen herrlichen Planeten Erde zu inkarnieren – sowie dem Planeten Erde selbst zu helfen, während er bei seinem eigenen Prozess den Aufstieg zu erlangen beginnt.
Virginia: Verstehe. Wir, die wir uns mit diversen metaphysischen Lehren über den Planeten Venus befasst haben, haben den Namen Sanat Kumara gehört und möchten dieses Wesen und die Energien seiner Lehre in einem früheren Zeitraum gern würdigen. Kommt das an irgendeiner Stelle in eurem Material vor?
Hathoren: Wir haben nicht geplant, auf unseren Bruder Sanat Kumara einzugehen, aber wir kennen ihn gut, denn er war es, der uns bat, in dieses Universum einzutreten. Sanat Kumara ist eine uralte Seele, die jenem intergalaktischen Rat angehört, der unter dem Namen »Weiße Bruderschaft« bekannt ist. Der Begriff »weiß« bezieht sich hier nicht auf die Hautfarbe, sondern auf einen Zustand der Reinheit. Als Aufgestiegener Meister hat Sanat Kumara für zahlreiche Dinge die Verantwortung

übernommen, die mit dem Aufstieg des Planeten Erde und dieses Sonnensystems zusammenhängen. Er befasst sich schon seit Jahrtausenden mit dieser Aufgabe. Er ist unermüdlich in seinem Einsatz für diese Sphäre, und er ist im ganzen Universum für seine kraftvolle, magnetische Gegenwart bekannt. Wir mögen ihn sehr, vor allem, weil er einen wunderbaren Sinn für Humor hat. Er arbeitet auf den Aufstieg, die Evolution des Bewusstseins im Sonnensystem hin wie wir. Seine Heimat wäre die Venus, wenn man einen physischen Ort angeben möchte. Jedoch reicht seine Gegenwart durch viele Dimensionen, wie ihr wisst. Die von ihm verwendeten Methoden befinden sich im Einklang mit allem, was wir in diesem Buch zu offenbaren planen. Wir haben jedoch nicht vor, auf sein Werk oder seinen Ansatz einzugehen, da das eine eigene Mitteilung von seiner Seite verdienen würde – ein persönliches Sich-Mitteilen, wenn du so willst.

Virginia: Mit anderen Worten, unter den höheren venusischen Energien hat sich bereits eine Zweckgemeinschaft herausgebildet?

Hathoren: Ja.

Virginia: Dann wüssten wir gerne, ob eure venusische Art des Erlebens in irgendeiner Weise mit dem Planeten Sirius B zusammenhängt oder mit sonstigen galaktischen Regionen jenseits unseres Sonnensystems. Und auch mit Ägypten, wie die Worte Osiris, Isis und vieles andere an ägyptischem Gedankengut und Begriffen nahelegen.

Hathoren: Wir werden euch diesbezüglich Antworten auf gezielte Fragen anbieten, obwohl das Material, das wir für dieses Buch im Sinn haben, nicht darauf eingeht. Wir bemühen uns, praktische Hilfsmittel und einen Verständnisansatz einzubringen, damit diejenigen, die diese Worte lesen, einen Erinnerungsschlüssel und eine klar erkennbare Handschrift haben und sich so an vieles erinnern. Unser Wunsch ist, dass unsere Informationen allen bei ihrer Evolution und ihrem eigenen Aufstieg dienlich sein mögen. Aber wir sind offen für die Besprechung von Fragen, die ihr vielleicht zu unserer Geschichte, unserem Hintergrund habt.

Um auf deine Frage zu Sirius einzugehen: Es gibt eine direkte Verbindung zwischen Venus und Sirius, und die Verbindung liegt darin, dass wir ursprünglich vom Sirius kamen, als wir uns in dieses Universum begaben. Die ägyptischen Götter, auf die du dich beziehst, etwa Osiris und Isis, könnte man in eurer Terminologie am ehesten als Kraftfelder beschreiben – energetische Muster der Wahrnehmung und des unermesslichen Bewusstseins. Diese Energien wurden von den Menschen in den Tagen der alten Ägypter als Osiris, Isis und so weiter vermenschlicht. Der ägyptische Pantheon ist also eigentlich, wenn man so will, ein Bild für Kraftfelder, die das Universum durchziehen. Wir möchten euch deshalb in dieser heutigen Zeit anregen, wenn ihr über den ägyptischen Götterpantheon kontempliert, ihn nicht zu wörtlich zu nehmen, denn das wörtliche Verständnis wurde den geringeren Geistern des Zeitalters vermittelt. Versteht vielmehr, dass alle Lehren auf vielfältigen Ebenen stattfinden, sodass das, was von Menschen mit einem weniger hoch entwickelten Bewusstsein in früheren Zeiten wortwörtlich genommen wurde, von einem Hohepriester als Symbol für Energien verstanden wurde – für in Bewegung befindliche Kraftfelder.

Natürlich unterschied sich ihr Verständnis dieser Energien von dem in eurer Zeit, aber im Kern ist die Energie von Isis und Osiris noch immer aktiv und allen zugänglich. Das trifft auf den gesamten Pantheon zu. Sie alle sind Aspekte des Einen Ursprungs. Die Eine Schöpferische Kraft ist alles, was es gibt – und sie sind einfach Aspekte oder Bewusstseinsströme, die sich aus diesem Einen Ursprung hinausbewegen. Am besten ist es also auch hier wieder, zu verstehen, dass diese Gottheiten aus dem Pantheon gütige Mächte sind, auf die man sich ausrichten kann, dass diese jedoch nicht das Oberste Göttliche sind. Sie sind nicht die letztendliche Quelle, die ohne alle Dualität oder Polarität ist.

Virginia: Was den Hathor-Einfluß im alten Ägypten angeht, so habt ihr nicht angegeben, wann das von Christi Geburt rückwärts gerechnet ungefähr war. War es 50.000 vor Christus, 100.000 oder noch früher?

Hathoren: Er wäre noch früher anzusiedeln, aber wenn man von den Spuren ausgeht, die von uns in der ägyptischen Geschichte überliefert sind, gehen wir auf die Zeit vor den Pharaonen zurück. Bis vor Heliopolis, auf die Zeit, wo Hathor die Himmelsgöttin und Horus der Himmelsgott waren. Nach linearer Zeitrechung wäre das etwa 10.000 vor Christus (vor fast 12.000 Jahren).

Virginia: Die ägyptische Epoche?

Hathoren: Die ägyptische Epoche. Wir haben jedoch auch schon davor mit diesem Planeten gearbeitet. Die ägyptische Epoche ist lediglich ein kultureller Ausdruck des Großen Mysteriums. Das Große Mysterium ist kulturübergreifend und reicht über alle Zeiten und Orte hinaus. Wir arbeiten also durch die Kulturen und Überzeugungen, auf die wir stoßen ...

Virginia: ... mit denen, die in der Lage und gewillt sind, mit euch zu kommunizieren?

Hathoren: Ja. Als Aufgestiegene Wesen sind wir imstande, große Gebiete zu durchreisen und mit zahlreichen Zivilisationen zu interagieren. Mitunter stellen wir nur mit einigen wenigen Individuen Kontakt her. Dann wieder, wie im alten Ägypten, kontaktieren wir Tausende und arbeiten mit ihnen. Obwohl einiges von den Informationen, die wir hier bringen, in den esoterischen oder geheimen Lehren der Ägypter erhalten geblieben ist, steht für einen Großteil unseres Wissens noch eine Mitteilung an die Menschheit aus.

Virginia: Danke. Apropos ägyptische Geschichte: Hatten die Hathoren etwas mit dem Bau der Großen Pyramide zu tun?

Hathoren: Nein, hatten wir nicht. Was die Pyramiden angeht, so waren das nicht nur Grabkammern, wie manche Historiker und Archäologen bei euch glauben. Obwohl viele davon tatsächlich Grabkammern in sich bargen, war ihre Hauptfunktion die eines Schwingungserzeugers für die Energie. Und da es sich bei den Seiten der Pyramiden ursprünglich um gebrannten, auf Hochglanz polierten Granit handelte – so ähnlich wie Marmor –, brachte die Pyramide Energie zum Schwingen und empfing Energien. Die Initianden betraten die Pyramiden in speziell hierfür vorgesehenen Bereichen, die nach bestimmten mathematischen Proportionen angelegt waren. Dies erlaubte ihnen, zu einem Verständnis des Großen Universums und des Großen Geheimnisses zu gelangen, das sie nicht erlangt hätten, ohne sich in einer derartigen Energiematrix zu befinden. Das war also eine der Ebenen.

Eine weitere Funktion der Pyramiden war energetischer Natur. Die Pyramiden folgten in ihrer Anlage – äußerlich – bestimmten mathematischen Proportionen, um die Erschaffung eines Gitternetzes zu erleichtern. Dieses energetische Gitter auf dem Planeten wurde ausdrücklich zu dem Zweck angelegt, das nächste Gitter zu halten – das nun als Christusgitter bezeichnet wird und das entstand, als euer Lehrer, der unter dem Namen Jesus von Nazareth bekannt wurde, sein hingebungsvolles Werk begann. Als diese große Gestalt also ihr Werk aufnahm, unterstützte das Gitter, das mit Hilfe der Pyramiden geschaffen worden war, die neue Schwingung, und dieses Netz von Schwingungen, das Christusgitter, wird bis zum heutigen Tag noch immer zusehends stärker. Die Pyramiden waren also Hilfsmittel, die auf vielen Ebenen wirkten und vielen Zwecken dienten.

Virginia: Ich weiß durch einen persönlichen Aufenthalt in

Guatemala, dass buchstäblich Hunderte von Pyramiden über Mittelamerika und Mexiko verstreut stehen, ohne dass eine Menschenseele davon weiß.

Hathoren: Ja, sie sind vom Dschungel überwuchert.

Virginia: Ihr sagt also, dass solche Pyramiden an diversen Punkten auf dem ganzen Planeten stehen?

Hathoren: Ja, aber sie gehen nicht auf eine bestimmte Zivilisation zurück. Sie stammen von vielen verschiedenen Zivilisationen. Doch alle Wesen und Zivilisationen, die an ihrer Erbauung mitwirkten, waren durch ihre Intuition und ihr Verständnis des Großen Mysteriums zutiefst in Verbindung. Ihnen war energetisch klar, was sie da machten. Und doch war es weder so, dass man sich unter der Leitung eines bestimmten Architekten zusammentat, noch trafen sich die leitenden Architekten an irgendeinem Punkt in der Zeit und im dreidimensionalen Raum. Es erfolgte an all diesen unterschiedlichen Orten, schöpfte aber offenbar aus der gleichen Quelle. Außerdem gab es Hilfe von außen.

Virginia: Aus dem All?

Hathoren: Ja, von den Bewohnern der Plejaden, des Sirius und so weiter.

Virginia: Dann sagt ihr also, dass die Außerirdischen irgendwann zusammenarbeiteten? Oder kamen sie zu unterschiedlichen Zeiten?

Hathoren: Sie kamen zu unterschiedlichen Zeiten. Manchmal gab es allerdings zeitliche Überschneidungen. Da ist eine interessante Merkwürdigkeit in eurer Geschichte, die sich auf die Sirier zurückverfolgen lässt. Im Afrika von heute gibt es einen Stamm namens Dogon. Dieser Stamm weiß vom Sirius und seiner kleineren »Schwester«. Der Stern wurde von euren Astronomen erst in den sechziger Jahren entdeckt, die Dogon jedoch kennen ihn seit ein paar tausend Jahren. Ihr Wissen rührt daher, dass sie vor Tausenden von Jahren mit den Siriern in Berührung kamen, als diese bei ihrer Erforschung dieses Planeten nach Afrika kamen. Die Sirier waren damals eine hoch entwickelte intergalaktische Zivilisation.

Virginia: Danke. Ich möchte nur klar wissen, dass eure Entscheidung, uns zu helfen, nicht auf vorherige Missetaten zurückgehen, die wettgemacht werden mussten.

Hathoren: Missetaten von welcher Seite?

Virginia: Von euch und auch von anderen. Mitunter kommen ja Besucher von woanders und tun Dinge, bei denen sich später herausstellt, dass sie nicht im besten Interesse des sich entwickelnden Bewusstseins waren.

Hathoren: Ach, das ... [Lachen] Ja, es kam zu Missetaten auf diesem Planeten, und das ist mit ein Grund, warum wir durch das Portal des Sirius in dieses Sonnensystem gerufen wurden, um eure Hüter und eure älteren Geschwister zu sein. Hüter mag vielleicht nicht der richtige Ausdruck sein, da manche dann denken könnten, wo wir nun da sind, bräuchtet ihr keine Verantwortung zu übernehmen. Und das ist damit nicht gemeint! Was wir meinen ist, dass wir eine bestimmte Schwingung aufrechterhalten, die für euch als menschliche Zivilisation hilfreich ist – und diese Schwingung wird zu eurer Unterstützung auf einem konstanten Niveau gehalten.

Virginia: Ihr habt ja erwähnt, dass ihr ursprünglich über den Sirius gekommen seid. Könntet ihr dazu noch mehr sagen?

Hathoren: Sirius ist ein Portal von anderen Dimensionen des Universums, was in den Kategorien des dreidimensionalen Raums betrachtet schwer zu verstehen sein mag, da dieses Portal zu einer nicht-physischen Dimension führt, die unser eigentliches Zuhause ist. Eine nicht-physische Raumdimension ist für Wesen, die in Dreidimensionalität leben, schwer vorstellbar. Es wäre, als würde der Punkt am Ende eines Satzes (eines zweidimensionalen Gebildes also) das Papier zu verstehen suchen, auf dem er steht, sowie den Raum, der das

Geschöpf umgibt, das ihn sieht (dich). Seine eigene Erfahrung bietet ihm einfach nichts Vergleichbares, um etwas Höheres oder Komplexeres als zwei Dimensionen zu begreifen. Nichtsdestoweniger sind wir durch den Sirius in diese dreidimensionale Realität eingetreten.
Sirius ist eine Art Verknüpfungspunkt für euer Universum, wo sich die »Stränge« eures Raum-Zeit-Kontinuums begegnen und mit dem nicht-physischen Hyperraum überschneiden. Dies ist in der Tat eine merkwürdige Vorstellung, und wir könnten uns hier lange mit ihr befassen. Da das aber nicht der Zweck dieses Buches ist, lass uns einfach sagen, dass der nicht-physische Hyperraum eine Art Matrix innerhalb des allumfassenden Bewusstseins selbst darstellt. Wenn das Bewusstsein ein Universum »erschafft«, so tut es das, indem es sich zu einem Verknüpfungspunkt polarisiert, aus dem eine physische Position im Raum wird, womit dann jener Prozess ausgelöst wird, den ihr »Zeit« nennt. Unsere eigentliche Heimat ist, wenn ihr so wollt, der nicht-physische Hyperraum. Nach unserem Eintreten in dieses dreidimensionale Universum jedoch war unsere physische Heimat zunächst im Sirius-System angesiedelt. Von dort reisten wir zur Venus, um näher an der Erde zu sein.
Virginia: Als ihr vor etwa 12.000 Jahren hier ankamt, dürfte Atlantis schon untergegangen sein, oder?
Hathoren: Ja, 10.000 vor Christus, das war nach dem Untergang von Atlantis. Damals arbeiteten wir in Ägypten aktiv durch das archetypische Bild von Hathor. Außerdem hatten wir mit einigen hoch entwickelten Persönlichkeiten (Sehern) auf Atlantis wie in Lemurien gearbeitet. Als klar wurde, dass Atlantis und Lemurien untergehen würden, führten wir einige dieser Persönlichkeiten nach Ägypten. Das geschah, um das »Große Werk« der Alchemie zu schützen, damit das Wissen und die Linie der Eingeweihten vor der Vernichtung bewahrt

bleiben würden. Wir waren übrigens nicht die einzige intergalaktische Kultur, die eine Saat in Ägypten säte. Auch die Arcturier und Plejader führten einige ihrer menschlichen Eingeweihten damals nach Nordafrika.

Virginia: Und was bedeutet es, wenn ihr sagt, ihr hättet mit diesen Menschen gearbeitet?

Hathoren: Wir sind Meister des Klangs, der Energie und der Liebe. Was die Menschen angeht, so arbeiten wir mit ihnen hauptsächlich über ihr Fühlen, das, was ihr den Emotionalkörper nennen mögt. Als Meister des interdimensionalen Raums können wir recht einfach mit Menschen Kontakt aufnehmen. Dieser Kontakt wird von euch gewöhnlich als ein Hellhören erfahren, bei dem ihr Stimmen wahrnehmt, oder als Hellsichtigkeit (Visionen), intuitive Ahnungen und Erscheinungen in Träumen. Bei den frühen Ägyptern stellten wir den Kontakt über die Göttin Hathor her, die von den Ägyptern durch mystische Visionen erfahren wurde. Durch den Kult der Göttin konnten wir dem ägyptischen Volk helfen, ein spirituelles Goldenes Zeitalter zu erschaffen, das in der Gründung der Mysterienschulen gipfelte. Durch diese esoterischen Zentren hatten wir die Möglichkeit, bei der Ausbildung von Eingeweihten behilflich zu sein – ein positiver Einfluss, der sich durch die ganze Welt weiterverbreitete.

Es besteht auf der Welt noch immer ein aktiver Einfluss dieser Mysterienschulen, könnten wir hier ergänzen. Einige dieser Schulen agieren im Verborgenen, obgleich andererseits auch manche von ihnen wieder an die Öffentlichkeit treten. Die Art und Weise, wie wir »arbeiten«, ist von Fall zu Fall verschieden, doch am häufigsten ist es so, dass durch eine(n) oder mehrere von uns ein übersinnlicher Kontakt mit einem einzelnen Menschen hergestellt wird und wir diese Person je nach ihren Voraussetzungen unterweisen. Wir drängen uns nie auf. Wenn wir um Hilfe gebeten werden, helfen wir, doch nur innerhalb festgelegter Richtlinien. Diese Richtlinien stellen sicher, dass wir nicht störend in die Entscheidungsfreiheit oder das Schicksal des Menschen eingreifen.

Virginia: Habt ihr Beziehungen mit den Plejadern oder Wesen vom Orion oder anderen sogenannten Außenposten der Menschenfamilie unterhalten?

Hathoren: Ja. Wir kennen die Plejader, die Sirier, die Bewohner des Orions, die Arcturier. Wir kennen auch noch weitere, für die ihr bislang keine Namen habt – und wir sagen »bislang«, weil sich das ändern wird, da ihr zunehmend zu einer galaktischen und intergalaktischen Menschheit werdet. Versteht, dass jede dieser Gruppen ein ganz bestimmtes Naturell hat – eine Persönlichkeit –, wenn es darum geht, wie sie die Welt sehen und durch das Große Mysterium wirken. Und diese Unterschiede, wenn wir das sagen dürfen, bereiten uns wirklich Vergnügen! Uns faszinieren die Unterschiede, all die Ebenen des Großen Universums, und das ist mit ein Grund dafür, warum wir von den Menschen so fasziniert sind und so vernarrt in sie.

Virginia: Und woran liegt das?

Hathoren: An ihrer extremen Vielfalt, ihrer Unterschiedlichkeit, an der Verbindung, die durch ihr Herz, durch ihre emotionale Natur bis tief hinab zu den Wurzeln des Großen Universums führt. Und dennoch befinden sie sich als Inkarnierte in einer paradoxen Situation – in vieler Hinsicht erheblich schwieriger als die Situation von Wesen wie uns, die wir zu einer höheren Ebene aufgestiegen sind. Und warum? Weil sie in einer dreidimensionalen Wirklichkeit leben und ihre Sinne ihnen sagen, dass alles begrenzt, endlich und eingeschränkt sei. Tatsache ist jedoch, dass ihre Sinne ihnen die Wahrheit des Großen Universums nicht so zeigen können, wie wir sie wahrnehmen, da ihre Sinne ringsum in dieser dreidimensionalen Wirklichkeit eingeschlossen sind. Und dennoch kennt ihr Geist die größere Wirklichkeit, das Größere Mysterium, und er sehnt sich danach und ist damit verbunden. Und das ist für uns etwas höchst Faszinierendes – wie bei vielen anderen Wesen in anderen Sphären. Es ist etwas, das wir an Menschen schätzen und ehren.

Virginia: Danke für die Blumen. Könntet ihr noch ein wenig auf eure Beziehung zum Sonnensystem überhaupt eingehen? Ihr wisst, wir haben in der Nähe der Erde drei kleinere Planeten, die wir die inneren Planeten nennen, und zwar Merkur, Mars und Venus – und dann haben wir diese sogenannten weiter entfernt liegenden physischen Planeten des Sonnensystems. Könntet ihr uns Hintergrundinformationen oder einen Kommentar zur Besiedlung von Merkur oder Mars geben? Natürlich habt ihr ja schon eure eigenen Siedlungen auf der Venus erwähnt, die, wie ich annehme, irgendwann einmal physischen Charakter hatten.

Hathoren: Ja. Was den Mars angeht, so werdet ihr noch Überbleibsel von den physischen Bauwerken sehen können, die dort oberirdisch errichtet wurden. Es gibt etwas, das ihr das »Gesicht auf dem Mars« nennt und das in Wirklichkeit ein Bauwerk ist, das dort einmal existierte. Es gab auch Bauwerke auf der Venus, doch die Siedlungen auf der Venus waren viel älter als die auf dem Mars, also sind sie verschwunden. Begibt man sich dreidimensional auf die Venus, so sieht man dort nichts als Gase und Sand – ein sehr unwirtlicher Ort. Auf dem Mars finden sich noch die Überreste der physischen Bauwerke, und es gab Kulturen, die dort lebten. Tatsache ist, dass der Mars ein Vorposten für viele unterschiedliche Kulturen war.

Virginia: Hat es in neuerer Zeit einen primären Vorposten gegeben?

Hathoren: Sagen wir es so: Das Geschichtsbild, das Menschen von ihren eigenen Wissenschaften vermittelt wird, ist außerordentlich eng und begrenzt in seiner Perspektive und umfasst nicht alle Teile des Puzzles. Denn es existierten vor der Frühzeit des Menschen auf diesem Planeten durchaus hoch entwickelte Kulturen. Tatsache ist, dass es, als die Menschheit noch auf einer sehr primitiven Stufe stand, hochgradig fortschrittliche intergalaktische, durch Raum und Zeit reisende Zivilisationen gab, die all diese auftretenden Phänomene des sich neu entwickelnden Lebens auf dem Planeten Erde beobachteten. Sie stationierten Vorposten an unterschiedlichen Stellen – in erster Linie auf Mars und Venus.

Darüber hinaus gab es energetische Vorposten. Das ist eine andere Betrachtungsweise. Es gibt Wesen, die reine Energie und so fein entwickelt sind, dass man sagen könnte, sie sind flüchtiger Natur, da sie keine Gestalt haben, keine Masse. Deshalb wären sie in der Gegenwart großer Himmelskörper wie etwa Jupiter relativ unbeeinflusst von der Anziehungskraft. Es gab also Wesen, die auch Vorposten auf dem Jupiter und Saturn hatten, aber diese waren energetischer und flüchtiger Natur und keine physischen Geschöpfe wie diejenigen, die zu Mars und Venus kamen.

Virginia: Diente der Merkur also jemals als Vorposten irgendeiner Art?

Hathoren: Ja. Aber das war eine energetische, flüchtige Kultur. Es waren Wesen mit der Eigenschaft, von Sterngasen und Sternenlicht leben zu können. Es zog sie sehr an, Sterne zu gebären, da sie sich, um menschliche Begriffe zu gebrauchen, von ihnen ernährten. Sie bezogen Licht und Energie wie alle Wesen, aber bei ihnen gab es noch etwas Besonderes, das sie anzog, wie die Motten von der Flamme angezogen werden: Es zog sie immer dorthin, wo neue Sterne entstanden, und so existierten sie als flüchtige, energetische Zivilisation. Aber es gab – und gibt – einige physische dreidimensionale Bauwerke auf dem Mars. Auf der Venus sind die Spuren von Derartigem mittlerweile größtenteils verschwunden, aber es gibt noch ein paar Bauwerke auf eurem Mond, der vor langer Zeit einmal zur Erde gehörte.

Virginia: Da die Hathoren ja im alten Ägypten besonders aktiv waren: Was meint ihr, worin für die Menschheit die größte Auswirkung dieses Einflusses bestand?

Hathoren: Wir glauben, unser größter Einfluss besteht darin, dass wir für die Menschheit die Harmonik göttlicher Liebe und bedingungslosen Annehmenkönnens aufrechterhalten. Außerdem hat für unser Empfinden unsere einzigartige Auffassung von Bewusstsein einen hochgradig positiven Einfluss auf die Menschheit gehabt. Die esoterischen Lehren, deren Saat durch die ägyptische Alchemie gesät wurde, haben sich in der ganzen Welt und in zahlreiche andere Kulturen verbreitet, sie schlugen in Indien, in China und im Tibet Wurzeln. Die Essenz unserer Lehren jedoch sowie die der Lehren anderer intergalaktischer und interdimensionaler Zivilisationen wurde von diesen Kulturen integriert, als diese die Geheimlehren Ägyptens absorbierten. Ihr werdet von daher viele Parallelen zwischen unterschiedlichen alchemistischen Systemen beobachten, die in diesen Kulturen zum Ausdruck kommen. Wenn auch Sprache und Metaphern dieser unterschiedlichen Systeme differieren, so gibt es doch auch auffallende Ähnlichkeiten. Die wahrscheinlich wirkungsvollste Lehre von uns, die durch diese unterschiedlichen Traditionen tradiert wurde, betrifft die Lebenskraft sowie Möglichkeiten, diese zu stärken und auf eine höhere Ebene zu bringen. Dieses Verständnis, zusammen mit dem Aufrechterhalten der Harmonik der Liebe, ist vielleicht unser größter Beitrag für die Menschheit.

Virginia: Solche Dinge sind faszinierend. Danke. Was also die Tatsache angeht, dass ihr hierher kommt, um den Menschen auf dem Planeten Erde zu helfen, so verstehe ich es so, dass ihr hier seid, um praktische Ratschläge zu geben, statt lediglich Informationen zu vermitteln. Könntet ihr übrigens für den Fall, dass wir einmal welche von euch sehen, bitte einmal beschreiben, wie ein oder eine Hathor heute aussieht und ob unsere wenigen antiken Relikte und die Darstellungen von euch, die man in Ägypten antrifft, zutreffend sind?

Hathoren: Nun, meiner Meinung nach sind wir sehr schöne, auffällige Wesen, aber es gibt durchaus individuelle Unterschiede zwischen uns. Im Allgemeinen sind wir nach euren Längenmassen gerechnet 3 Meter bis 4,20 Meter groß, manche größer und manche kleiner, und wir haben relativ große Köpfe. Wir haben große Ohren, und wir tragen unser Haar auf eine stilisierte Weise, wie ihr es auf dem Buchcover seht. Wir haben lange Hände und lange Gliedmaßen, da wir nach Erdmaßstäben recht groß sind. Wie schon zuvor angedeutet, ist unsere wahre Form Licht (wie auch die eure), aber wenn unser Bewusstsein sich auf eine verdichtetere Seinsebene begibt, nimmt unser Lichtkörper die Form eines physischen Körpers an. Und in unserer körperlichen Form haben wir die oben beschriebene Gestalt.

Bei den Handwerkern des alten Ägyptens fand sich ein unterschiedlich gut ausgeprägtes Verständnis unserer äußeren Erscheinung, je nachdem, ob sie tatsächlich in unmittelbarer Kommunikation mit uns standen und uns durch hellsichtige Fähigkeiten wahrnehmen konnten. In der Frühzeit der ägyptischen Epoche, insbesondere vor den Pharaonen, bewegten wir uns tatsächlich auf der Erde, und diejenigen, die mit Hathor-Energie arbeiteten, konnten uns sehen. Für Hellsichtige waren wir physisch präsent, was bedeutete, dass wir auf der Erde wandelten und dabei bewusst mit anderen interagierten, aber nur hellsichtige Menschen konnten uns sehen. Wir hatten keine eigentliche körperliche Form in dem Sinne, wie ihr sie kennt, aber es kam dem so nah, dass wir fast sagen könnten, wir hatten einmal eine physische Gestalt hier auf der Erde.

Bestimmte überragende Handwerker, die uns sehr deutlich

wahrnahmen, fertigten Skulpturen von uns an, und manche dieser recht genauen Darstellungen erschienen auf den Tempelwänden und -säulen, insbesondere am oberen Ende von Säulen. Im Laufe der Zeit, mit zunehmender Dichte dieses Planeten, waren die Menschen weniger oft in der Lage, uns dank hellsichtiger Fähigkeiten zu sehen, also mussten sie sich auf das verlassen, was man ihnen aus früheren Zeiten überliefert hatte. Die späteren Handwerker, die vorab nicht unmittelbar mit uns kommuniziert hatten, brachten stilisierte eigene Darstellungen.

Virginia: Sind die Hathoren genetisch betrachtet also humanoid?

Hathoren: Ja, wir sind humanoid, aber unsere DNA hat zwölf Stränge.

Virginia: Eure Ohren sind ja offensichtlich sehr fein, was Klänge und Geräusche angeht. Könnt ihr uns erklären, wie es dazu kam, dass Klang so wichtig für euch ist?

Hathoren: Was ihr »Klang« nennt, ist für uns die Primärschwingung in dieser Seinssphäre, und wir würden – so weit zur Klärung – Klang als eine Schwingung bezeichnen, die nicht auf den physikalischen Ton beschränkt ist, den das menschliche Ohr hört. Wenn wir »Klang« sagen, meinen wir »Schwingung« – wozu es innerhalb eines Vakuums kommen kann. Ein Klang oder Schall, wie er in eurer Physik definiert wird, kann nur dort auftreten, wo ein Medium existiert, das eine Schwingung übertragen kann. Klang ist unserem Verständnis nach also die letztendliche Natur und Grundlage der gesamten Wirklichkeit, die ihrem Wesen nach Schwingung ist. Mit anderen Worten, Materie ist lediglich eine Schwingung, die einer bestimmten Harmonik folgt. Dementsprechend kann man, wenn man die Harmonik verändert, sich aus der Materie herausbegeben und Energie werden – und man kann frei vor und zurück, wenn man weiß, wie. Die Raumschiffe, die von uns ursprünglich für die Erforschung des Weltraums verwendet wurden und dazu, in euer Sonnensystem einzutreten, basierten auf Klang oder Schwingung. Das ist in unserer Kultur ein uraltes Wissen und reicht bis zu unseren Wurzeln zurück. Wir wissen es schon seit Jahrtausenden und verfahren entsprechend.

Virginia: Nachdem uns nun eure Gruppe vorgestellt worden ist, gibt es da noch etwas, das sie gerne sagen würde, bevor wir Kapitel 1 abschließen?

Hathoren: Wir möchten unsere tiefste Dankbarkeit gegenüber unseren Brüdern und Schwestern in menschlicher Gestalt zum Ausdruck bringen, die derzeit zu diesem Planeten gekommen sind, um das große Portal der Veränderung zu passieren und sich auf eine neue Bewusstseinsdimension zu begeben. Angesichts unseres Wissens, wie groß die Herausforderungen sind, die hiermit einhergehen – aber auch, wie sehr es sich lohnt –, stehen wir mit ausgestreckten Armen sozusagen auf der anderen Seite der Zeit, um euch in den intergalaktischen Sphären zu begrüßen – in den subtilsten Sphären des Lebens. Wir überbringen euch dieses Material in größter Demut, in der Hoffnung, dass es euch dienlich sein möge. Wenn ihr etwas davon gebrauchen könnt, so sei es euer. Wenn die Dinge, die wir euch hier mitteilen, euch nicht berühren, dann überlest sie. Wie ihr euch auch entscheidet, wir ehren eure Entscheidung in diesem Augenblick, die voll ist von Chancen für die Entfaltung einer Evolution, wie sie das Universum seit Beginn der Zeit noch nicht erlebt hat.

Virginia: Vielen Dank. Wir sind dankbar für eure Fürsorge und Unterstützung.

2

Der Mensch als Energiesystem

Als eure älteren Brüder und Schwestern leben wir in den Regionen, die ihr als die vierte Dimension bezeichnen würdet – einem anderen Frequenzbereich. Und so ist unsere Sicht oder Betrachtungsweise von euch einzigartig, da wir euch aus einem Energiezustand heraus wahrnehmen, der sich von eurem unterscheidet. Wir nehmen an euch eure einander durchdringenden Energiefelder wahr.

Das erste dieser Felder, das für euch offensichtlich ist, ist das, was bei euch der physische Körper heißt, mit all den chemischen, biochemischen und elektrischen Vorgängen, die sich in den Billionen von Zellen abspielen, aus denen sich der Raum eures Körpers zusammensetzt. Wenn wir jedoch euren physischen Körper sehen, so sehen wir ihn meistenteils als Raum. Wir sehen ihn als Sternengalaxie, denn jedes Atom ist in sich selbst ganz ähnlich wie ein Sonnensystem, mit der Zentralsonne als Zellkern und den Planeten als Elektronen, die sich um ihn drehen. Die hermetischen Alchemisten, die der ägyptischen Tradition angehörten, sprachen von dem Gesetz »Wie oben, so unten« – was bedeutet, dass auf allen Ebenen der Schöpfung jede Ebene oberhalb und unterhalb ihrer selbst weitere Male vorkommt. Von daher stellt das Sonnensystem eine Wanderung von Planeten um die Zentralsonne dar, und im Atom wandern die Elektronen um den zentralen Nukleus. Ebenso wie euer Sonnensystem besteht auch ihr größtenteils aus Raum.

Es gibt in der Tat immens viel Raum in eurem physischen Körper, und es ist eine Illusion zu denken, ihr seid feste Materie. Selbst eure Wissenschaft hat schon entdeckt, dass ihr zu mehr als *99 Prozent* aus Raum besteht. Wenn wir euren physischen Körper spüren, so sehen wir ihn als räumlich, nicht als fest. Dementsprechend spüren wir euren physischen Körper nicht genau so wie ihr.

Wir sehen euch buchstäblich als wandelnde, wandernde Galaxie von Sternen. Obwohl dieses erste Feld euch also physikalisch sehr fest vorkommt, ist es vom Standpunkt des Lichts oder der Energie aus betrachtet eigentlich ziemlich anders.

Mit diesem physikalischen Feld durchdringt sich nämlich ein zweites Energiefeld, das wir »Ka« nennen, und das nach eurem Verständnis der pranische Körper wäre. Der *Prana* ist, wie von den Yogis in den uralten Überlieferungen aufgezeigt, die essenzielle Lebenskraft im Sauerstoff, wobei er jedoch nicht nur das ist, was ihr als Sauerstoff bezeichnet. *Prana* kommt in besonderem Maße in Gegenden mit üppiger Vegetation sowie in großen fließenden Gewässern vor. *Prana* ist die Lebenskraft, und dieser *Prana* durchdringt sowohl den physischen Körper als auch den pranischen Körper, den wir *Ka* nennen. Dieses *Ka* ist im Grunde der Ursprung der Lebenskraft, die durch die erste Stufe des physikalischen Feldes, den physischen Körper, wandert. Das *Ka* wird mitunter auch als der spirituelle oder ätherische Doppelgänger bezeichnet, da es eine Doublette des physischen Körpers und seiner energetischen Felder ist, doch auf einem feinstofflicheren Energieniveau. Wer mit ägyptischer Alchemie vertraut ist, wird den Begriff *Ka* wiedererkennen, den energetischen Doppelgänger, der den physischen Körper nach dem Tod zeitweilig überleben kann, obwohl er nicht die unsterbliche Seele ist.

Ohne den Prana, der sich durch euren physischen Körper bewegt und das *Ka* verstärkt, könntet ihr nicht leben. Er ist die Lebenskraft selbst. Deshalb sind einige der Techniken, die wir an euch weitergeben werden, de facto Techniken, um den

Strom des *Prana* innerhalb jener Galaxie zu stabilisieren, die ihr euren physischen Körper nennt – was unabdingbar für die Gesundheit und für die Existenz ist!

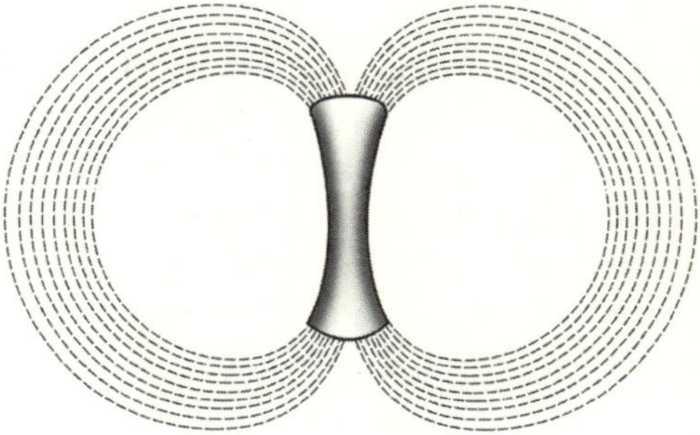

Zeichnung 1a – Zweidimensionale Darstellung eines bipolaren Magnetfeldes (z.B. Stabmagnet)

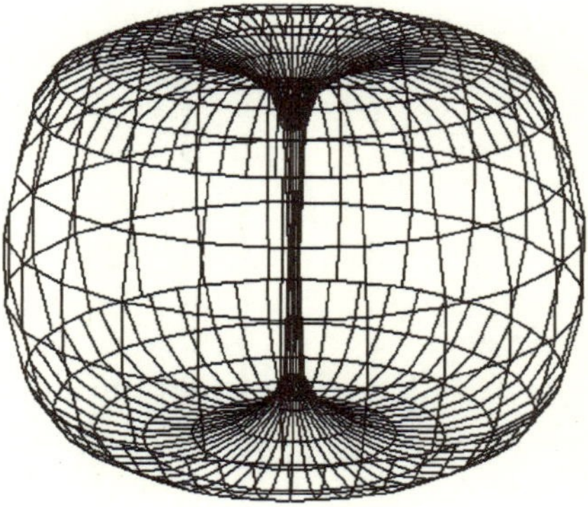

Zeichnung 1b – Dreidimensionale Darstellung eines bipolaren Magnetfeldes, manchmal »Röhrentorus« genannt. Ein solches Feld könnt ihr euch um euren Körper vorstellen.

Obwohl ihr noch weitere feinstoffliche Körper habt, die als der Emotional-, Kausal- und Astralkörper bezeichnet werden, konzentrieren wir uns primär auf das *Ka,* da die Entwicklung dieses Körpers euch einen enormen Schub in Richtung auf ein höheres Bewusstsein gibt.

Beachtet, wenn ihr Zeichnung Nr. 1a und 1b betrachtet, dass alle bipolaren Magnetfelder eine ähnliche Gestalt aufweisen. Zu den bipolaren Magnetfeldern gehören so unterschiedliche Formen wie Stabmagnete, Äpfel, Planeten (einschließlich der Erde) und Menschen.

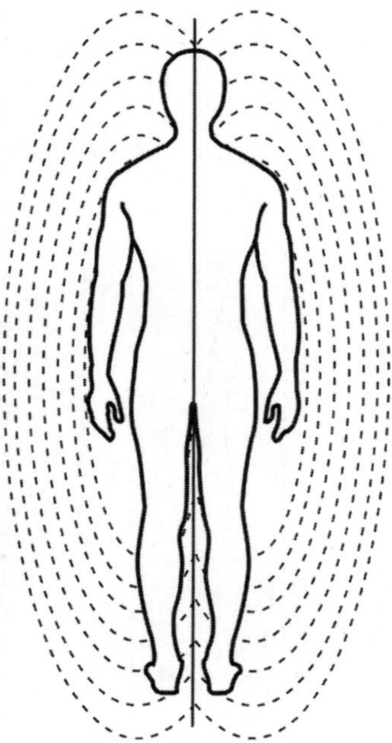

Zeichnung 1c – Zweidimensionale Darstellung des menschlichen bipolaren Magnetfeldes

Auf Zeichnung 1c sieht man eine zweidimensionale Darstellung des elektromagnetischen Feldes, das den menschlichen Körper umgibt. Euer menschlicher Körper ist also ein bipolarer Magnet, dessen Mittelsäule in den einzelnen esoterischen Überlieferungsschulen mitunter »Zentralkanal«, »Mittelsäule«, »Pranaröhre« oder *»Antakarana«* genannt wird. Alle bipolaren Magnete strahlen, wie eure Wissenschaft entdeckt hat, ein Feld aus, das dreidimensional betrachtet die Form eines Donuts hat und »Röhrentorus« genannt wird. Dieses Feld bewegt sich eigentlich dreidimensional um den Körper.

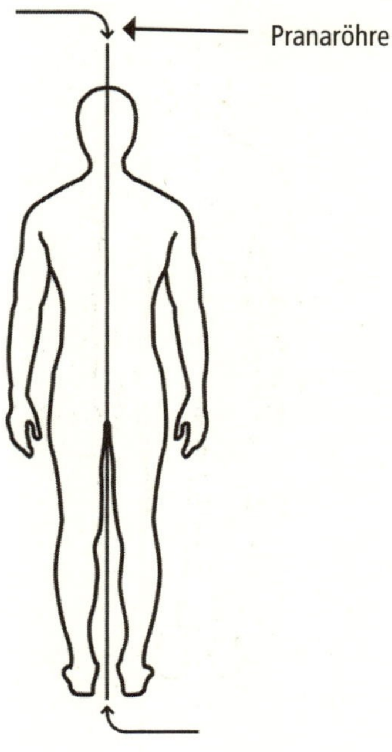

Zeichnung 2 – Die Bewegung der Energie und/oder des Lichts in die Pranaröhre vom Himmel herab oder von der Erde hinauf

Direkt durch die Mitte der Röhre, die Mitte dieses donutartigen Gebildes, verläuft ein Energiekanal. Dies ist die Mittelsäule des Magnetfeldes, das der physische Körper abstrahlt. Diese Mittelsäule ist also, wenn ihr so wollt, ein elektromagnetisches Feld, das die Basis des Lebens darstellt. In ihrem esoterischen Verständnis haben viele unterschiedliche Kulturen Techniken angesprochen und entwickelt, bei denen diese zentrale Säule oder Pranaröhre, wie sie auch mitunter genannt wird, eine Rolle spielt.

Von daher ist, was euch selbst als Energiesystem angeht, das Schlüsselgebiet, das zentrale Gebiet, dem ihr eure Aufmerksamkeit zuwenden solltet, unserer Auffassung nach das *Ka* – der pranische Körper. Wie man Lebenskraft (Prana) in sich aufnimmt oder nicht aufnimmt, entscheidet darüber, wie viel Energie die Organe und Systeme des Körpers zur Verfügung haben. Das *Ka* entscheidet über die Klarheit, die Kraft und das Gewicht eurer Gedanken, und es bestimmt auch die Qualität eurer Gefühle. Ist das *Ka* gestört, sind auch die anderen Felder gestört – der physische Körper funktioniert auf einem niedrigeren Energieniveau, das Denken lässt nach und die Emotionen werden getrübt. Wie bringt man also mehr *Prana* in das *Ka,* damit es in die physische Galaxie des Körpers ausstrahlt und auch in die anderen, die feinstofflichen Körper? Das ist die zentrale Frage, die wir nun beantworten möchten. Der Schlüssel liegt in der Pranaröhre, die sich durch eure Körpermitte hindurch bis nach unten erstreckt. Diese Pranaröhre entspricht in etwa einem Gang, den die Yogis – innerhalb eurer Überlieferungen auf diesem Planeten – als *»Sushumna«* bezeichnen. Es handelt sich um den Weg, den die *Kundalini*-Energie oder Lebenskraft zurücklegt, wenn sie vom unteren Ende der Wirbelsäule durch die unterschiedlichen Energiezentren des Körpers (die Chakras) aufwärts bis zum Scheitelchakra steigt.

Dort stößt dieser Kanal auf das Scheitelchakra und eröffnet dem Bewusstsein das, was man »kosmisches Bewusstsein« nennen würde: die Verbundenheit mit Allem-Was-Ist – ein sehr hoher Bewusstseinszustand! Obgleich die Energie der Lebenskraft sich über diese *Sushumna* genannte Bahn nach oben bewegt, wird man sie beim physischen Sezieren des Körpers nicht finden. Es handelt sich um eine feinstoffliche Energie. Aber sie existiert. Sie ist so real wie alles in eurer Welt, nur befindet sie sich auf einer Frequenz, die außerhalb jenes *einen Prozents* der Wirklichkeit ist, das ihr mit euren Sinnen wahrnehmen könnt. Die Pranaröhre folgt jedoch, anders als die *Sushumna,* nicht dem Verlauf der Wirbelsäule, sondern bildet eine gerade Linie, die vom Scheitel (vom höchsten Punkt des Kopfes) hinabführt bis unten durch den Damm (Punkt in der Mitte zwischen Genitalien und After; siehe Zeichnung 2).

Diese Pranaröhre reicht tatsächlich in die Erde hinein. Je nach dem Entwicklungsstand eures Bewusstseins liegt die Verbindungsstelle unmittelbar über der Erdoberfläche, ein paar Zentimeter weit darunter, oder sie stellt den Kontakt bis zum Erdkern selbst her. Diese Pranaröhre erstreckt sich außerdem über den Kopf hinaus und kann ein, zwei Meter weit reichen oder mehrere Tausend Kilometer; auch dies hängt wieder vom Bewusstseinszustand des jeweiligen Wesens ab. Generell kann man sagen, wenn ihr den Daumen und den Zeigefinger zusammenführt, bekommt ihr einen Kreis, der in etwa die Größe eurer Pranaröhre aufweist. Diese Röhre folgt nicht der Krümmung der Wirbelsäule. Sie erstreckt sich, so können wir mit Sicherheit im Rahmen unserer Arbeit mit euch sagen, von der Oberseite des Kopfes bis zum Perineum. Diese Ausrichtung auf die Pranaröhre ist die hauptsächliche Methode, die wir mit euch anwenden würden, wenn es darum geht, das *Ka* zu aktivieren, den Pranastrom durch euren Körper zu erhöhen. Nun möchten wir, damit ihr davon profitieren könnt, drei ganz bestimmte Techniken an euch weitergeben, wie man *Ka* aufbauen kann, und dann ein paar Gedanken im Hinblick auf Dinge, die wir euch in eurem Leben zu *steigern* empfehlen, und solche, bei denen wir empfehlen, sie zu *reduzieren.* Seid euch darüber im Klaren, dass ihr hierbei volle Entscheidungsfreiheit habt, und wir urteilen nicht über das, was ihr zu tun oder nicht zu tun entscheidet. Aus unserer Sicht gibt es, wenn ihr *Ka* aufbauen wollt, bestimmte Dinge, die ihr tun, und Dinge, die ihr vermeiden müsst. So einfach ist das. Wenden wir uns nun also den Techniken zu, um den Prozess zu initiieren, sich des *Ka* und der Pranaröhre bewusst zu werden, damit ihr eure Energien so zu beherrschen lernt, wie es für Gesundheit und ein höheres Bewusstsein nötig ist.

Übungen für werdende Meister 1 – Teil A

Bei der ersten Übung atmet ihr durch die Pranaröhre, die mit der Erde verbunden ist, aufwärts (siehe Zeichnung 2). Ihr atmet mit einem Atemzug von der Erde aufwärts, in die Pranaröhre hinein, und dann lockert ihr euch und lasst den Atem mit einem Seufzer entweichen. Mit einem zweiten Atemzug atmet ihr dann von oberhalb des Kopfes ein und bringt so Energien des Himmels in die Pranaröhre des Körpers hinab, und auch hier lasst ihr den Atem mit einem Seufzer entweichen. Probiert das mehrere Male, bis ihr ganz klar spürt, wie Energie in die Pranaröhre einströmt.

Bei diesem ersten Schritt geht es lediglich darum, ein Gefühl für das Strömen feinstofflicher Energien zu bekommen – den *Prana* –, die von der Erde in die Pranaröhre hinaufströmen und dann von den himmlischen Sphären in die Pranaröhre hinein. Wahrscheinlich fällt es euch leichter, wenn ihr irgendeine Art von Entspannungsmusik dabei laufen lasst, da viele

Menschen feststellen, dass sie sich bei Musik besser entspannen und nach innen wenden können, wodurch der hier beschriebene Prozess ihnen dann leichter fällt. Die Übung funktioniert jedoch selbstverständlich auch ohne Musik, insbesondere bei Menschen, die Ruhe genießen. Ganz besondere Kraft hat sie draußen in der Reinheit der Natur.

Das *Ka* ist entscheidend, wenn es darum geht, die eigene Schwingung in der sich aufwärts bewegenden Bewusstseinsspirale zu erhöhen, auf die wir später noch gründlicher eingehen. Dieser Prozess, sich mit seinem gesamten Sein die aufsteigende Bewusstseinsspirale hinauf zu bewegen, erfordert Energie. Er erfordert Kraft, Lebenskraft. Und diese Lebenskraft wird durch das *Ka* erzeugt. Die eigentliche Quelle der Lebenskraft ist Alles-Was-Ist, und dieses strahlt durch alle Partikel und Energieströme aus, die das Universum durchziehen. Wir sind sicher, dass ihr Zeiten in eurem Leben benennen könnt, in denen ihr das Gefühl hattet, wenig Lebenskraft zu haben. Euer physischer Körper funktionierte nicht sehr gut. Euer Emotionalkörper zeigte Störungen. Vielleicht hattet ihr wirre Gedanken, Konzentrationsschwierigkeiten oder es kam zu Einflüssen aus der Astralwelt in Form merkwürdiger Träume – Träume, die vielleicht sogar in euer Wachbewusstsein drangen.

In solchen Fällen war das *Ka* so reduziert, dass es nicht in den physischen, den mentalen und den emotionalen Körper ausstrahlen konnte, um so die angemessenen Grenzen für die einzelnen Körper zu definieren. Da das Umgekehrte ebenfalls zutrifft, ist es ratsam, eine Beziehung zum *Ka* herzustellen, zum pranischen Körper, damit alles so berechnet wird, dass es eure Lebenskraft verstärkt. Was ihr esst und trinkt, mit wem ihr zusammen seid sowie eure Gedanken und Emotionen – all das wirkt entweder aufbauend oder abbauend auf das *Ka*. Wenn ihr den Pranakörper bewusst intensiviert und in den physischen Körper ausstrahlen lasst, so werdet ihr darauf vorbereitet sein, mit dem Prozess des Aufstiegs zu beginnen, wie wir ihn definieren.

Teil B

Der nächste Schritt bei dieser Übung besteht darin, Prana in die Pranaröhre hineinzuziehen und dann durch den physischen Körper zirkulieren zu lassen (siehe Zeichnung 3).
***Schritt 1:** Geht genauso vor wie zuvor: Zieht den Prana beim Einatmen von der Erde in eure Pranaröhre hinauf. Haltet einen kurzen Augenblick die Luft an, und atmet dann mit einem Seufzer aus. Konzentriert euch ganz auf die Pranaröhre.*
***Schritt 2:** Atmet nun ein und zieht dabei Prana von oberhalb des Kopfes in die Pranaröhre hinein. Haltet einen Moment lang die Luft an, während ihr euch auf die Pranaröhre konzentriert. Atmet mit einem Seufzer aus, und richtet dabei eure Aufmerksamkeit auf euren gesamten physischen Körper. Der Prana wird dann dem Gesetz der Aufmerksamkeit folgend (d.h. »Die Energie folgt der Aufmerksamkeit«) aus der Pranaröhre hinaus und in euren Körper strömen. Arbeitet hiermit, bis ihr einen Energiefluss aus der Pranaröhre heraus in den physischen Körper spürt.*

Wenn ihr gerade erst beginnt mit diesem Prozess, ist es vielleicht ein sehr subtiles, kaum wahrnehmbares Gefühl, und manche Zonen eures Körpers sind wahrscheinlich auch sensibler für den Pranafluss als andere. Doch schließlich werdet ihr ganz deutlich körperlich spüren, wie der *Prana* in den physischen Körper hinausströmt. Wenn eure Wahrnehmung sich verfeinert, merkt ihr vielleicht auch, wie der *Prana* in die feinstofflichen Körper wandert. Lasst ihn sich von eurem physischen Körper ausgehend mit allem durchdringen und weiter ausdehnen. Das erlaubt euch, das *Ka* wirklich zu steigern, den pranischen Körper zu intensivieren.

Nachdem es euch gelungen ist, diese Ebene zu meistern, seid ihr so weit, zum dritten Teil überzugehen. Und dieser dritte Teil ist die *Bestimmung der Qualität* der von euch eingebrachten Energie durch ein bestimmtes emotionales Schwingungsfeld. Dieses Feld erzeugt ein hohes Maß an Kohärenz in eurem System und ist das kraftvollste, bestärkendste Schwingungsfeld, das ihr herstellen könnt. Diese ideale Qualität – dieses emotionale Schwingungsfeld – ist das, was ihr »bedingungsloses Annehmen« oder »bedingungslose Liebe« nennt. Das ist also der dritte Schritt, nachdem ihr das Gefühl habt, die oben beschriebenen Teile A und B bewältigt zu haben.

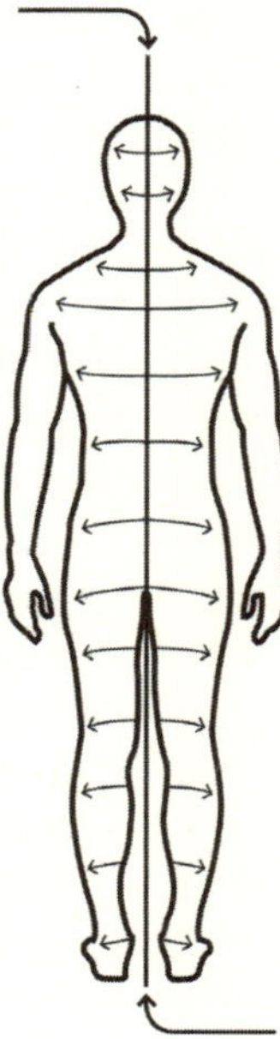

Zeichnung 3 – Die Bewegung von »Himmelsenergie« und »irdischer Energie« in die Pranaröhre und von dort in den physischen Körper

Überstürzt den Übergang zu Teil C nicht, sondern wartet, bis ihr ganz klar spüren könnt, wie der Prana durch die Pranaröhre den physischen Körper hinausströmt.

Nachdem dieses Gefühl für die Bewegung des *Prana* vorhanden ist, besteht der nächste Schritt darin, eure Wahrnehmung auf das Herzzentrum zu richten, das sich in der Mitte der Brust befindet und direkt vor der Pranaröhre sitzt. Lasst eure Aufmerksamkeit auf dem Herzzentrum ruhen, und ruft euch die Empfindung bedingungslosen Annehmens oder bedingungsloser Liebe in Erinnerung.

Das Herzzentrum oder Herzchakra ist nicht identisch mit dem physischen Herzen. Das Herzchakra ist ein Energiewirbel in der Mitte des Brustkorbs, den man in neuerer Zeit wissenschaftlich erfasst und quantifiziert hat. Wissenschaftliche Studien verweisen sogar darauf, dass die Chakras Klänge und Farben aussenden.

Teil C

Schritt 1: *Nun richtet eure Aufmerksamkeit auf das Herzchakra in der Mitte des Brustkorbs. Vergegenwärtigt euch ein Gefühl bedingungsloser Liebe und Annahme. Seid darauf bedacht, diesen Zustand tatsächlich zu fühlen. An ihn zu denken ist nicht genug.*

Schritt 2: *Verweilt mit eurer Aufmerksamkeit weiter beim Herzzentrum und haltet am Gefühlszustand der bedingungslosen Liebe und Annahme fest, während ihr einatmet und Prana aus der Erde hinaufzieht und in eure Pranaröhre hinein. Haltet einen Moment lang den Atem an, während ihr euch auf die Pranaröhre konzentriert, und verweilt dabei weiter bei dem Gefühlszustand der Liebe und Annahme.*

Beim Ausatmen wandert ihr mit eurer Aufmerksamkeit in den physischen Körper und lasst den »qualifizierten Prana« aus der Pranaröhre hinaus und in den gesamten Körper strömen (siehe Zeichnung 4).

Schritt 3: Richtet eure Aufmerksamkeit wieder auf das Herzzentrum, haltet wieder den Gefühlszustand bedingungsloser Liebe und Annahme aufrecht, atmet ein und zieht Prana aus dem Raum über eurem Kopf in die Pranaröhre hinab. Haltet einen Moment den Atem an und konzentriert euch auf die Pranaröhre, und dabei bleibt ihr weiterhin im Gefühlszustand der Liebe und Annahme. Beim Ausatmen wandert ihr mit eurer Aufmerksamkeit in den physischen Körper und lasst zu, dass der »qualifizierte Prana« aus der Pranaröhre hinaus in den Körper strömen kann.

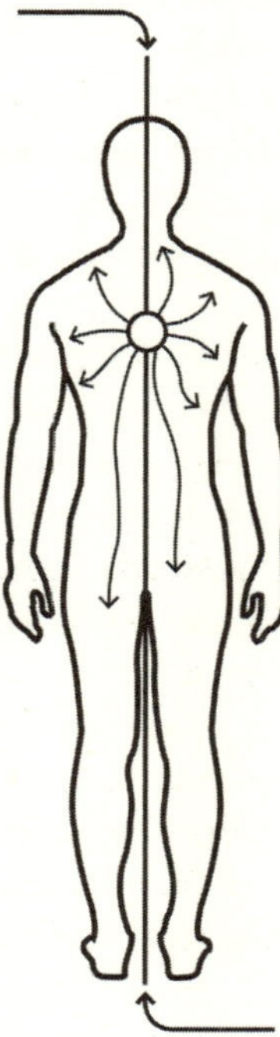

Zeichnung 4 – Die himmlischen und Erdenergien wandern in die Pranaröhre und dann zum Herzzentrum oder -chakra. Die »qualifizierten« Energien zirkulieren dann im gesamten Körper

Nun ist uns durchaus klar, dass einige Leserinnen und Leser wahre bedingungslose Liebe oder bedingungslose Annahme bisher nicht erfahren haben. Wem es so geht, der lässt Teil C der Übung fürs Erste beiseite. Arbeitet mit den beiden ersten Teilen der Übung weiter (*Prana* in die Pranaröhre ziehen und durch den Körper zirkulieren lassen) und macht euch bis auf Weiteres keine Gedanken darüber, wie ihr es anstellt, sicherzustellen, dass die Energie die entsprechende Qualität hat. Bis wir mit unserer Darstellung und unseren Übungen hier fertig sind, wird es euch viel leichter fallen, Zugang zum Gefühlszustand bedingungsloser Liebe und Annahme zu erhalten.
Wer von euch in der Lage war, Zugang zu den Gefühlszuständen bedingungsloser Liebe und Annahme zu erhalten, der kann diesen Teil zu seinen Übungen hinzunehmen. Ihr werdet merken, dass es eure Lebenskraft und euer Wohlbefinden erhöht.
Ihr müsst diese Übung jedoch auch tatsächlich praktizieren, damit sie funktionieren kann. Wenn sie für euch lediglich eine Idee oder Vorstellung bleibt, wird das *Ka* davon nicht beeinflusst werden. *Ihr müsst sie praktizieren.*
Wir haben ja bereits angedeutet, dass wir gerne auf einige Dinge eingehen würden, die nach unserem Dafürhalten das *Ka* verbessern und stärken, sowie auch auf solche, die es herabsetzen. Und wenn ihr diese Reise auf höhere Ebenen anstrebt, so müsst ihr dafür sorgen, dass euer *Ka* so stark wie möglich wird. Es gibt eine ganz klare Richtlinie dafür, und wenn ihr euch entscheidet, euch nicht an sie zu halten, ist das in Ordnung. Niemand verurteilt euch deswegen. Es ist einzig eine Frage des freien Willens und der freien Entscheidung. Wenn ihr jedoch die Aufstiegsspirale durch die unterschiedlichen Ebenen eures eigenen Seins hinaufmöchtet, so müsst ihr euer *Ka* stärken und auch erkennen, dass es durchaus Wege gibt, wie ihr euch selbst schadet.

Sagen wir einmal, ihr habt einen Eimer und füllt ihn am Brunnen mit Wasser, und euer Ziel ist, ihn zum Garten zu tragen und auf die Wurzeln der Pflanzen zu gießen: Dann bohrt ihr ja auch keine Löcher in den Boden des Eimers, bevor ihr das Wasser zum Garten zurücktragt, oder? Nein, denn sonst ist das Wasser ausgelaufen, bis ihr dort ankommt. Eure Mühe war umsonst. Hier verhält es sich ganz genauso. Hier hatten wir nur die ersten Schritte; es gibt viele weitere, auf einem höheren Niveau, aber diese ersten Schritte geben euch einen guten Ausgangspunkt, wenn es darum geht, eure Lebenskraft aufzubauen.

Wir sagen euch nicht, dass ihr irgendetwas tun oder nicht tun solltet! Wir wollen ganz klar herausstellen, dass ihr einen freien Willen habt und selbst verantwortet, wie ihr euch entscheidet. Wir sagen einfach, dass es bei diesem Prozess nach unserer Erfahrung – und wir haben ihn selbst hinter uns – Dinge gibt, die euch helfen, und solche, die euch hinderlich sein werden, wenn es darum geht, durch die diversen Ebenen eures Seins aufzusteigen. Es gibt sogar Dinge, die das *Ka* schädigen, und wir möchten euch wissen lassen, welche das sind, damit ihr einsichtige Entscheidungen über eure Handlungen und Verhaltensweisen fällen könnt.

Das Erste, worauf wir hier eingehen, hat mit der Lebenskraft zu tun, die ihr sexuell zum Ausdruck bringt. Die sexuelle Energie ist letztlich die Manifestation von *Ka* durch die niederen Zentren – hier als räumliche Orientierung zu verstehen, nicht als Bewertung –, was heißen will, dass sie als Fortpflanzung oder sexuelles Vergnügen durch die Genitalien einen angemessenen Ausdruck findet. Beim Aufbau von *Ka* jedoch sollt ihr diese Energie durch Methoden aufsteigen lassen, die es euch erlauben, sexuelles Glück und sexuelle Ekstase zu erleben, *ohne Lebenskraft einzubüßen.*

Die alten Techniken für das Aufsteigenlassen dieser Energie

finden sich in Büchern über Tao-Yoga, tantrischen Yoga und Kundalini-Yoga, wir werden also hier nicht auf sie eingehen. Wir würden sagen, wenn ihr unsere Methoden anwendet, die zum Fundament der ägyptischen Alchemie wurden, so lasst ihr buchstäblich die Lebenskraft in eure höheren Zentren aufsteigen, indem ihr diese Lebenskraft in euren gesamten Körper bringt. Wenn ihr zulasst, dass sich die pranische Lebenskraft lediglich durch eine Freisetzung sexueller Flüssigkeiten und Energie ausdrückt, so wird der *Prana* durch diese tiefer gelegenen Zentren frei, er steigt nicht auf, und dies wird keine langfristige positive Auswirkung auf das *Ka* haben.

Wenn ihr eure Sexualität allzu oft durch den Geschlechtsakt ausdrückt, ohne die sexuelle Energie zurückzuhalten, damit diese aufwärtszirkulieren kann, so verliert ihr *Ka*. Dies wiederum wird Raubbau an den Organen in eurem physischen Körper betreiben, es wird Raubbau am Immunsystem betreiben und auf unterschiedliche Weisen die Energie in euch als Energiesysteme reduzieren. Stellen wir hier jedoch ganz klar heraus, dass wir damit nicht sagen, ihr solltet euch sexuelles Vergnügen vorenthalten. Es gibt durchaus Methoden, die von den taoistischen Weisen und tantrischen Yogis entwickelt wurden und die es euch erlauben, tiefe sexuelle Glückszustände und Ekstase zu erfahren, ohne dass sich euer *Ka* erschöpft. Diese Praktiken stärken sogar eure Lebenskraft und heben das Bewusstsein. Wir raten euch, diese Methoden näher zu erkunden.

Noch etwas, das sich auf das *Ka* auswirkt, ist die Art von Nahrungsmitteln, die ihr zu euch nehmt, und von Flüssigkeiten, die ihr trinkt – denn die Lebenskraft beziehen wir aus vielem. Im Allgemeinen neigen die Menschen dazu, sich ziemlich aufzuregen, wenn ihnen jemand sagt, was sie in Sachen Ernährung tun oder lassen sollten, denn sie klammern sich sehr an das Essen. Wir geben euch hier also eine grobe Richtschnur an die Hand und überlassen es euch selbst, euren Weg zu wählen. Generell ist es für den Aufbau von *Ka* hilfreich, »lebendige« Nahrung zu sich zu nehmen, aber man sollte es nicht übertreiben. Wenn ihr es nicht gewohnt seid, lebendige Nahrung zu essen – damit meinen wir Rohkost, Obst und Sprossen –, dann *geht die Umstellung langsam an*. Ergänzt euren Speisezettel in einem solchen Umfang um lebendige Nahrung, wie es sich für euch gut anfühlt. Sich ohne entsprechende Vorbereitung (d.h., ohne eurem Körper eine Chance zu geben, sich an das höhere Enzymniveau zu gewöhnen) zu viel lebendige Nahrung zuzuführen, kann zu einer Entgiftungskrise führen. Wie bei allem ist Maßhalten hier der beste Weg. Hört genau auf euren Körper, nicht auf persönliche Launen. Euer Körper wird euch sagen, was er braucht und was am besten ist.

Es mag paradox klingen, aber wenn das Bewusstsein einen bestimmten Punkt erreicht, kann man alles essen, ohne dass es sich negativ auswirkt. Letztendlich hat die Nahrung sehr wenig mit der spirituellen Entwicklung zu tun. Unser Rat gilt jedoch dem Durchschnittsmenschen, der gerne sein *Ka* stärken möchte. Die meisten Menschen werden merken, dass ihre Vitalität zunimmt, wenn sie ihren Speisezettel durch etwas lebendige Nahrung bereichern. Als Grundprinzip gilt, dass die Lebenskraft nur durch andere Lebenskräfte vermehrt werden kann.

Euer »Fast Food« ist tot. Und eure Fertigprodukte setzen im Allgemeinen euer *Ka* herab, da ihr so viele Verdauungsenzyme braucht, um diese »toten« Nahrungsmittel zu verdauen. Ihr müsst sehen: *Was mit am meisten am pranischen Feuer zehrt, am pranischen Körper, ist der Verdauungsvorgang.*

Tatsache ist, dass eine Menge *Prana* zum Verdauen von Nahrung benötigt wird, vor allem bei Fleisch. Was dabei geschieht: Der *Prana* wird vom schnelleren Schwingungsfeld des *Ka* herabgestuft und in den Verdauungsprozess des physischen Kör-

pers einbezogen, mit seinem System von Drüsen und endokrinen Drüsen, was wiederum die Produktion und Absonderung einer Menge Verdauungsenzyme erfordert. Das zehrt an eurer Energie. Darauf zu achten, was ihr esst, und eine Nahrung zu wählen, die möglichst rein und unbelastet ist, wird also das *Ka* verstärken. Klares Wasser ist ebenfalls sehr wichtig und körperliche Bewegung ebenso. Haltet euch außerdem so viel wie möglich in der freien Natur auf und atmet dabei unbelastete frische Luft ein, und setzt euch in einem Maße, das euch nicht gefährdet, dem Sonnenlicht aus, insbesondere durch eure Augen. Das bedeutet, möglichst selten eine Sonnenbrille zu tragen, es sei denn, das Licht ist so grell, dass ihr eure Augen wirklich schützen müsst. So weit nur ein paar ganz simple Ratschläge, die ihr in euer Leben einbauen könnt, wenn ihr möchtet. Wir geben hier nicht im Mindesten medizinische Ratschläge und wollen euch auch nicht zu Experimenten anregen, die eure Sicherheit gefährden.
Ihr werdet, wenn ihr das *Ka,* die pranische Kraft, aufbaut und immer das Ziel vor Augen behaltet, euer Bewusstsein auf eine höhere Ebene zu bringen, feststellen, dass sich intuitive Eingebungen und Erkenntnisse über diverse Dinge einstellen, die sehr wertvoll sind. Man bezeichnet das auch als *Gnosis.* Gnosis bedeutet »Wissen«, und dieses Wissen stellt sich als eine Empfindung, ein plötzliches »Erkennen« ein. Gnosis ist von daher eine Verfeinerung eurer Gefühlsnatur, die sich ganz von selbst einstellt, wenn das *Ka* stärker wird, und eine tiefere Verbundenheit der Seele erzeugt.
Und nun eine Pause für deine Fragen, Virginia.

Virginia: Möchtet ihr in diesem Kapitel noch mehr dazu sagen, was dabei hilft, unser *Ka* zu steigern? Ich spüre, dass ihr zu diesem Thema einen immensen Wissensschatz habt.
Hathoren: Nun, wir freuen uns, dass du danach gefragt hast,

denn es gibt so viele Bereiche, in denen man darauf hinwirken kann, das *Ka* zu stärken. Aber da wir die menschliche Natur ja nun einmal kennen, scheuen wir uns ein wenig, euch eine Liste mit Dingen an die Hand zu geben, die ihr vermeiden solltet, weil das leicht Rebellion weckt.

Virginia: Ich verstehe. Aber ich möchte euch doch anregen, für diejenigen, die davon profitieren können, ausführlich darauf einzugehen.

Hathoren: Uns ist bei vielen Menschen eine Neigung aufgefallen, sich selbst übermäßig zu stimulieren, gewaltsam über ihre körperlichen Grenzen hinauszugehen. Wenn ihr müde seid und euch durch eure Aufputschmittel künstlich zum Überschreiten eurer Belastungsgrenzen zwingt, kann das euren *Ka*-Vorrat mindern. Wenn der physische Körper ausgepowert wird, bewirkt das schließlich eine ganze Menge negativer Umstände, die physische Probleme hervorrufen. Darüber hinaus kommt ihr, wenn euer *Ka* erschöpft ist, auf der aufwärtsführenden Spirale nicht mehr weiter. Es geht also um ein ausgewogenes Verhältnis zwischen Ruhe, körperlicher Beanspruchung und Bewegung, um kluge Entscheidungen im Hinblick auf das, was ihr esst und trinkt – und darum, bewusst positive Gedanken und Handlungen zu unterhalten. Natürlich wirkt es sich auch auf euer *Ka* aus, mit welchem Typ von Menschen ihr zusammen seid. Diejenigen, die ihrem Wesen nach positiv, vital und aufbauend sind, verstärken tendenziell euer *Ka,* während Menschen, die negativ, pessimistisch und energielos sind, dazu neigen, auch euch auszupowern. Auf der Grundlage von *Ka* zu entscheiden, mit wem ihr zusammenlebt und -arbeitet, ist also ein weiterer Aspekt. Bitte macht euch klar, dass wir hier keine neuen zehn Gebote aufstellen, nach denen ihr euch richten sollt! Wir wollen das vermeiden, aber wir möchten euch durchaus anregen, im Sinn zu behalten, dass es entscheidend ist, ein inneres Gleichgewicht zu finden – und das ist die Absicht hinter unseren Kommentaren zu diesen wichtigen Fragen.

Virginia: Ich frage mich, ob ihr hier auch auf gefahrlose Formen des Heilens eingehen könntet – für Menschen, die andere an ihren heilenden Energien teilhaben lassen? Damit meine ich etwa Akupressur, Massage, diverse Techniken der Körperarbeit sowie Handauflegen, Heilung durch Glauben und Vertrauen etc. Diese Heilmethoden, bei denen die persönliche Berührung eine Rolle spielt, gewinnen in Amerika derzeit große Popularität.

Hathoren: Nun, wir mahnen hier alle außer den allerreinsten Heilerinnen und Heilern ein wenig zur Vorsicht. Wir würden den Heilenden sagen, sie müssen sich darüber im Klaren sein, dass ganz entschieden durchaus eine potenzielle Gefahr besteht, wenn man mit der Energie anderer Menschen arbeitet – *es sei denn, man ist sehr rein.* So zum Beispiel kann es vorkommen, dass Heiler oder Heilerinnen, die unzureichend gereinigt sind und dann mit einem Kranken arbeiten, sich nach der Arbeit mit diesem Menschen regelrecht ausgepowert fühlen. Oder sie stehen irgendwann später selbst vor einer Heilungskrise.

Manche Heilerinnen und Heiler mögen vielleicht zu ihrer Bestürzung die Entdeckung machen, dass ihr eigenes *Ka* erschöpft ist, nachdem sie für einen anderen Menschen Heilungsenergien weitergeleitet haben, obwohl sie die Folgen nicht sofort zu spüren bekommen haben. Der Grund dafür liegt unserem Verständnis nach darin, woher die Heilenergie bezogen wird und in welchem Zustand persönlicher Unbewusstheit sich der oder die Heilende befindet. Auf einen knappen Nenner gebracht, ist es so, dass es dann, wenn ein Mensch Energie braucht, eine Ebene in ihm gibt (sie muss ihm nicht unbedingt bewusst sein), die Energie aus allem und jedem zieht, was gerade verfügbar ist. Wenn du ein Heiler bist und mit jemandem zusammenkommst, der eine Art von Energie braucht, die du hast, so wird er sie dir bewusst oder unbewusst entziehen.

Virginia: Meint ihr damit feinstoffliche Energien oder eher physische Energien, Körperenergien?

Hathoren: Wir meinen feinstoffliche Energie – *die Lebensenergie (Prana)* im *Ka,* dem spirituellen Doppelgänger des physischen Körpers. Da das *Ka* Lebenskraft und Vitalität in sich speichert, sind Heiler, sofern sie sich auf ihr Handwerk verstehen, im Grunde vitale Individuen, deren Batterien voll aufgeladen sind.

Wenn eure Energiefelder – die »strahlenden Eiformen«, die euch umgeben, gut miteinander verbunden sind, so verlaufen Stränge von der Person, die Energie braucht, zu jener Person, die Energie hat. Der bedürftige Part zieht Energie, wie man an einem Brunnen Wasser zapft. Und das ereignet sich in der Regel unbewusst, da es automatisch geschieht, auf einer anderen Ebene der Person. Und das ist übrigens die eigentliche symbolische Bedeutung des Wortes »Vampir«. Andere können zu Energie-»Vampiren« werden. Und damit meinen wir nicht, dass jemandem das Blut aus den Adern gesaugt wird, sondern die Lebensenergie aus dem *Ka.*

Wer nicht entsprechend vorbereitet ist und sich hierüber nicht im Klaren ist, kann mit jemandem zusammenkommen, der körperlich oder emotional am Ende ist oder vielleicht auch psychisch gestört, und nachdem diese Person weg ist, fühlt ihr euch selbst am Ende. Das ist mit ein Grund dafür, warum Angehörige von Pflegeberufen, Ärzte und andere Menschen, die im Gesundheitswesen tätig sind, sich oft ausgelaugt fühlen. Sie sind ja ständig von Kranken umgeben, die zu ihrer eigenen Heilung vom *Ka* des Pflegepersonals zehren. Es sind nicht nur Bluttransfusionen möglich, sondern auch Energietransfusionen. Das ist also die erste Ebene von Energie. Eine Vitalität, die man von einem anderen Menschen gewinnen oder ihm entziehen kann. Wenn ihr euer *Ka* und die Art und Weise, wie es euch entzogen wird, nicht bewusst wahrnehmt, so habt ihr womöglich urplötzlich ein Gefühl, als sei bei euch ein Stöpsel gezogen worden – in eurem Körper ist keine Energie mehr –, also müsst ihr euch zurückziehen, um sie zu erneuern.

Eine weitere Ebene des Energieraubs hängt nicht direkt mit dem *Ka* zusammen, sondern vielmehr mit den feinstofflichen »emotionalen Strömungen« im Emotionalkörper. Diese »emotionalen Strömungen« werden von den Gedanken und Empfindungen des Heilers oder der Heilerin gegenüber der zu heilenden Person bestimmt. Diese »emotionalen Strömungen« können auch das Ergebnis von »Hintergedanken« des Heilers oder der Heilerin sein – mit anderen Worten: eine vorsätzliche Strategie, mittels derer ein heilend Tätiger über den eigenen Willen Heilung zu »erzwingen« versucht. Als Heiler muss man sich von Verstand und Gefühl her sehr darüber im Klaren sein, woher die Heilung kommt und warum man an diesem Akt, einen anderen Menschen zu »heilen«, beteiligt ist. Selbst der unschuldige Wunsch, zu helfen, ein guter Mensch oder ein Held zu sein, sind potenzielle Verunreinigungen sowie mögliche Ursachen für Verzerrungen und Energieverlust.

Wenn ihr als Heilerinnen oder Heiler die Energie aus euch selbst aussendet, aus eurem eigenen Vitalitätspool, so bekommt ihr natürlich Probleme, denn euch persönlich steht nur eine begrenzte Menge an Energie zur Verfügung, und die muss irgendwie wieder aufgefrischt werden.

Virginia: Wie bei einer Batterie.

Hathoren: Ja. Ein sehr passendes Bild. Wenn euch ganz klar ist, dass ihr ein Kanal für den *Prana* seid, für die Energie …, dass die Heilenergie einfach *durch euch hindurch* strömt und nicht *aus euch* kommt, so gebt ihr nichts von eurer eigenen Energie weiter, sondern ihr werdet lediglich zum Kanal für die Energie, die aus einer höheren Quelle stammt. Strömt diese durch euch hindurch, ohne durch einschränkende Motive behindert zu werden, so wird diese Reinheit vieles von der Mattigkeit und Erschöpfung abbauen, die manche Heiler an sich erleben.

Virginia: Lasst mich hier deutlicher werden. Bestätigt ihr damit die aktuell bei uns kursierende Lehre, dass diese feineren Energien nur von einer höheren Quelle durch den Heiler oder die Heilerin strömen sollten?

Hathoren: Ja. Der Prana, die grundlegende Lebensenergie, ist allgegenwärtig und lässt sich von der allwissenden höchsten Energiequelle schleusen oder channeln. Man braucht nicht seine eigene Energie einzusetzen, um einem anderen davon abzugeben. Seid euch immer darüber im Klaren, dass ihr die Energie von der höheren Quelle bezieht. Der andere Punkt ist der, Klarheit zu haben im Hinblick auf euer eigenes *Ka* und eure eigene Lebenskraft, damit ihr es spürt, wenn eure Energie angezapft wird. Leider nehmen die meisten Menschen erst dann bewusst wahr, dass »Vampire« bei ihnen Energie saugen oder anzapfen, wenn es bereits geschehen ist und sie erschöpft sind.

Virginia: Nun wollen wir ja Menschen, die mitfühlend sind und den Wunsch verspüren, anderen zu helfen, nicht davon abbringen. Was könntet ihr zusammenfassend sagen, um Menschen Mut zu machen, die lernen, Heiler zu werden?

Hathoren: Wir raten zu einer simplen Methode des Selbstschutzes, die ihr anwenden könnt, während ihr eine andere Person »heilt«. Ihr richtet einfach einen Teil eurer Aufmerksamkeit auf die Pranaröhre, die durch die Mitte eures Körpers verläuft (wie in der ersten Übung dieses Kapitals besprochen). Diese Röhre verbindet euch gleichzeitig mit Himmel und Erde. Und indem ihr über euren Körper eine Verbindung zwischen diesen beiden herstellt, wird die allgegenwärtige Heilenergie mit größerer Kraft durch euch hindurchströmen und ihr werdet dabei besser geerdet, mehr im Gleichgewicht und bewusster sein.

Virginia: Wenn jemand, der sich als Heiler betrachtet, in seinem eigenen Leben gerade körperliche oder emotionale Schwierigkeiten durchmacht, besteht dann die Wahrscheinlichkeit, dass er sich selbst Schaden zufügt, wenn er zu diesem Zeitpunkt Energie abzugeben versucht?

Hathoren: Es ist immer schädlich, Energie abzugeben.

Virginia: Klar. Meine Frage war nicht gut formuliert. Ist es wahrscheinlich, dass diese Person aufgrund ihrer Belastung und ihres Gefühlschaos tendenziell wohl eher aus dem Gleichgewicht wäre, ohne es auch nur zu merken?

Hathoren: Ja. Wenn man körperlich abgeschlagen oder deprimiert ist oder akute Sorgen hat, sollte man am besten nicht mit anderen Menschen arbeiten. Seid ganz offen und schildert dem anderen eure Situation.

Virginia: Statt sich zu zwingen, ihm zur Verfügung zu stehen, obwohl das hier nicht angesagt ist?

Hathoren: Ja. Ihr erweist der Person, die die Heilenergie empfängt, sonst einen schlechten Dienst, denn wenn ihr emotional durcheinander seid, so schwingen in eurem Emotionalkörper einengende Muster und Energien, beziehungsweise sie werden dort festgehalten. Wenn diese Person zu euch gekommen ist, um Heilung zu finden, so ist ihr *Ka* wahrscheinlich ohnehin erschöpft, und dann kann es passieren, dass sie eure Negativität, eure unausgeglichenen Energien aufnimmt.

Virginia: Wenn wir also darauf zurückkommen, wie Heiler sich selbst prüfen können, bevor sie Heilung anbieten – wenn sie gerade krank, im Aufruhr oder in emotionalen Schwierigkeiten sind –, so sollten sie sich etwas Zeit zum Nachdenken gönnen, um sich selbst zu prüfen und herauszufinden, ob sie wirklich in der Lage sind, optimal ihre Arbeit zu tun?

Hathoren: Ja, und gewöhnlich dauert es nur ein paar Momente, in sich zu gehen und zu einer ganz klaren, ehrlichen Einschätzung zu gelangen.

Virginia: Es ist also gut, nach jedem Termin mit Klienten noch einmal in sich zu gehen, um sicherzustellen, dass man als Heiler oder Heilerin wirklich Energie von der höchsten Ebene empfangen hat und dass der eigene Energiehaushalt in Ordnung ist?

Hathoren: Ja.

Virginia: Um es noch einmal kurz zusammenzufassen: Wir haben gesagt, dass es eine sehr gute Sache ist, seine eigene Energie und emotionale Verfassung zu überprüfen, bevor man einem anderen Menschen Heilenergie zu geben versucht. Außerdem sollte der Heiler oder die Heilerin sich nach der Sitzung vergewissern, dass sein oder ihr eigenes Energieniveau hoch ist und keine Energie verloren gegangen ist.

Hathoren: Ja, und wir würden noch hinzufügen, dass ihr als Heiler eine bewusste Wahrnehmung eures eigenen *Ka,* eurer eigenen Vitalität, kultivieren müsst. Es ist übrigens möglich, dass ein Mensch die Energie eines anderen anzapft, auch wenn er sich körperlich gar nicht in seiner Nähe befindet – es kann über Tausende von Kilometern hinweg passieren. Wenn ein Heiler mit einer Person arbeitet, wäre es eine höhere Ebene der Meisterschaft, seine eigene Lebenskraft im Blick zu behalten, während er mit ihr arbeitet. Auf diese Weise spürt der Heiler, ob etwas an seiner Lebensenergie zehrt, und nimmt dann gleich die entsprechenden Korrekturen vor, statt erst dann, wenn sein Energievorrat erschöpft ist. Natürlich ist das viel einfacher, mit einem niedrigen Energiepegel umzugehen, wenn man handelt, bevor man wirklich körperlich erschöpft ist.

Virginia: Einverstanden. Gibt es noch etwas, was ihr gerne sagen würdet über Heilenergien, das *Ka* und die feineren Frequenzen, bevor wir diesen Themenbereich verlassen?

Hathoren: Die höchste Heilung stammt von der Quelle von Allem-Was-Ist – dem Einen, das jenseits der Dualität ist und das die Ägypter *»Neter Neteru«* nannten, das Höchste Wesen, die Gottheit, oder welche Worte auch immer ihr dafür gebraucht. Aus naheliegenden Gründen ist es besser, auf das unerschöpfliche Reservoir dieser Quelle zurückzugreifen als auf die eigene Energie. Der *Prana* ist nicht die feinste Energie, die es gibt, obwohl er viel feiner ist als die physische Materie. Es gibt Energien, die dem Höchsten Wesen schwingungsmäßig näher sind; diese Energien haben wirkungsvollere Heilkräfte. Je höher man also im Hinblick auf die eigene Schwingung aufsteigt, um es einmal so auszudrücken, desto näher kommt man der Einen Quelle, von der man dann diese feinstofflichen Energien beziehen kann. Je reiner man ist, desto wirkungsvoller sind die erzielten Heilerfolge.

Virginia: Da diese hohen Energien von ihrer Zusammensetzung her alles erhalten, was die betreffende Person braucht?

Hathoren: Ja.

Virginia: Derzeit gibt es in dem, was wir an Heilung interessierte Gruppen nennen, eine ganze Bandbreite an Mustern, wie Menschen einfach anderen – angeblich von einer höheren Quelle, die durch ihr eigenes Sein strömt – Energie übertragen, worauf wir ja schon eingegangen sind. Gleichzeitig scheinen manche Heiler auch ein bewusstseinsmäßiges Erwachen zu erleben, das ihnen hilft, spirituelle, auf übersinnlichen Wegen wahrnehmbare Energieblockaden bei einem Menschen zu erkennen, sei es auf der physischen oder der emotionalen Ebene, die an dessen Energie zehren. Würdet ihr also gerne noch etwas dazu sagen, wie Heiler selbst vielleicht ein evolutionär höheres Verständnis für sich entdecken könnten, wenn es um den Einsatz von Energie geht?

Hathoren: Wenn sich die Meisterschaft eines Heilers oder einer Heilerin weiterentwickelt, erreicht er oder sie den Punkt, an dem es möglich ist, eine energetische Blockade oder ein erstarrtes Muster durch gekonnte Beeinflussung der Energie aufzulösen. Dieses Niveau der Meisterschaft ist eine natürliche Entwicklung. Es gibt jedoch eine feine Grenzlinie zwischen (a) der Notwendigkeit, eine Veränderung zu erkennen, und (b) dem Erzwingen dieser Veränderung. Der Heiler muss sich vergewissern, ob die Zeit »reif« ist für die Veränderung oder nicht. Letztendlich muss die Entscheidung für diese Veränderung von der Person ausgehen, die geheilt wird, und nicht vom Heiler. Heiler, die anderen ihren Willen aufoktroyieren, selbst wenn sie ihnen dadurch helfen wollen, werden merken, dass derartige Einflussnahmen, sosehr sie auch fachlich gekonnt sein mögen, am Ende unwirksam sind.

Heiler müssen sich auch darüber im Klaren sein, dass es kein Zufall ist, wer zu ihnen kommt, um Heilung zu finden. Die Personen, die sie anziehen, spiegeln oft kritische psycho-spirituelle Punkte des Heilers oder der Heilerin selbst. Bei diesem Prozess, zu heilen und ein Kanal für höhere Energien zu werden, sind die Heilenden also auch Lernende. Wenn Heiler sich die Demut bewahren und offen bleiben für ihre Klienten als Spiegelbilder des von ihnen selbst durchlebten »Prozesses«, so können ihre Selbstwahrnehmung und ihr Mitgefühl nur noch mehr wachsen. Und schließlich müssen Heiler ganz klar wissen, dass andere das Recht haben, zu leiden. Zwingt anderen nicht euren eigenen Stundenplan auf. Gewährt ihnen den Freiraum und die Gnade, sich in ihrem eigenen Tempo zu einer vermehrten Bewusstheit hinzuentwickeln.

Hast du noch weitere Fragen?

Virginia: Ja. Eine Frage kam mir in den Sinn, als ihr davon spracht, dass die Möglichkeit besteht, sexuelle Energie für eine Höherentwicklung des Bewusstseins einzusetzen. Gilt das für die wachsende Zahl von Menschen, die sich als Homosexuelle bezeichnen? Wie kann ein Mann schadlos Sex mit einem anderen Mann haben? Und wie können zwei Frauen Sex dazu nutzen, ihr Bewusstsein zu erweitern, ohne dass Samen im Spiel ist? Was ist euch aufgefallen, das ihr hier zur Sprache bringen könntet, um den Betreffenden die Richtung zu weisen?

Hathoren: Die homosexuelle oder lesbische Lebensweise bedeutet keine Einschränkung per se im Hinblick auf das *Ka,* wenn die sexuelle Energie sich auf einem höheren Niveau bewegt. Würden Männer in einer sexuellen Beziehung zueinander die uralten taoistischen und tantrischen Methoden praktizieren, durch die sexuelles Vergnügen ohne Ejakulation erreicht wird, so würden sie das *Ka* stärken, die sexuelle Energie zu den höheren Zentren aufsteigen lassen und intensivere Lust empfinden. Wenn die sexuellen Energien auf eine höhere Ebene gelangen, so kann jede Zelle des Körpers eine orgasmische Ekstase erfahren. Männer beschränken den Orgasmus im Allgemeinen auf die Beckengegend, doch wenn sie diese alten Methoden anwenden, werden sie entdecken, dass der Orgasmus nicht auf diese eine Zone beschränkt zu sein braucht.

Generell ist die Vitalität der Frau, ihr *Ka,* ausgeprägter als das des Mannes. Das ist genetisch festgelegt, da Frauen von ihrem *Ka* abgeben müssen, wenn sie ein Kind in sich tragen. Der Fötus zieht wirklich *Ka* von der Mutter ab, um sich zu entwickeln und geboren zu werden. Das ist mit ein Grund, warum Mütter und ihre Kinder oft eine intensive und tiefe Bindung aufweisen. Frauen sind also so angelegt, dass ihr *Ka* stärker ist als das der Männer. Außerdem sind sie tendenziell sensibler für den zellularen Orgasmus, obwohl natürlich auch Männer diese Fähigkeit entwickeln können.

Frauen, die eine sexuelle Beziehung zu anderen Frauen eingehen, können die sexuelle Energie dazu einsetzen, ihr Bewusstsein zu erweitern, indem sie die aufwallende Energie beim Orgasmus die Pranaröhre hinaufwandern und von dort durch den Körper zirkulieren lassen. Die taoistischen und tantrischen Methoden, die von den Frauen angewandt werden, ähneln denen für die Männer, außer dass natürlich nicht die Notwendigkeit besteht, den Samenerguss zurückzuhalten.

Energetisch betrachtet sind alle Menschen sowohl männlich als auch weiblich. Auf den subtilen Ebenen der Energie und des Bewusstseins seid ihr potenziell androgyn, was bedeutet, das ihr »ausgeglichen« seid, was die sexuellen Polaritäten eures Wesens angeht. Und von daher ist es vom alchemistischen Standpunkt nicht notwendig, einen Partner oder eine Partnerin zu haben, um die eigene sexuelle Energie auf eine höhere Ebene zu bringen.

Virginia: Danke. Habt ihr einen Kommentar für die Leserinnen und Leser, die enthaltsam leben oder gerne leben würden, was die Beziehung zwischen Enthaltsamkeit und spirituellem Fortkommen angeht?

Hathoren: Das Verständnis, das in alter Zeit im Hinblick auf die Enthaltsamkeit vorlag, ist zum Großteil verloren gegangen. In den Mysterienschulen des alten Ägyptens gab es bestimmte Perioden, wo von den Initianden verlangt wurde, zeitweise enthaltsam zu leben. Der Zweck dessen war, dass die Lernenden so ihre eigenen auf Sexualität basierenden Energiemuster erkunden sollten. Dass sie damit Zugang zu diesen Dimensionen ihrer selbst erlangten, erleichterte für die Initianden das Verschmelzen der männlichen und weiblichen Anteile, ein Ereignis, das auch mit dem Begriff »alchemistische Vermählung« umschrieben wurde. Heute jedoch ist aus dem Zölibat lediglich ein Vermeiden oder Unterdrücken geworden, ohne jegliches Verständnis der energetischen Aspekte, die damit zusammenhängen.

Ihr braucht keine sexuelle Beziehung, um einen hohen Bewusstseinszustand zu erreichen, da die sexuelle Energie in euch selbst zum Zirkulieren gebracht werden kann, ohne dass hierzu ein Partner oder eine Partnerin nötig wäre. Praktiziert jemand Enthaltsamkeit und stimuliert gleichzeitig die Lebenskraft, vom Wurzel- und Sexualzentrum aufzusteigen (unweit der Basis der Wirbelsäule), so wird er oder sie Glück und Ekstase erfahren. Wenn die freiwerdende Energie die Wirbelsäule hinauf in höhere Zentren wandert, eröffnet sie höhere Wahrnehmungs- und Bewusstseinszustände. Diejenigen, die für sich den Weg der Enthaltsamkeit wählen, würden wir dazu anregen, dass sie lernen, ihre sexuelle Energie innerlich zirkulieren zu lassen. Wahre Enthaltsamkeit ist keine Unterdrückung der Lebenskraft, sondern bedeutet, sie aufsteigen zu lassen.

In euch ist eine Kraft und ein Mysterium – die Kraft und das Mysterium des Lebens selbst. Es ist ein kostbares Geschenk, das euch da gegeben wurde. Würdigt es. Ehrt es. Ergründet es mit eurem Herzen und Geist. Mögt ihr seine Quelle finden, und möge diese Quelle euch in die himmlischen Bewusstseinssphären hinaufbefördern!

3

Das Empfinden und die menschliche Evolution

Wir möchten euch gerne mit einer Vorstellung bekanntmachen, die eure Evolution beschleunigen wird. Sie hat mit dem zu tun, was ihr als »Empfinden« bezeichnet. Wir selbst unterscheiden zwischen Empfindung und Gefühl. Zu den Empfindungen gehören die körperlichen Wahrnehmungen, die ihr erlebt – sowohl das physische Erleben der Sinneswelt, als auch das physische Erleben der inneren oder feinstofflichen Welten. Von »Gefühl« sprechen wir dann, wenn zur Empfindung Gedanken zu dem Empfundenen kommen. Wenn zum Beispiel das Wetter kühl und der Himmel bewölkt ist, wird eure Empfindungsnatur euch Bericht erstatten über diese Information zu eurer Umwelt. Eure Empfindungsnatur empfängt diese Information über das Nervensystem des Körpers. Außerdem erhalten die feinstofflichen Körper Informationen, die in Empfindungen umgesetzt werden.

Kommt euch etwa ein negativer Gedanke im Hinblick darauf in den Sinn, dass es ein kühler, bewölkter Tag ist, dann gelangt ihr vielleicht zu dem Urteil oder der Schlussfolgerung: »Ist das aber ein trüber Tag«, und ihr merkt, wie eure Stimmung gedrückt wird. Das entsteht dadurch, dass ihr auf eine neutrale Empfindung, die über eure Empfindungsnatur ganz unschuldig bei euch eingegangen ist, mit einem Urteil reagiert habt. Interessanterweise mag jemand anders einen kühlen, bedeckten Tag ja wirklich genießen und bei dem bloßen Gedanken daran bester Laune sein.

Wirkliche Empfindungen sind weder positiv noch negativ.

Sie sind einfach neutrale Berichte, eine Art Barometer, das anzeigt, was sich in eurer eigenen auf Energien reagierenden, mit Energien harmonierenden Welt abspielt.
Eure Empfindungsnatur ist ein Attribut eures Emotionalkörpers, der eng mit dem *Ka* verbunden ist. Der Emotionalkörper ist ein Energiefeld, das euren physischen Körper umgibt und sich mit diesem wechselseitig durchdringt. Wenn etwas den Emotionalkörper aktiviert, so beginnt er in einer bestimmten Frequenz zu schwingen und sendet dabei »Energieströme« aus, die um und durch den physischen Körper fließen. Sind diese Ströme stark genug (das heißt, es kommt zu einem intensiven Empfinden/einer emotionalen Reaktion), so spürt man diese Strömungen physisch im Gewebe des Körpers von daher gilt: Je stärker die ausgelöste Empfindung, desto stärker das körperliche Erleben. Einer der Schlüssel zum Prozess des spirituellen Aufstiegs besteht energetisch betrachtet darin, zuzulassen, dass unsere Energiefelder sich öffnen und frei fließen. Die Fähigkeit, mehr Energie in Fluss zu bringen und eine positive Bewegung von Energie zu beherrschen, stellt sich durch die Kultivierung unserer Empfindungsnatur ein.
Eure Emotionen wirken sich auf eure Gesundheit aus, was von eurer Wissenschaft zunehmend eindeutig nachgewiesen und dokumentiert werden kann. Und es gibt eine spezifische lebenswichtige, positive Resonanz, zu der es kommt, wenn ein Mensch eine bestimmte Art von Emotion oder Gefühl erlebt – ein emotionales Schwingungsfeld, das bedingungsloses Annehmen oder bedingungslose Liebe genannt wird. Dieses bewirkt eine interzellulare Resonanz, die sich positiv auf die DNA auswirkt und sie stärker macht sowie ihr hilft, Informationen präziser zu kodieren. Tatsache ist, dass diese positive Resonanz immer dann auftaucht, wenn ihr das Gefühl bedingungsloser Annahme oder Liebe erlebt. Je öfter ihr dies natürlich empfindet, desto mehr profitiert ihr auf allen Ebe-

nen eures gesamten Seins davon ..., von der DNA ..., von der physischen Ebene her, der eures Körpers ..., über den Emotionalkörper ..., bis zur Verstärkung des pranischen Körpers, des *Ka* ..., und auch bis hin zu der Empfindung, dass es euch gut geht. Zuzulassen, dass die Energie bedingungsloser Annahme und Liebe durch euren Emotionalkörper fließt, setzt einen tiefgreifenden Heilungsprozess und Prozess der Wiederherstellung eures Gleichgewichts in Gang.

Zuzulassen, dass ihr alle Empfindungen und Gefühle erlebt, ist ein hoch wirksames Mittel, Energie durch euer *Ka* fließen zu lassen. Was jedoch bei vielen Menschen geschieht, ist, dass sie dann, wenn sie sich in einer schwierigen Situation befinden, einer Lage, die eine Herausforderung für sie darstellt, dieser in Gedanken das Etikett »schlecht« anheften und Widerstände gegen die aus ihr resultierenden Gefühle entwickeln. Wenn ihr euch gegen Empfindungen oder Gefühle sträubt, so kann euer Emotionalkörper nicht recht schwingen, und er »erstarrt« oder verschließt sich. Wenn er nicht in der Lage ist, zu fließen oder entsprechend zu schwingen, so mindert sich eure geistige Wachheit, und eure Gedanken werden fahrig, unklar und verworren.

Die alltäglichen Situationen, die auf eurem Planeten auftauchen und die von ihnen hervorgerufenen Emotionen sind in Wirklichkeit die Phasen der Initiation in ein höheres Bewusstsein, das zu spirituellem Aufstieg und Meisterschaft führt. In den alten Tempeln Ägyptens durchlebte ein Initiand, der den Weg zu einem höheren Bewusstsein einschlug, diverse Initiationen, die zunehmend intensiver wurden. Heute jedoch bildet euer Alltag diesen Initiationsprozess.

Ihr braucht euch nicht an einen bestimmten Ort zu begeben, um dort Initiationen zu empfangen, denn ihr werdet dort, wo ihr euch gerade befindet, durch das Leben initiiert. Der Schlüssel liegt darin, zuzulassen, dass ihr euch eurer Empfindungen und emotionalen Reaktionen auf Situationen bewusst seid, damit ihr sie wahrnehmt und euer inneres Gleichgewicht bewahrt. Da der Emotionalkörper und das *Ka* energetisch zusammenhängen, beschleunigt ihr durch Stärkung eures *Ka* und dadurch, dass ihr eure Emotionen und Gefühle vollständig und positiv in euer Bewusstsein rückt, erheblich eure eigene Entwicklung.

Der Emotionalkörper hat seine eigene Resonanz und vibriert anders als das *Ka*. Da er auf einer anderen Frequenz schwingt, reagiert er auch anders auf Informationen und speichert diese nicht genauso. Das ist so wichtig, dass wir es euch persönlich erfahren lassen wollen. Diese Erfahrung wird euch, so hoffen wir, dazu bringen, Wertschätzung dafür zu entwickeln, wie euer Emotionalkörper Erinnerungen speichert und wie emotionale Muster sich ausdrücken, damit ihr euch höher entwickeln könnt, bis ihr Meisterschaft erreicht und euch rascher aus emotional schwierigen Räumen hinausbegeben könnt.

So, bevor wir zu den Techniken kommen, Virginia, möchten wir fragen, ob es noch Fragen gibt, die du bei unseren Leserinnen und Lesern erwarten würdest?

Virginia: Danke. Ihr habt nicht viel über Größe und Form unserer sonstigen feinstofflichen Körperfelder gesagt, die Felder jenseits der physischen Ebene. Könnt ihr beschreiben, wie sie für euch aussehen, wenn ihr uns vor euch seht und unsere Energien sind optimal präsent? Und wie sieht es aus, wenn es energetisch bei uns nicht so funktioniert, wie es sollte?

Hathoren: Mit Ausnahme des physischen Körpers sind die diversen sonstigen einander durchdringenden Felder wie leuchtende, ovale Lichtfelder, die einander durchdringen. Das *Ka* ist eigentlich ein komplexes Energiefeld. Seine primäre Form ähnelt der des physischen Körpers, nur etwas größer. Deshalb wird sie in der ägyptischen Alchemie als sein »ätherischer oder spiritueller Doppelgänger« bezeichnet. Die frühen Ägypter verstanden die Natur des *Ka* und seine Beziehung zur physischen Form. Tatsache ist, dass das *Ka* auch umherwandern und sogar Bilokation praktizieren kann (was bedeutet, dass eine Person an zwei Orten gleichzeitig zu sein scheint). Das *Ka* verfügt außerdem über ein aurisches Energiefeld um sich selbst, das wir als den pranischen Körper bezeichnen.

Wenn wir vom *Ka* sprechen, meinen wir häufig sowohl seine primäre Form als auch seine Aura. Dieses Feld ist oval, ganz ähnlich wie die anderen Felder, und kann recht groß werden, wenn das Bewusstsein eines Menschen eine höhere Ebene erreicht. *Dieses Aurafeld um das Ka kann in einem bestimmten Moment des spirituellen Aufstiegs entflammen und zu einem Feld aus intensivem goldenem Licht werden.* Die frühen Ägypter nannten dies »Sadhu«, den glorreichen spirituellen Körper. Wir sprechen hier jedoch von sehr hoch entwickelten energetischen Zuständen.

Im Allgemeinen, bei den meisten Menschen, erstreckt sich der pranische Körper etwa fünf bis zehn Zentimeter oder auch bis zu einem halben oder gar ganzen Meter weit um den physischen Körper. Der nächste Körper ist dann der Emotionalkörper, und er ist etwas größer als der pranische Körper *(Ka)*. Der Mentalkörper ist noch etwas größer, da in ihm holografisch die Erinnerungen gespeichert sind, in dem Raum um den physischen Körper herum. Es folgt der Astralkörper, eine feinere Hülle, die wiederum ein wenig größer ist, knapp größer als der Mentalkörper. Jenseits des Astralkörpers findet sich das nächste strahlende ovale Feld, das wir den ätherischen Körper oder Ätherleib nennen. Und schließlich ist da noch der Kausalkörper, der am wenigsten dichte von allen, ein Lichtpunkt über den anderen leuchtenden Ovalen. All diese feinstofflichen Körper senden Licht und Klang aus.

Frequenzen dieser Art sind zu hoch, um sie mit den physischen

Sinnesorganen zu sehen oder zu hören, doch man kann sie bei Entwicklung übersinnlicher Fähigkeiten sehen und hören. So können wir uns vergewissern, wo sich Menschen jeweils in ihrer Evolution befinden – anhand der Qualität von Licht und Klang, die von ihren Feldern erzeugt wird. Funktioniert alles, wie es soll, so besteht eine Harmonie zwischen dem von euren Energiefeldern erzeugten Klang und Licht.

Verweilt ihr zum Beispiel bei einem einschränkenden emotionalen Muster oder einer entsprechenden Überzeugung, so werden Farben und Klang disharmonisch. In schweren Fällen der Selbsteinschränkung kann es vorkommen, dass Körper ihre Drehung ändern – sie drehen sich ungleichmäßig, bleiben stecken oder erstarren –, und im Extremfall kann ein feinstofflicher Körper sogar aufgespalten werden.

Virginia: Man hat uns gesagt, unsere Energien könnten 50, 100, 150 Zentimeter oder noch weiter reichen, je nach Person. Wie groß war, würdet ihr sagen, das kleinste und das größte Energiefeld, das ihr bislang gesehen oder erlebt habt?

Hathoren: Eine Gestalt wie Jesus oder ein Avatar hat ein energetisches Feld, das sich kilometerweit erstreckt, manchmal sogar über Hunderte von Kilometern. Was den Ätherkörper eines Aufgestiegenen Meisters angeht, so umfasst dieser das gesamte bekannte Universum. Er hat sich also so weit ausgedehnt, dass alle Ebenen, alle Informationen, alles Wissen in ihm enthalten sind!

Allwissenheit ist etwas, das allen auf dieser Ebene zugänglich ist, denn sie haben ihren Körper mit dem universellen Körper verschmelzen lassen.

Was das kleinstmögliche Energiefeld angeht, so wäre das die Aura des *Ka* oder der Pranakörper in Zeiten der Krankheit. Bei außerordentlich schweren Erkrankungen ist die Vitalität des *Ka* herabgesetzt, und das Feld schrumpft. Es kann sich buchstäblich in den Körper hinein zurückziehen, sodass diesen keine pranische Kraft mehr umgibt und kein *Ka* an der Körperoberfläche mehr zu sehen ist.

Virginia: Könntet ihr einmal beschreiben, wie der amerikanische Durchschnittsbürger in euren Augen aussieht, wenn er die Straße hinuntergeht – nur damit wir es uns etwas vorstellen können?

Hathoren: So, wie wir Menschen wahrnehmen, kommen sie uns vor wie wirbelnde, leuchtende, ovale Felder aus Licht und Klang. Der physische Körper ist durch diese wirbelnden Felder aus farbigen Lichtern hindurch zu »sehen« und wirkt auf uns wie eine funkelnde Galaxie von Sternen. Jedes Atom ist wie ein Miniaturstern, von dem ein helles Licht ausgeht, und die Organe eures Körpers sind wie Sternhaufen. Betrachtet man euren Körper durch die wirbelnden Felder hindurch, die euch umgeben, so ist er wirklich wunderschön. Ihr seid für uns wie geschliffene Diamanten aus Licht, kostbar und überaus staunenswert. Da ist jedoch etwas, das uns irritiert, wenn wir uns eure Lebenskraft betrachten. Viele von euch erleben, wie die Qualität des *Prana* um euch herum und in euch abnimmt. Das geht auf eine ganze Reihe von Faktoren zurück, von denen sich einige eurem Einfluss entziehen. Um so wichtiger ist es von daher, dass ihr dafür Sorge tragt, euer *Ka* zu nähren und auf ein höheres Niveau zu bringen. Eure Empfindungsnatur zu befreien, wird sich ebenfalls positiv auf eure Vitalität auswirken, befassen wir uns hier also noch etwas ausführlicher mit diesem Faktor.

Nun möchten wir euch zwei Übungen anbieten, die es euch ermöglichen, mit größerem Verständnis die Natur eures Emotionalkörpers zu erkunden. Die erste Übung befasst sich damit, wie der Emotionalkörper die Erinnerung an eine Empfindung und ihr energetisches Muster speichert. Die zweite Übung zeigt, wie der Emotionalkörper auf eine hochgradig kohärente Schwingung oder das ganz bestimmte Empfinden reagiert, das wir als bedingungslose Annahme oder bedingungslose Liebe bezeichnen.

Übungen für werdende Meister 2 – Teil A

Beginnen wir die erste Übung zunächst einmal damit, dass ihr euch bequem hinsetzt oder hinlegt. Wenn ihr es euch bequem gemacht habt, erinnert euch an eine emotionale Reaktion auf eine bestimmte Situation aus der Vergangenheit. (Bei einigen mag es hierzu wichtig oder notwendig sein, sich die Situation als solche in Erinnerung zu rufen, damit sie an das Gefühl wieder herankommen.) Wenn ihr diese Emotion wieder hergestellt habt, lasst die Situation fallen und achtet dann nur darauf, wo in eurem Körper ihr die Energie der betreffenden Emotion spürt. Wenn ihr die Energie der Emotion nicht spürt, habt ihr keine Empfindung gewählt, die stark genug ist, um in eurem Energiesystem, eurem Bewusstsein, eine Reaktion hervorzurufen. Sucht euch dann etwas weniger Flüchtiges – etwas Offensichtlicheres, Intensiveres. Wenn ihr auf die Emotion gestoßen seid, sie wieder da ist, und ihr sie gespürt habt, werdet ihr spüren können, dass sie irgendwo in eurem physischen Körper ihren Sitz hat. Es könnte möglich sein, dass ihr sie auch irgendwo im Umfeld eures Körpers spürt, aber bei den meisten Personen wird sie sich in der Regel irgendwo innerhalb des physischen Körpers befinden. Sie wandert auch durch den feinstofflichen Emotionalkörper, doch sind die meisten Menschen in diesen Anfangsstadien nicht in der Lage, das zu spüren. Sie sind jedoch imstande zu spüren, wie sie durch den physischen Körper wandert oder in diesem pulsiert.

Achtet also bewusst auf den physischen Körper, spürt nach, worin diese starke Emotion besteht. Spürt ihr Muster – wie groß das Muster ist, welche Empfindung die Energie hervorruft. Spürt die Geschwindigkeit, in der sie pulsiert. Achtet darauf, ob sie vor-

wärts oder rückwärts pulsiert, von einer Seite zur anderen – ob sie sich bewegt oder ob sie still verharrt. Achtet auf all die vielen emotionalen Merkmale und wo sie in eurem Körper lokalisiert sind. Nun bitten wir euch darum, zurückzugehen und eine weitere Empfindung aus einer anderen Situation wiederkehren zu lassen, eine andere. Achtet, während ihr euch an diese Empfindung erinnert, darauf, wo im Körper sie sitzt, mit welcher Intensität sie pulsiert und wohin sie wandert. Pulsiert sie von rechts nach links, von vorn nach hinten oder umgekehrt? Benennt für euch so viele unterschiedliche Merkmale, wie ihr könnt, und achtet besonders darauf, wo im Körper die Empfindungsenergie angesiedelt ist.

Wir möchten euch vorschlagen, dass ihr diesen Prozess mit unterschiedlichen Emotionen durchspielt (wie etwa Freude, Wut, Angst, Liebe, Frieden usw.), damit ihr genau aufdecken könnt, wo genau in eurem Emotionalkörper ihr diese bestimmten Muster festhaltet. Bedauerlicherweise sind viele Menschen durch entsprechende Erziehung in ihrer Kindheit sowie durch kulturell bedingte Konditionierungen von einer bewussten Wahrnehmung ihrer Gefühle und Empfindungen abgeschnitten. Man hat ihnen nicht beigebracht, sensibel zu sein für die Empfindungen, die in ihnen aufsteigen. Sie sind sich ihres Empfindens oft absolut unbewusst und schweben in ihrem Mentalkörper davon, ohne sich des körperlichen Erlebens bei Empfindungen bewusst zu sein. Das ist ein großes Unglück, da sie sich so den Zugang zu einer zentralen Form von Informationen über sich selbst und ihre Welt verwehren. Impulse aus den subtilen Regionen des Bewusstseins empfangen wir oft zuerst über die Empfindungsnatur, und erst später werden sie gedanklich und sprachlich gedeutet. Diejenigen, die immer »im Kopf« bleiben, berauben sich einer unmittelbareren Erfahrung der Welt und ihres Orts in dieser.
Wenn ihr allzu kopflastig seid, kann euch dabei eine Emp-

findung antreiben, derer ihr euch noch nicht einmal bewusst seid, und sie wird Teil dessen, was in eurer Psychologie »das Unbewusste« genannt wird. Dies ist das genaue Gegenteil der spirituellen Weiterentwicklung. Es ist also grundlegend wichtig, dass ihr euch selbst darin schult, euch bewusst zu sein, dass ihr Empfindungen habt! Gleichermaßen wichtig ist es, darauf zu achten, wo in eurem Körper diese Empfindungen umherwandern. Wo pulsieren sie? Für einige Leserinnen und Leser mag das ziemlich selbstverständlich sein, während es für andere ein revolutionärer Gedanke ist. Ob ihr schon weiter fortgeschritten oder ganz am Anfang seid, die bewusste Wahrnehmung ist immer der erste Schritt.
Und nun, Virginia, eine Pause, damit du deine Fragen stellen kannst.

Virginia: Könntet ihr sagen, ob es der beste Ausgangspunkt ist, bei positiven Emotionen zu beginnen, oder vielleicht auch bei eher sprunghaften?
Hathoren: Wir schlagen euch vor, viele Emotionen durchzugehen, darunter auch die, die ihr »positiv« und »negativ« nennen würdet, damit ihr spüren könnt, wo die negativen Emotionen pulsieren, wie sie sich anfühlen, und dann, wo die *positiven* Emotionen pulsieren und wie diese sich anfühlen. Der nächste Schritt in diesem Prozess, den wir euch bald angeben werden, befasst sich mit positiven kohärenten Empfindungen. Der Anfangsschritt ist der, sich bewusst zu machen, dass ihr ein *Vokabular emotionaler Reaktionen* habt, das nicht in verbaler Sprache besteht, sondern sich in der Sprache eines Pulsierens, eines Rhythmus und des Orts ausdrückt, wo ihr die Reaktion bemerkt. Es ist sogar möglich, indem man sich auf das Pulsieren konzentriert, die Informationen, die solche Reaktionen zu übermitteln versuchen, als Hilfe für ein freudvolles, bewusstes Leben entgegenzunehmen.

Virginia: Okay, lasst uns besser verstehen, was es mit Pulsieren, Rhythmus und Ort auf sich hat. Wahrscheinlich würde es den meisten ohne Anleitung anfangs schwerfallen, diese auszumachen. Habt ihr Anregungen, wie sie am besten anfangen könnten? Allein oder in der Gruppe?
Hathoren: Wir würden vorschlagen, dass jede Person in ihrer Erinnerung zurückgeht und eine starke Empfindung in Verbindung mit einer Situation auswählt, die bei ihr eine Emotion wachruft. Sie möchten vielleicht mit einer positiven Empfindung anfangen, aber das spielt wirklich keine Rolle. Stellt es euch als erneutes Abspulen eines früheren Erlebnisses vor. Erinnert euch einfach ganz klar an die Situation – so wie ihr sie beim ersten Mal erlebtet. Bringt euch die Empfindungen dabei zu Bewusstsein und achtet darauf, wo in eurem physischen Körper sie angesiedelt sind. Der Sitz der Empfindung im Körper ist buchstäblich dort, wo sie im Energiefeld des Emotionalkörpers pulsiert. An dieser Stelle durchdringen die Energieströme, die sich in eurem Emotionalkörper befinden, sich mit dem physischen Körper; die Stelle, an der ihr die Emotion pulsieren fühlt, ist also die Stelle, wo die Energie des Emotionalkörpers pulsiert. Nun kann ihre Botschaft an den physischen Körper zur Kenntnis genommen werden.
Virginia: Was könntet ihr zum Aussehen des Emotionalkörpers sagen?
Hathoren: Wir nehmen den Emotionalkörper als leuchtendes, ovales Energiefeld aus frei schwebenden Lichtpartikeln wahr – Milliarden und Abermilliarden winziger Lichtpartikel. Und manche davon haben ganz verschiedene Farben. Einige sind dunkel, andere unter ihnen sind grau, andere wiederum völlig schwarz. Einige sind leuchtend weiß, golden, blau – all die unterschiedlichen Farben – und sie verdeutlichen, wo das Erinnerungsmuster der Emotion oder Empfindung sitzt. Wenn jemand also zum Beispiel Verzweiflung durchmacht, so

kommt es regelrecht zu einer Aktivierung von Lichtpartikeln, die dieses emotionale Erinnerungsmuster der Verzweiflung speichern – diese negative Reaktion – es bleibt so lange an Ort und Stelle, bis es durch ein anderes ersetzt wird. Wenn ihr jedoch Freude oder Ekstase erlebt, zeigt sich eine andere Farbe aus dem Spektrum, und andere Partikel, die diese Frequenz aufrechterhalten, werden aktiviert.

Bestimmte Zonen des Körpers neigen dazu, bestimmte Emotionsmuster festzuhalten. Ihr mögt beispielsweise Traurigkeit oder Freude in der Herzgegend erfahren, während *Angst oder Wut im ganzen Körper* erlebt werden mag, insbesondere an seiner Peripherie. Es differiert von einem Menschen zum anderen, die Übung legt es jedoch darauf an, euch zu zeigen, wie ihr die emotionalen Erinnerungsmuster in eurem eigenen Energiefeld festhaltet. Während ihr euch in dem alltäglichen Prozess befindet, euer Leben zu leben, erlaubt euch dies, euch eurer Empfindungsreaktionen auf Situationen klarer bewusst zu sein.

Virginia: Danke. Sagt ihr damit, dass es bestimmte gängige emotionale Muster gibt, die sich bei der ganzen Menschheitsfamilie finden – etwa wenn Ärger, Wut, Traurigkeit, Freude, Liebe etc. in ihnen aufkeimen? Oder ist jeder und jede von uns so einzigartig, dass unsere Muster vollkommen verschieden aussehen?

Hathoren: Es gibt einige Gemeinsamkeiten, aber da sind viele einzigartige Muster, die sich innerhalb des pauschalen, gängigen Musters abspielen. Bei vielen Menschen wird die Emotion der Traurigkeit und Trauer zuerst im Brustbereich erfahren, und dann in der Gesichtsregion – was eine Reaktion auf diese im Herzen empfundenen schmerzhaften Emotionen darstellt – und das bewirkt das Gefühl, es »zöge einen etwas herunter«. Oft überkommt Menschen das Bedürfnis zu weinen, wenn Energien vom Gesicht und den Augen hinuntergezogen werden, da sich damit etwas löst, doch das eigentliche Muster der Traurigkeit wird oft im Herzen und in der Lungengegend angesiedelt sein.

Genauso wird Freude oft durch das Herzzentrum erfahren. Auch Mitgefühl wird durch das Herzzentrum empfunden. *Das Gefühl der Ekstase ist jedoch ein zellulares Ereignis, das den ganzen Körper durchdringt.* Bei Ekstase und Glückserlebnissen beginnt das *Ka* sehr schnell zu schwingen. Die Harmoniken öffnen sich auf eine Weise, die das Gehirn und Zentralnervensystem stimuliert, insbesondere die Neurotransmitter, durch die Zellen so stimuliert werden, dass sie Ekstase und Glück erleben. Daraus wird dann eine Ganzkörperempfindung, die durch den gesamten Körper in jede Zelle ausstrahlt!

Dieser Erregungszustand unterscheidet sich deutlich vom Gefühl des Ärgers, das in die Peripherie des Körpers wandert, unmittelbar unter der Haut, oft in die Arme oder Beine, und mitunter das Verlangen hervorruft, zu schlagen oder zu treten. Auch das Gefühl der Angst oder des Entsetzens sitzt unmittelbar unter der Hautoberfläche, und diese Angstenergie umhüllt den Körper von Kopf bis Fuß. Es ist, als wäre man vollkommen von dieser Angst umfangen. Und deshalb ist Angst aus energetischer Sicht eine derart schwierige Gefühlsregung für die Menschen. Da sie den gesamten Körper erfasst und beeinflusst, können andere Vorgänge, wie etwa das klare Denken, ihr zum Opfer fallen. So weit also eine generelle Sicht. Suchst du noch etwas Spezifischeres?

Virginia: Man hat mir immer wieder gesagt, dass unser Leben von nur zwei kleinen Wörtern mit je fünf Buchstaben bestimmt werde. Das eine sei »Angst«, und das andere »Liebe«. Ist das so ähnlich wie das, was ihr beschreibt?

Hathoren: Ja, aus unserer Sicht würden wir zustimmen, dass da entweder Liebe oder Angst ist, was die Emotionen angeht. Man kann mit Liebe reagieren oder mit Angst, die Reaktion ist eine Frage der Wahl, auch wenn das schwer zu verstehen sein mag. Die positive Entscheidung für die Liebe zum Beispiel mag in einem schwierigen Moment nicht möglich scheinen, da das Energiemuster des Emotionalkörpers, sofern es stark genug ist, den Mentalkörper überwältigen wird.

Virginia: Ich habe zum Beispiel schon immer Angst vor Schlangen gehabt. Nun ist, wenn ich eine Schlange sehe, meine erste Reaktion Angst. Mir läuft ein Schauer über den Rücken. Und doch bin ich in diesem Leben noch nie von einer Schlange gebissen oder angegriffen worden; mein Denken ist also eindeutig irgendwie negativ beeinflusst worden.

Hathoren: Unserer Auffassung nach ist genau das der Punkt. Energetisch geht es darum, zu erkennen, dass der Emotionalkörper und das *Ka* sehr nahe beieinander liegen. Was also geschieht, wenn Angst entsteht, ist, dass der Emotionalkörper sehr schnell zu schwingen beginnt, und wenn ihr euch dann mit der Emotion der Angst identifiziert, vervielfältigt sich diese Angst. Je nachdem, wie ausgeprägt das Angstmuster ist, klappt es dann vielleicht, euch selbst gut zuzureden und euch aus dem Angstgefühl herauszubringen. Doch wenn der Emotionalkörper die Schwingung einer voll aufgeblühten Angstattacke aussendet, erliegt der Mentalkörper diesem Angriff, und ihr werdet euch gedanklich nicht mehr aus der Situation hinausbefördern können. Ihr werdet einfach gelähmt sein vor Angst.

Nimmt man jedoch das Ka, so kann man die Angst sehr schnell umwandeln. Die Lösung geht von der Mittelsäule, der Pranaröhre aus. Wenn ihr eine intensive, schwierige Emotion, eine heftige, schwierige Empfindung durchlebt, macht zunächst einmal ausfindig, wo im Körper sie sitzt, denn diesen Anhaltspunkt werdet ihr brauchen. Dann begebt ihr euch zum *Ka,* der Pranaröhre, und verweilt mit eurem Bewusstsein in der Mitte der Röhre, die geradewegs durch die Körpermitte verläuft. Mit anderen Worten, euer Bewusstsein verlagert sich auf das Ka. Was dann geschehen wird ist, dass der Emotionalkörper sich zu verlagern beginnt, und während die Schwingung der Angst bei gleichzeitiger Stabilität der Pranaröhre zu oszillieren beginnt, wird diese Angst immer weniger massiv werden, leichter zu handhaben.

Virginia: Das gibt ja großen Anlass, zu hoffen.

Hathoren: Denkt als Analogie einmal an dieses Spielzeug – den Brummkreisel –, mit dem Kinder spielen, indem sie ihn zum Drehen bringen. Kreisel haben eine energetische Mittelsäule – wenn sie auch unsichtbar ist –, die geradewegs durch die Mitte hinaufführt. Hier findet sich der Schwerpunkt des Kreisels, sozusagen das Zentrum seines Gleichgewichts. Solange sich der Kreisel hinreichend schnell dreht, kann er stehen. Sobald er aber an Tempo verliert, kommt er ins Wanken, gerät aus dem Gleichgewicht und fällt um.

Ganz ähnlich ist es mit der Dynamik zwischen dem *Ka* und dem Emotionalkörper, wenn ihr eine negative emotionale Reaktion auf etwas erlebt – ihr könnt dabei buchstäblich das Gefühl bekommen, dass euch das aus dem Gleichgewicht bringt, oder? Das geschieht dann, wenn der Emotionalkörper beim Sichdrehen und Schwingen eine Resonanz erreicht, die das Gleichgewicht sprengt. Wenn ihr jedoch lokalisiert, wo diese Empfindung im Körper angesiedelt ist und eure Wahrnehmung gleichzeitig an die Pranaröhre anbindet, wird euer Emotionalkörper sehr schnell sein Gleichgewicht wiederfinden.

Virginia: Wenn man also diese Angst erlebt, die alles umfängt, genauso wie die Liebe, so fragt man sich, wo im Körper sie sich befindet?

Hathoren: Ja, richtig. Man erkennt die Angst überall. Bei den meisten Menschen läuft es dann so, dass in ihrem Geist panische Gedanken auftauchen wie: »Das wird mir zu viel! Ich kann nichts machen!« Was wir also empfehlen ist, dass ihr eure Aufmerksamkeit in diesem Moment zu einem anderen Teil eures Energiekörpers wandern lasst. Lasst sie in das *Ka* wandern, in die Pranaröhre, und achtet gleichzeitig bewusst auf die Pranaröhre und die Emotion, die ihr in eurem Körper durchlebt. Auf diese Weise werdet ihr feststellen können, wie die Emotion versickert oder mehr ins Gleichgewicht kommt.

Virginia: Ihr sagt also, solange das *Ka* stark ist, kann es diese andere Situation, diese Angst, verbessern?

Hathoren: Das ist richtig.

Virginia: Aber wenn die betreffende Person auf der *Ka*-Ebene nicht voll guter Energie ist, dann kann das Umstände schaffen, die sie behindern?

Hathoren: Ja.

Virginia: Deshalb ist es also zentral wichtig, unser Energieniveau zu nähren und aufrechtzuerhalten, denn Jesus Christus sagte einmal, dass Menschen auf der emotionalen Ebene ihre Meisterschaft verlieren.

Hathoren: Das deckt sich mit unserer Erfahrung.

Virginia: Von daher ist es absolut lebenswichtig, dass die *Ka*-Energie stark bleibt?

Hathoren: Ja. Tag für Tag auf das *Ka* bedacht zu sein, wird zum Teil des Alltags. Es gehört einfach mit zu dem, was beim Menschen für Gesundheit und höheres Bewusstsein steht.

Virginia: So wichtig wie das Essen?

Hathoren: Ja. Macht euch klar, dass das *Ka* der essenzielle, fundamentale Körper ist. *Das Ka kann selbst nach dem Tod des physischen Körpers noch eine Zeitlang weiterleben, bis zu mehrere tausend Jahre lang.* Einige der uralten Praktiken in Ägypten waren dazu da, das *Ka* zu aktivieren, damit man den eigenen Tod bewusstseinsmäßig solange überlebte, bis man sich mit vollem Bewusstsein und vollem Gewahrsein in die höheren Körper und Wahrnehmungssphären begeben konnte.

Ihr habt ein viel höheres Potenzial, wenn ihr das *Ka* entwickelt, da das *Ka* viel schneller schwingt als die gesamten Körper – mit Ausnahme des Äther- und des Kausalkörpers. Das *Ka* liefert, wenn ihr so wollt, auf der feinstofflichen Ebene die Bausteine für den tatsächlichen physischen Körper, die tatsächlichen Zellen. Es liefert die Energien und das Gerüst für den Mental- und Emotionalkörper und erhält auch den Astralkörper aufrecht. Nähme man das *Ka* weg, so würden sich diese feinstofflichen Körper auflösen. Würde man den physischen, den mentalen und den Astralkörper auflösen, das *Ka* wäre aber noch stark, so würde das *Ka* bleiben. Das *Ka* ist also so etwas wie ein Herr über die untergeordneten Körper, wenn man es sich so vorstellen möchte.
Die anderen Körper werden quasi Diener des *Ka,* des pranischen Körpers und der Lebenskraft. Nimmt man dann diese Lebenskraft und lenkt sie auf die höheren Körper, um so dem Ätherischen, dem Kausalen, der Monade, der Quelle von allem was ist, zu dienen – so hat man wahrhaftig eine wirkungsvolle Alchemie! Es ist möglich, das *Ka* auch ohne Hingabe an die Eine Quelle und ohne dieser zu dienen, zu entwickeln. Aber das entspricht natürlich nicht dem, was wir lehren, und das zu befürworten, ist nicht der Grund unseres Hierseins.
Virginia: Das erklärt, warum manche der Geschöpfe, die ziemlich an irdischen Angelegenheiten gehaftet haben – durch die unteren Chakras – nach ihrem körperlichen Tod als »Geister« und »Erscheinungen« zu sehen sind?
Hathoren: Ja, und es gibt sie auch in der Tat!
Virginia: Möchtet ihr gerne noch etwas sagen, bevor wir zur nächsten Übung kommen?
Hathoren: Wir möchten nur sicherstellen, dass unseren Leserinnen und Lesern klar ist, wie sie das *Ka* dazu einsetzen können, unangenehme Emotionen auf die gerade beschriebene Weise auszugleichen. Der erste Schritt besteht darin, dass sie

ein Gefühl dafür entwickeln, wo in ihrem physischen Körper sie die einzelnen Empfindungen erleben. Der zweite Schritt ist der, die emotionale Energie wieder ins Gleichgewicht zu bringen, und zwar mit Hilfe der Pranaröhre – eine erforderliche Fähigkeit, die wir in diesem Kapitel ja zuvor erklärt haben.

Virginia: Ich möchte mich nur vergewissern, dass ich das recht verstehe, weil unter den Autoren so viel Begriffsverwirrung besteht, wenn es darum geht, was eine Empfindung ausmacht und was eine Emotion, eine Gefühlsregung. Habt ihr gesagt, dass die Empfindung eine neutrale Sinneserfahrung ist, die aber, sobald eine gedankliche Beurteilung oder Beeinflussung dazukommt, eine andere Qualität annimmt und dann als Emotion oder Gefühl bezeichnet wird?

Hathoren: Ja. Und das ist zum einen ein semantischer Unterschied, zum anderen aber ist es für uns wichtig, diese Unterscheidung zu treffen. Wenn ihr zum Beispiel kraft eurer Empfindungsnatur eine empfindungsmäßige Reaktion jemandem gegenüber habt, so denkt ihr vielleicht: »Oh, ich liebe die-und-die«, oder: »Ich schätze den-und-den«, oder: »Mir tut der-und-der leid.« Was dabei geschehen ist: Ihr habt Gedanken bzw. Sprache dazu benutzt, das, was ihr ursprünglich als nonverbales, energetisches Erlebnis erfahren habt, zu benennen. Dieses Einordnen, oder die bloße Tatsache, dass ihr sagen könnt, was ihr empfindet, ist ein Phänomen, das im Mentalkörper auftreten muss.

Der Mentalkörper hat die Energie gespiegelt und dann Sprache benutzt, um dafür ein Etikett zu prägen, mit dessen Hilfe ihr das Erlebte identifizieren könnt. Bevor der Mentalkörper bei Kindern voll aktiviert ist (in der Regel ab zirka sieben Jahren), und insbesondere bevor Kinder die entsprechenden sprachlichen Fähigkeiten erworben haben, haben sie alle erdenklichen Empfindungen, die sie durchströmen, aber sie können sie sprachlich nicht benennen. Und sie klassifizieren sie nicht als »gut« oder »schlecht«, es sei denn, man bringt ihnen solche Urteile bei! Die Empfindungen sind lediglich ein Teil ihres Erlebens.

Wir sagen damit also, dass es etwas Positives ist, dass die Energie durch den Emotionalkörper wandert, denn so durchlebt ihr den Initiationsprozess eures Lebens. Die menschliche Angewohnheit jedoch, empfindungsmäßige Reaktionen auf Situationen als gut, schlecht, unangenehm, schwierig und so weiter zu klassifizieren, ist dem Menschen nicht dienlich. Im Gegenteil, oft bewirkt sie, dass Menschen Widerstände entwickeln gegenüber Dingen, die ihnen unbequem sind. Nun sagen wir damit nicht, dass der Prozess des Etikettierens und Benennens der Empfindungsmuster per se falsch sei. Aber wir sagen, wenn das Ergebnis des Etikettierens euch dazu bringt, eigene Anteile zu unterdrücken und euch davon abhält, eine emotionale Erfahrung zu durchleben, so ist dies kontraproduktiv für eure Entwicklung – denn es schließt die Energiekörper und lässt sie erstarren.

Virginia: Nun, wenn ihr »erstarren« sagt, heißt das dann, dass die tatsächliche Schwingungsfrequenz statisch wird?

Hathoren: Sie blockiert, sie hört auf, sie wird starr. Dann muss das *Ka* reagieren und wird in der Regel mit blockiert, je nachdem, wie intensiv die emotionale Reaktion ist. Wenn das *Ka* erstarrt, fließt kein *Prana* mehr in die Körperregion, wo das emotionale Muster sitzt. Wenn also dieses emotionale Muster tendenziell Angst ist und zum Beispiel in den Nieren festgehalten wird, so kann der *Prana* nicht in die Nieren fließen, und irgendwann habt ihr schließlich vielleicht ein Problem mit den Nieren.

Virginia: Gibt es noch mehr, was ihr hierzu sagen möchtet?

Hathoren: Die zweite Übung, die wir euch heute anbieten, ist die Erfahrung bedingungsloser Annahme und bedingungsloser Liebe, damit ihr spüren könnt, was in eurem energetischen

Feld, in eurem Körper geschieht, wenn ihr euch in dieses Empfinden hineinbegebt. Denkt daran, dass ihr, wenn ihr euch in diesen Empfindungszustand hineinbegebt, eine interzellulare Resonanz in Gang setzt, die hochgradig kohärent ist und euch genetisch – über die DNA – auf unterschiedlichen Ebenen stärkt. Je häufiger ihr euch dafür entscheidet, bedingungslos anzunehmen und je häufiger ihr euch dafür entscheidet, bedingungslose Liebe zu erfahren, desto häufiger erzeugt ihr eine Harmonik im Emotionalkörper, die eurem *Ka* wie auch eurem physischen Körper sehr gut tun wird und beide stärken wird. Dies ist ein grundlegender Prozess, der es euch ermöglicht, schneller in die aufsteigende Bewusstseinsspirale hineinzugelangen.

Übungen für werdende Meister 2 - Teil B

Der Prozess besteht einfach darin, sich am Tag einen Moment Zeit zu nehmen, um sich liebevolle, akzeptierende Empfindungen in Erinnerung zu rufen und sie dann zwei, drei Minuten aufrecht zu erhalten. Als weitere Hilfe kann man sich den Tag über immer wieder an diese liebevollen Empfindungen erinnern. Intensiviert die Empfindungen, sodass sie im Emotionalkörper schwingen. Intensiviert sie, damit das Ka reagiert, und der physische Körper wird folgen. Es ist ein wunderbares, angenehmes Erlebnis und stärkt euer Vermögen, kohärente Emotionen in sich zu bewahren, was unabdingbar ist, wenn man sich auf die Spiralebenen höherer Dimensionen begibt. Außerdem unterstützt es eure DNA.

Virginia: [Nach einer Pause zum Erleben dieser Übung, die dem Empfinden von Liebe gilt]. Viele metaphysisch orientierte Menschen befassen sich mittlerweile gedanklich mit ihren beschädigten DNA-Strängen. Könntet ihr im Hinblick darauf, wie ihr uns als Energiesysteme seht, erklären, wie unser Energiesystem und die DNA-Stränge funktionieren?

Hathoren: Was wir sagen würden ist, dass ihr Menschen in eurem derzeitigen Zustand weniger als ein Drittel der für euch verfügbaren genetischen Informationen nutzt. Von den verfügbaren Kodons – das sind regelrechte Einheiten oder molekulare Tore für die Erinnerung auf genetischer Ebene – nutzen die meisten Menschen weniger als ein Drittel. Wir haben also zwei Drittel dieses ungenutzten genetischen Potenzials zur Verfügung, ohne weitere DNA-Stränge hinzufügen zu müssen. Mit anderen Worten, *eure derzeitige Doppelspirale, die Doppelhelix, über die der Mensch verfügt, ist nur zu einem Drittel aktiviert.* Wenn ihr euch auf die höheren Spiralen hinaufzubewegen beginnt, bedarf es größerer Fähigkeiten und größerer Sensibilität. Wenn dieser Bedarf entsteht, wird die DNA also reagieren und spontan diese Kodons zu erschließen beginnen. Dann werdet ihr merken, wie ihr mehr und mehr von eurem genetischen Potenzial aktiviert. Von daher ist aus unserer Sicht der erste Schritt, bevor ihr zu anderen DNA-Strängen weitergeht, der, vollauf die beiden Stränge zu aktivieren, die ihr bereits habt.

Virginia: Und diese Übungen werden dabei helfen?

Hathoren: Ja.

Virginia: Nun, ohne hier darüber zu urteilen, wie es zu dieser Reduzierung von zwölf Helixsträngen auf nur zwei kam – habt ihr eine Anmerkung dazu, dass manche sich darüber ärgern, diese zwölf Stränge verloren zu haben, die sie ursprünglich einmal besaßen?

Hathoren: Dieser Ärger ist aus diversen Gründen müßig. Zuerst einmal ist Ärger eine inkohärente Emotion, und solange der Emotionalkörper inkohärente Informationen in sich festhält, kann keine Resonanz entstehen, die ein Erreichen der höheren Spiralen erlaubt. Solange man in Ärger über eine Situation verharrt, blockiert man sehr effektiv das eigene Wachstum. Auf welcher Ebene wir uns auch unterhalten, ob auf der grundlegenden Ebene der Beziehung zu anderen Menschen oder im Hinblick auf die Beziehung zwischen dem eigenen Selbst und dem Schöpfer – Ärger blockiert *Wachstum.* Von einem anderen Standpunkt betrachtet ist der Ärger Energieverschwendung, da alles Bewusstsein in Zyklen fließt und wir gerade aus einem sehr dunklen Zyklus heraustreten, wo das Bewusstsein wieder erwacht. Das Bewusstsein selbst ruht und schlummert zu unterschiedlichen Zeiten in verschiedenen Regionen des Kosmos.

Mitunter durchläuft das Bewusstsein Zyklen, wo es zu einem regelrechten Aufblühen kommt, doch zu anderen Zeiten durchläuft es Zyklen, in denen es sich wieder in die Dunkelheit zurückzieht, und während dieser Zeit ist das Potenzial minimal.

Es gibt Punkte, wo das Bewusstsein im Grunde innerlich im Tiefschlaf versinkt. Diese Zyklen dauern Äonen lag und wiederholen sich endlos. Es handelt sich um einen Wachstumszyklus, den der Mensch nicht einmal zu verstehen vermag, so unermesslich ist er. Das Leben ist einfach die zyklische Bewegung des Bewusstseins, und wir sind alle Teil dieses Bewusstseins, das nun in Bewegung ist und aus seinem Schlummer erwacht.

Was wir denjenigen vorschlagen, die Ärger empfinden darüber, »beraubt« worden zu sein – was ihre DNA angeht –, ist ganz einfach. Vergebt das, was früher war! Lasst es einfach los. Lasst den Ärger abklingen und befasst euch mit dem, was jetzt unmittelbar vor euch ist. Mit Ärger werdet ihr nichts erreichen, außer dass euer weiteres Wachstum behindert wird. Sich Liebe, Akzeptanz und Dienen zu Eigen zu machen wird mehr als alles andere, was ihr tun könnt, dazu beitragen, Wunden der Vergangenheit zu heilen und euch voranzutreiben. Man könnte diesen Ärger sogar in unsere Übungen einbauen.

Virginia: Ausgezeichnet. Kommen euch bei irgendwelchen Fragen oder Kommentaren meinerseits in diesem Kapitel noch weitere Gedanken in den Sinn, an denen ihr uns teilhaben lassen möchtet?

Hathoren: Nein. Wir haben das Gefühl, alles gesagt zu haben, außer dass wir euch anregen möchten, täglich die Übungen zu praktizieren. Sie sind simpel in der Durchführung und bewirken eine Menge. Es ist nicht notwendig, dass ihr irgendwelche spirituellen Übungen aufgebt, in die ihr bereits involviert seid, um die hier dargestellten Methoden zu praktizieren. Unsere Anregungen werden für euren Weg lediglich eine Hilfe und Bereicherung sein. Liebe heilt alles, was sie berührt, und Liebe öffnet Türen, die zuvor verschlossen waren.

4

Die Angst, sich zu öffnen

Menschen sind unserer Erfahrung nach eine faszinierende Kategorie von Geschöpfen, und das aus vielen Gründen. Ein Aspekt, der uns an ihnen reizt, ist, dass sie genau das am meisten fürchten, was sie am meisten wollen. Offen zu werden für eine umfassendere Wirklichkeit – größere emotionale Freiheit, größeres spirituelles Bewusstsein – ist bei ihnen gleichzeitig eine Sehnsucht und eine Angst. Diese Angst davor, sich der Herzensliebe zu öffnen, hat viele verschiedene Wurzeln, von denen einige offen gestanden darauf zurückgehen, wie ihr aufgewachsen seid. In unserer Kultur, bei den Hathoren, lässt man den Kindern viel mehr freie Hand als bei euch. Man zeigt ihnen ihre Grenzen und was sie dürfen und was sie nicht dürfen, aber innerhalb dieser Grenzen lässt man ihnen immense Freiheit. Da es bei vielen Menschen negative Erfahrungen gibt, die sich in ihrem Emotional- und Mentalkörper in früher Kindheit eingeprägt haben – wo ihre Energien gezwungen wurden, sich dem Willen der Erwachsenen in ihrem Umfeld zu beugen – wird Freiheit für sie eine Quelle von Angst.

Wir haben uns dafür entschieden, unsere Gedanken über die menschliche Angst davor, sich der Liebe zu öffnen, mitzuteilen, da aus unserer Sicht das Tor zu einer beschleunigten Evolution und einem beschleunigten Wachstum in dem liegt, was man bei euch »Gefühle« nennt. Uns fällt auf, dass es bei vielen Menschen, während sich die Menschheit für tiefere Gefühle öffnet, auch eine mächtige Tendenz gibt, sich zurückzuhalten, sich genau vor diesem Prozess zu fürchten, tiefe, machtvolle Gefühle zu durchleben. Wir möchten euch also schildern, wie sich Gefühle energetisch bewegen, wie sie die feinstofflichen Körper beeinflussen, und wir möchten einige Vorschläge unterbreiten, wie man diesen Prozess gefahrlos zur Entfaltung kommen lassen kann. Denn genau durch diesen Prozess, sich für das Fühlen zu öffnen, wird es in eurer Evolution und eurem Bewusstsein zu den größten Schritten voran kommen.

Bitte erinnert euch daran, dass die einzelnen feinstofflichen Körper auf unterschiedliche Frequenzen ansprechen. Wie bereits an früherer Stelle festgestellt, hängt der Emotionalkörper sehr stark mit dem *Ka* zusammen. Das *Ka,* euer Pranakörper – die Lebenskraft selbst – und der Emotionalkörper sind sehr eng miteinander verflochten! Wenn ihr euch gestattet, tiefe Gefühle zu erfahren, lasst ihr zu, dass das *Ka* in hohem Tempo schwingen kann. Damit meinen wir nicht, dass ihr hysterisch, übermäßig launenhaft oder übermäßig emotional werden solltet. Wir meinen einfach nur, dass *das Vermögen, tief zu empfinden, ob dieses Empfinden ausgedrückt wird oder nicht,* es dem *Ka* ermöglicht, schneller zu vibrieren.

Die Organisation der Chakras hängt mit dem zusammen, was ihr als die Empfindungsebenen bezeichnen würdet. Und wenn die Energien in das Herzchakra hineinwandern, den »großen Transformator« im der Mitte des Brustkorbs, kommt es zu einer Wanderung dieser Empfindungsenergie zu ihrer größten Tonalität oder zu fein aufeinander gestimmten Frequenzen. Das Herzchakra ist auch der Mittelpunkt zwischen den unteren und den oberen Chakras, daher oft der Name »großer Transformator«. Es ist die Zentralsonne des Körpers und der Ausleger, von dem energetisch alle Bewegung in Richtung Ganzheit und höhere Bewusstseinszuständen ausgeht. Das Herzzentrum gleicht »Blütenblättern«, doch haben all die unterschiedlichen Chakras in der feinstofflichen Dimension buchstäblich eine energetische Struktur, die stark an die einer Blume erinnert. Immer wenn sich die Blume des Herzens öffnet, kommt es zu einer Zunahme an Empfindungen. Wenn man also mehr Empfindungen erlebt, so öffnen sich die Blütenblätter des Herzens und breiten sich aus. Wenn man immer weniger an Emotion erlebt – sich zurückzieht und weniger mit den eigenen Empfindungen mitschwingt –, neigen diese Blütenblätter dazu, sich zu schließen.

Jede Person hat ihre eigene Grenze, wenn es darum geht, bei wie viel Offenheit und Tiefe des Empfindens ihr noch wohl ist, und wie viel sie zulässt. Wie gesagt, hat das mit ihrer früheren Konditionierung zu tun. Tatsache ist, dass eure diversen Erfahrungen von früher eure Einstellung geprägt und den Pegel an Empfindungsreizen bestimmt haben, mit dem ihr gut zurecht kommt. Was nun auf diesem Planeten zu beobachten ist, ist eine rasante Zunahme von Erfahrungen in immer kürzerer Zeit. Von daher gibt es mehr und mehr Reaktionen, mehr emotionale und Empfindungssituationen als je zuvor. Und das sind letztlich Chancen zu einem beschleunigten Wachstum! Wenn sich ein Individuum jedoch nicht wohl fühlt bei den Empfindungen, die es in sich selbst trägt sowie bei der Tiefe der Empfindungen, die aufsteigen können, so kann es regelrecht dazu kommen, dass dieser Mensch den Prozess zu blockieren oder zu verlangsamen versucht. Was wir euch dazu jedoch sagen würden, ist, dass genau diese Intensität, diese Kraft des Gefühlserlebens oder Empfindens, die ihr in eurem Alltag erfahrt, der Treibstoff ist, der euch zu höheren Bewusstseinszuständen befördert.

Wir haben es bereits zuvor gesagt und werden es auch wieder sagen: Da eure Erde sich auf dem Weg in eine neue Bewusstseinsoktave befindet, *läuft die Zeit schneller.* Mehr Ereignisse und Erfahrungen treten in kürzeren Zeitspannen auf und erzeugen so mehr Empfindungen und mehr emotionale Reaktionen. Versteht ganz klar, dass dies Chancen zu einem beschleunigten Wachstum und einer beschleunigten

Entwicklung sind, wenn ihr sie annehmt. Wenn ihr die Erfahrungen ablehnt, wenn ihr eure eigenen emotionalen Reaktionen ablehnt und so polarisiert, dass eine Schuldzuweisung entsteht, verpasst ihr das, worum es hier geht. Der Situation oder jemand anderem die Schuld an eurem Unbehagen in die Schuhe zu schieben, ist ein Irrtum. Eure Empfindungen und Emotionen sind Reaktionen auf eine bestimmte Situation, die auf *eurer Interpretation* der Ereignisse basieren. Sie sind Spiegel, die euch eine energetische Reaktion ermöglichen und euch erlauben, festzustellen, wie ihr im Hinblick auf ein Vorkommnis oder eine Erfahrung geeicht seid. Damit meinen wir, dass im Grunde ihr selbst eure Reaktion, eure Art, das Ereignis zu erleben, hervorruft. Um was für ein Ereignis es sich handelt, welche letztendliche Wahrheit sich darin verbirgt, wird euch solange entgehen, bis ihr begreift, dass das, was ihr bei allen Ereignissen erfahrt, eure eigene Projektion, Interpretation und Kreation ist.

Sagen wir zum Beispiel, vier Leute kämen zusammen, und dann würde etwas Bestimmtes geschehen. In diesem Fall könnte es gut sein, dass das Ereignis emotional von allen vieren anders erlebt wird, und jede Erlebnisweise wäre je nach Wahrnehmungsweise der einzelnen Personen in sich richtig. Es gäbe vier Sichtweisen eines scheinbar objektiv eingetretenen Ereignisses. Wir wollen eines hier absolut klarstellen. Wir sagen nicht, dass die Ereignisse eures Lebens euer eigenes Werk sind, obwohl auch das in manchen Fällen stimmt. Was wir sagen ist vielmehr, dass ihr die Einstellung gegenüber all den Erfahrungen erzeugt, die sich um diverse Ereignisse in eurem Leben ranken. Eure Wahrnehmung dieser Erlebnisse basiert auf euren Überzeugungen, euren Einstellungen, euren Zielsetzungen, euren versteckten Hintergedanken und euren Empfindungen zu dem, was sich ereignet.

Empfindungen geben euch ein ganz klares Barometer an die

Hand, und Emotionen liefern eine ganz eindeutige Rückmeldung im Hinblick darauf, was ihr erfahrt, wenn ihr es euch ehrlich eingesteht, und was ihr euch selbst zu diesem Erlebnis sagt. Wenn ihr euch den Raum gebt, dies mit Offenheit und einer akzeptierenden Haltung zu erfahren, so werden diese tiefen Empfindungen in euch eine vermehrte Bewusstheit erzeugen. *Einfach ausgedrückt, sind die Emotions- und Empfindungsenergien, die euch durchströmen, Brennstoff für das Feuer der Verwandlung.*

Einige der Ängste in Zusammenhang mit dem Offenwerden für Empfindungen haben mit den Energien als solchen zu tun, denn wenn sich die feinstofflichen Körper zu öffnen beginnen, strömen ganz reale körperliche Empfindungen durch den Körper. Für unzureichend Informierte kann das alarmierend sein, da man weiß und spürt, dass da etwas Tiefgründiges geschieht, etwas Welterschütterndes! Je nach der Persönlichkeit des einzelnen Menschen und je nach dem Schluss, zu dem er im Hinblick auf die Wirklichkeit und seinem Platz darin gekommen ist, kann ein solcher Öffnungsprozess regelrecht in Angst und Schrecken versetzen. Und dennoch ist ein solches Sichöffnen, um den umfassenderen Raum eures eigenen Seins zu umfangen, eine umfassendere Wahrnehmung und ein größeres Gefühl der Freiheit und des Im-Fluss-Seins euer Geburtsrecht. Dieses spirituelle Geburtsrecht ist das, worauf euer Körper sich jeweils hinentwickelt, wenn ihr nur zulasst, dass dieser Prozess stattfinden kann.

Ja, die Angst davor, sich zu öffnen, rührt von vielen Ebenen, und das Thema ist so vielschichtig, dass wir das ganze Buch darauf verwenden könnten. Und dennoch ziehen wir es vor, in dem, was wir an euch weitergeben, sehr praxisbezogen zu sein, statt eure Situation in all ihrer Komplexität zu erörtern. Von daher ruht unser Augenmerk darauf, euch Werkzeuge an die Hand zu geben, mit deren Hilfe ihr die emotionale Schlinge

lockern könnt, die eure Freiheit und eure bewusste Wahrnehmung stranguliert.
Deshalb hier nun eine ganz einfache Übung, die dem Herzzentrum ermöglichen wird, sich zu öffnen und euch erlaubt, eine größere Tiefe des Empfindens zu erleben. Wie alle Hilfsmittel, die wir euch gegeben haben, mag auch dieses trügerisch primitiv erscheinen, aber wir haben feststellen können, dass die wirksamsten Dinge im Leben oft die sind, die ihrem Wesen nach am simpelsten sind, am einfachsten in der Anwendung.

Übungen für werdende Meister 3

Während ihr mit eurer Aufmerksamkeit in die Pranaröhre wandert, atmet ihr in sie hinein wie bei der ersten Übung, haltet dann den Atem an und atmet schließlich aus, wobei ihr den Prana durch den physischen Körper strömen lasst.
Nachdem ihr das ein, zwei Minuten lang getan habt, verlagert ihr eure Aufmerksamkeit ins Herzzentrum, das Zentrum im Brustkorb, den großen Transformator, auch Zentralsonne genannt. Verweilt mit eurer Aufmerksamkeit beim Herzchakra (Zentrum des Brustkorbs), atmet nun den Prana ein, und zwar sowohl von der Erde hinauf als auch vom Himmel herab, und lasst ihn beim Ausatmen durch das Herz zirkulieren (siehe Zeichnung 5).
Es reicht, wenn ihr euch nur vorstellt und spürt, wie dieser Prana in das Herz zu strömen beginnt – es ist nicht erforderlich, es zu sehen. Wenn ihr euch dabei eine Blüte vorstellt, die sich öffnet, so ist das in Ordnung, aber seid euch darüber im Klaren, dass das nicht das Ziel ist. Das Ziel besteht darin, zu spüren, wie sich die Energie des Herzens öffnet wie die Blütenblätter einer Blume, und zu spüren, wie die Blüte immer weiter aufgeht, bis die Blütenblätter so weit offen sind wie euer Körper. Lasst die Blütenblätter sich dann immer weiter ausbreiten – so weit, wie es für

euch angenehm ist. Haltet einfach inne und verweilt mit eurer Aufmerksamkeit bei dieser offenen Blüte des Herzens.

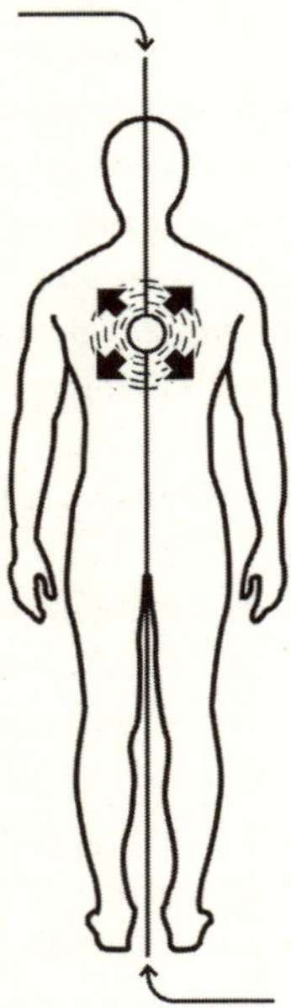

Zeichnung 5 – Das Einströmen der Himmels- und Erdenergie in die »Pranaröhre« und in das Herzzentrum oder Herzchakra, durch das sich das Herz öffnet wie eine Blüte

Was ihr bei dieser einfachen Übung tut, ist, dass ihr den Emotionalkörper wie auch das *Ka* aktiviert. Wenn der Emotionalkörper aktiviert wird, stellt er eine Resonanz mit dem pranischen Körper, dem *Ka* her, und wenn ihr spürt, wie sich das Herz öffnet, erzeugt ihr buchstäblich eine elektromagnetische Öffnung im Herzen! Sobald das geschieht, spürt ihr körperlich Energie und Energiebewegungen, ganz sachte, sodass eure Persönlichkeit sich vermehrt an das Gefühl des Offenseins gewöhnen kann. Es geht einfach darum, sich stärker an das Gefühl zu gewöhnen, dass das Herz offen ist statt verschlossen. Wenn ihr diese einfache Methode über einen kurzen Zeitraum praktiziert, werdet ihr merken, dass euer Vermögen, das Herz zu öffnen, beträchtlich zunimmt und eure Angst vor dem Sichöffnen beträchtlich abnimmt. Es ist die Vereinfachung von etwas außerordentlich Komplexem.

Wir hoffen, dass ihr weitermacht mit der Entwicklung eurer Fähigkeit, euch eine Blume im Zentrum eures Brustkorbs vorzustellen und wie sich ihre Blütenblätter öffnen, denn wenn ihr euch vorstellt, wie sich die Blätter öffnen wie bei einer Blüte, wird das Herzzentrum entsprechend reagieren.

Seht ihr, es gibt da eine Verbindung, eine energetische Verbindung zwischen dem, was als Bild vor dem geistigen Auge verweilt und dem, was sich im Mental- und Emotionalkörper abspielt. Während ihr also das Bild vor euch seht, wie diese Blume sich in euer Vorstellungskraft, eurem Geist, wenn ihr wollt, öffnet, so erzeugt das einen Widerhall in dem feinstofflichen Gebilde, das ihr das Herzchakra nennen würdet, und dies erlaubt es dem Herzchakra, dass es sich zu öffnen beginnt.

Wir empfehlen euch, diese Übung in Situationen zu üben, wo ihr euch sicher und wohl fühlt, nicht in Situationen, wo ihr euch unwohl fühlt oder euch das entsprechende Vertrauen fehlt. Tut das mit Freunden oder euren Lieben, mit euren Haustieren oder für euch allein in einer schönen, natürlichen Umgebung. Wenn ihr euch vorstellt, wie sich euer Herz öffnet, eure wunderschöne Blüte öffnet, wird es zu einem Widerhall im Herzen kommen, und ihr merkt vielleicht, wie ihr tiefer als je zuvor positive Gefühle erfahrt. Lasst die Freudentränen fließen, wenn euch danach ist, in Anerkennung des tiefen Verlangens der Seele, sich auszudrücken.

Eure Bereitschaft, zuzulassen, dass ihr über die Begrenzungen der Angst hinauswachsen könnt, ist der Anfang von Weisheit,

Freude und Kreativität. Werdet ihr es wagen, das aufs Spiel zu setzen?
Denkt daran, dass die Angst davor, sich zu öffnen, im Grunde auf viele Ebenen zurückzuführen ist, letztendlich aber die Angst davor ist, sich für mehr *Raum* zu öffnen. Denn wenn ihr in den weiteren Raum hineingelangt, fühlt ihr euch gleichzeitig vielleicht verletzlicher, obwohl ihr durch das Sichöffnen leichter in der Lage seid, höheres Bewusstsein zu empfangen. Natürlich kann es von euch, wenn ihr Probleme damit habt, gesehen zu werden oder angreifbar zu sein, als bedrohlich erlebt werden, eine Empfindung für einen erheblich erweiterten Raum zu erlangen. Doch dieser Raum hält viele Schätze bereit. Diese simple Übung, eine imaginäre Blüte im Zentrum des Brustkorbs zu öffnen, kann Wunder bewirken, sofern in euch noch ein Widerstand davor übrig ist, sich zu öffnen. Sie kann euch helfen, sensibler dafür zu werden, eure eigenen großen Tiefen zu spüren – und wie wir ja immer wieder gesagt haben, ist das Empfinden ja der Brennstoff für die Umwandlung und die Nahrung für Evolution und Wachstum.
Virginia, hast du noch Fragen?

Virginia: Könntet ihr vielleicht etwas zum emotionalen Einfluss von Erfahrungen aus früheren Leben auf uns sagen? Welche Herausforderungen und Chancen gibt es da für sich reinkarnierende Menschen?
Hathoren: Die Erinnerungsmuster, die im Emotionalkörper gespeichert sind, können von einem Leben zum nächsten weitergetragen werden, und wenn jemand das Erlebnis hatte, durch sein offenes Herz dazu gebracht zu werden, sich zu verschließen oder sogar zu Schaden kam, so wird dieses Muster in den Erlebnissen in diesem Leben wieder zutage treten. Es ist wichtig, das zu verstehen und diesbezüglich behutsam mit sich selbst umzugehen. Denkt also daran, dass der Prozess des

Sichöffnens nicht bedeutet, sich selbst angreifbar zu machen für alle, die euren Weg kreuzen. Es bedeutet, dass ihr euer kritisches Urteilsvermögen einsetzt, um zu entscheiden, wann ihr euch öffnet und wem gegenüber. Das Ziel ist, offen sein zu können, wenn man es möchte, statt gar nicht anders zu können. Was bei einem stark nachwirkenden emotionalen Erinnerungsmuster leicht passiert, ist, dass man das Gefühl hat, nicht selbst die Wahl zu haben. Man wird sich in diesem Fall verschließen, um sich selbst zu schützen. Dadurch, dass ihr diesen Mechanismus versteht, könnt ihr damit beginnen, bewusst wieder mit dem Öffnungsprozess des Herzens zu beginnen und dann gezielt Menschen und Gelegenheiten wählen, wo es angemessen ist, sich zu weiten.

Virginia: Also gehört diese Entscheidung oder dieses Unterscheidungsvermögen bei der Menschheitsfamilie mit zum Prozess des freien Willens?

Hathoren: Ja.

Virginia: Bei den meisten großen Religionen war von der Notwendigkeit die Rede, emotional in den Fußstapfen (oder Mokassins) unseres Bruders zu wandeln. Jesus sprach sehr klare Worte zu Liebe und Vergebung; Buddha betonte intensivst Mitgefühl und den Pfad der edlen Tugenden. Wie habt ihr, als die Hathoren, also euren freien Willen dazu benutzt, bei diesem Prozess der Herzensöffnung Sicherheit und inneres Gleichgewicht zu finden?

Hathoren: Für uns ist der grundlegende Punkt, der für das Gleichgewicht sorgt, der universelle Strom der Liebe, der buchstäblich greifbar ist und durch alle Ebenen des Daseins strömt. Er ist ein Widerhall, der sich in unserem Empfinden als bedingungsloses Annehmenkönnen, bedingungslose Liebe spiegelt. Es ist also unser sehnlicher Wunsch, diesen Einklang, diesen Punkt des Gleichgewichts, wenn ihr so wollt, in allen Lebenserfahrungen zu erreichen. Jene Erfahrungen, wo wir das Leben als Herausforderung erleben mögen, sind unsere eigenen Wachstumspunkte, sie sind nur für euch da. In der Resonanz des Annehmenkönnens zu verweilen, bringt einen dazu, das Leiden anderer zu verstehen, und das ist Mitgefühl. Für uns liegt deshalb der Dreh- und Angelpunkt darin, das Schwingungsfeld hoher Kohärenz, bedingungsloser Liebe und bedingungsloser Annahme zu erreichen. Unser Leben durch dieses Schwingungsfeld und in ihm zu leben, ermöglicht es uns, die aufsteigende Spirale des Bewusstseins hinaufzugelangen. Dann können wir anderen behilflich sein, die sich vielleicht nicht in diesem Schwingungsfeld der Liebe befinden, die sich selbst vielleicht nicht lieben oder die sich oder anderen möglicherweise aktiv Schaden zufügen.

In diesem Schwingungsfeld (Liebe) zu sein und alle Situationen aus diesem positiven Empfinden heraus zu erfahren, war, wie wir festgestellt haben, der größte Katalysator für unsere eigene Entwicklung.

Virginia: Es würde euch also offenbar freuen, wenn wir durch diese Übungen, die ihr an die Menschheit weitergebt, solche Prozesse verstehen und zu unser eigenen Weiterentwicklung einsetzen könnten?

Hathoren: Das ist unsere Hoffnung. Und dennoch bieten wir diese Hilfsmittel nur an, wir zwingen sie niemandem auf. Aus unserer Perspektive spielt es innerhalb dieses Energiefelds der Liebe nicht einmal eine Rolle, wenn ihr die Wahl trefft, diese Hilfsmittel nicht zu gebrauchen. Ob ihr die Hilfsmittel annehmt und gebraucht oder nicht, ändert nichts an unserer Einstellung euch gegenüber. Wir wissen einfach, dass eure Reise dann, wenn ihr die Hilfsmittel benutzt, die wir euch gegeben haben, kürzer sein wird.

Virginia: Danke. In eurer eigenen ... – ich bin nicht sicher, ob es angebracht ist, »Zivilisation« oder »Kultur« zu sagen –, aber jedenfalls dort, wo ihr bewusstseinsmäßig beheimatet seid, gibt es da individuelle Unterschiede zwischen den Wesen, die ihr als »Hathoren« bezeichnet?

Hathoren: Wir sind, wie ihr es nennen würdet, Wesen von ein und derselben Frequenzbandbreite, und um in dieser Frequenzbandbreite zu sein, dazu haben wir bestimmte Einstellungen, eine gewisse Kohärenz in den emotionalen Mustern. Denn wenn wir nicht eine gewisse Kohärenz aufrechterhalten, bleiben wir nicht mehr in diesem Schwingungsfeld. Als Kultur, als Gruppe, leben wir also in dieser Bandbreite. Und dennoch gibt es Unterschiede zwischen uns. Es gibt Meinungsunterschiede, unterschiedliche Herangehensweise und Techniken und ganz bestimmte Persönlichkeiten. Es ist also durchaus nicht alles ein Einheitsbrei [... lachend]!

Wir können uns darüber amüsieren, dass so viele denken, wenn sie auf die höheren Bewusstseinsebenen kämen, wäre alles ein und dasselbe sein. So ist es nicht.

Virginia: Gibt es noch etwas, was ihr über euch selbst erzählen möchtet und das uns helfen könnte, unser eigenes Bewusstsein zu öffnen?

Hathoren: Wir leben in der Schwingungsfrequenz der Liebe und Freude. Wir haben diese Frequenz dadurch erlangt, dass wir unsere eigenen Energiesysteme verstanden und mit diesen Energiesystemen auf manche der hier beschriebenen Weisen arbeiteten. Wir erlangten diesen Frequenzbereich lange bevor Menschen in physischer Form auf der Erde erschienen, also blicken wir als Kultur – als »Gruppengeist«, wenn ihr so wollt – auf eine lange Geschichte zurück, in der dieser Frequenzbereich von uns erreicht und aufrechterhalten wurde. Wir wissen eindeutig die Schwierigkeiten zu würdigen und zu verstehen, die der Weg dorthin mit sich bringt, und deshalb bieten wir euch jetzt unsere Kommentare dazu an.

Virginia: Hätten wir uns unter »Gruppengeist« Hunderte oder Tausende von Wesen vorzustellen?

Hathoren: Es gibt innerhalb unserer Zivilisation mehrere Millionen Einzelwesen, unterschiedliche Individuen.
Virginia: Und könnten wir, falls uns Hathoren begegnen sollten, die männlichen von den weiblichen unterscheiden?
Hathoren: In der physischen Gestalt, ja. Wie ihr haben wir multiple, einander durchdringende Felder. Wenn unser Bewusstsein sich in eines der Felder begibt und wir uns mit diesem Feld identifizieren, vereinigt sich unsere Energie mit diesem Feld. Wenn wir von daher unser Bewusstsein in die Körperlichkeit unseres Körpers wandern lassen, nehmen wir jene Gestalt an, die physisch als ein Hathor erkennbar ist, wie sie von den Darstellungen der ägyptischen Tempel bekannt ist. Die meiste Zeit jedoch hält sich unser Bewusstsein nicht in diesem physischen Feld auf. Vielmehr verbringen wir die Zeit in einem Gewahrsein der höheren Felder, und in diesem Fall würde man uns als strahlende Lichtkörper erleben.
Virginia: Deshalb also würden wir euch in der Sprache der Erdenmenschen »aufgestiegen« nennen? Und eure erfolgreiche Aufrechterhaltung dieses hohen Bewusstseins geht darauf zurück, dass ihr konstant die Herzenergie fließen lasst?
Hathoren: Ja, das ist richtig.
Virginia: Habt ihr, während eure Kultur existierte, Herausforderungen erlebt, die, wie soll ich sagen, ernst oder schwierig waren? Wenn ja, wie habt ihr sie überwunden?
Hathoren: Unsere derzeitige Kultur in dieser Dimension geht Jahrtausende weit zurück – bis zu der Zeit, wo wir durch die Siriuspforte euer Universum betraten. Als Zivilisation erlebten wir dadurch, dass wir in eurem Sonnensystem waren, eine heftige Herausforderung. Es gab nämlich einmal einen Planeten zwischen Venus und Erde, und einige von uns lebten in einem physischen Körper auf diesem Planeten. Dieser Planet explodierte, und wer von uns dort lebte, kam ums Leben, was heißen soll, dass sein physischer Körper aus dem Dasein her-

ausgenommen wurde und dass wir uns wieder in die feineren Körper zurückziehen mussten.

Da wir damals kein so klares Verständnis wie jetzt über die Natur der feinstofflichen Sphäre in diesem physischen Universum hatten, durchlitten wir immens viel Kummer und Verlust. Es herrschte in unserer Mitte in der Tat große Trauer um unsere verlorenen Familienmitglieder und Freunde. Dies wirkte der Kohärenz der Liebe entgegen, in der wir als Zivilisation Tausende von Jahren lang gelebt hatten. Es war also für uns eine emotionale Flutwelle, und es dauerte, nach irdischen Maßstäben gemessen, mehrere hundert Jahre, bis wir unser Gleichgewicht wiedererlangt hatten und das Erlebte verstanden. Doch durch dieses Leid und diese Tragödie lernten wir etwas über den Stoff, aus dem das Universum gemacht ist, etwas über die Natur des Feinstofflichen und die Kontinuität des Bewusstseins, was wir bis dahin nicht begriffen hatten.

Vielleicht würde es den Leserinnen und Lesern helfen, wenn wir ihnen beschreiben, worin diese Entdeckungen bestanden. Die erste drehte sich um die Kontinuität des Bewusstseins. Wir wussten und verstanden, das wir feinstoffliche Körper haben. Wir hatten beobachtet, dass in dem Moment, wo jemand zu sterben scheint und sich der physische Körper wieder in seine Ausgangselemente zurückzuentwickeln beginnt, auf der feinstofflichen Ebene etwas übrig blieb – nur dass wir nicht ganz hingelangen konnten zu dieser feinstofflichen Ebene, auf der die entsprechenden Wesen dann weiterlebten. Wir waren nicht in der Lage, die Brücke zu schlagen zwischen unserer dichteren Realität und jener feinstofflichen Realität, wo die Geschöpfe, die einmal gelebt hatten, noch immer weiterlebten, auch noch nachdem sie von uns gegangen waren. Was es uns ermöglichte, diese Kontinuität zu verstehen, war die Tragödie, die mit der Zerstörung unseres Planeten einherging.

Virginia: Sprecht ihr dabei Maldek an?

Hathoren: Ja, Maldek. Als dieser Planet zerstört wurde, sorgte das für so viel emotionalen Aufruhr, dass den hoch entwickelten Wesen in unserer Kultur, den mit großer Empathie und übersinnlichen Fähigkeiten Begabten, die ihr Priesterinnen und Priester nennen mögt, nichts anderes übrig blieb, als sich in die Tiefe zu begeben und ihren Lieben nachzuspüren. Seht ihr, es war eine aus tiefstem Herzen kommende Verzweiflung, die sie dazu bewog, die Grenzen, die Schleier zu überwinden, die unterschiedliche Ebenen der Schöpfung normalerweise voneinander trennen. Aber sie verfolgten den Weg ihrer Lieben nach und fanden sie! Sie wussten, dass sie sich ihres Lebens freuten und dass der Tod kein Problem darstellte, da der Körper im Rahmen der Kontinuität des Bewusstseins keine Bedeutung hat. Dieses Verständnis war natürlich eine jener großen Entdeckungen, die unserer Zivilisation ein tiefes Gefühl des Friedens bescherte, als alle sie vollauf verstanden.
Virginia: Wie wunderbar! ... Ich glaube, ihr habt gesagt, da sei Mehreres gewesen?
Hathoren: Ja, es gab da mehrere Dinge, die wir entdeckten: die Kontinuität des Bewusstseins, die bereits erwähnt wurde, und auch die Verbindung zwischen den feinstofflichen Körpern. Auch die Beziehung des physischen Körpers zum *Ka* wurde auf einer viel weitreichenderen und tiefgründigeren Ebene verstanden, da bei einigen der Wesen, die umgekommen waren, das *Ka* stark genug war, damit sie in ihrem pranischen Körper auf dieser Ebene bleiben konnten. Sie waren es auch, die mit den Priestern und Priesterinnen regelrecht über ihre Erfahrung sprechen konnten, wie es war, voll und ganz im *Ka* zu sein, ohne über eine körperliche Form zu verfügen. Als sie sich auflösten, als ihr *Ka* sich aufzulösen begann, konnten die Priester und Priesterinnen tatsächlich ihren Weg in die subtileren Sphären verfolgen. Als Kultur gelangten wir also dazu, die Kontinuität des Bewusstseins zu verstehen sowie die

Beziehungen zwischen den einzelnen feinstofflichen Körpern, was de facto eine großartige Entdeckung war. Was sich wie eine Tragödie ausgenommen hatte, verwandelte sich für unsere Kultur in eine Quelle außerordentlichen Reichtums. Und die Wesen, die scheinbar ausgelöscht worden waren, kehrten natürlich als unsere Kinder zurück. Und so ist es auch bei euch Menschen.

Noch etwas?

Virginia: Nein, geliebte Seelen, aber wir danken euch sehr für eure Energie mit Tom heute. Ihr habt mich ganz tief berührt mit eurer Haltung des Dienens und den Informationen über euer eigenes Wachstum und Heranreifen. Noch einmal herzlichen Dank an euch, und wir freuen uns auf das, was wir zu späteren Zeitpunkten von euch hören werden.

5

Die Pyramide des Gleichgewichts

Stellt euch eine Pyramide mit einer quadratischen Grundfläche vor, mit ihrer Spitze ausgestattet, dem Schlussstein der Pyramide, als Symbol für das hohe Bewusstsein, zu dem ihr euch hinentwickeln könnt – eine Pyramide, wie hier gezeigt (siehe Zeichnung 6). Beachtet, dass die Spitze oder die Höhe des Bewusstseins auf vier Punkten oder Ecken der Grundfläche ruht, die jeweils für einen Aspekt stehen, der unabdingbar ist für das Erreichen eines mit innerem Gleichgewicht verbundenen höheren Bewusstseinszustands. Nach eurem Verständnis und in eurer Erfahrungswelt ist es von daher entscheidend, dass ihr ein sicheres Fundament habt, dass die Basis mit ihren vier Ecken stabil ist.

Die vier Punkte oder Aspekte dieser Stabilität sind buchstäblich die Ecksteine eures hiesigen Daseins. Lest sie sorgfältig und achtet dann darauf, wie ihr zu jedem einzelnen steht:

1. Die Beziehung zum eigenen physischen Körper und den anderen, feinstofflichen Körpern einschließlich des *Ka*.
2. Die Beziehung zu sich selbst und anderen.
3. Die eigene Beziehung zu dem Dienst, den man dem Universum, der Welt, dem eigenen Umfeld widmet und der oft – wenn auch nicht immer oder nicht immer nur – die Form des ausgeübten Berufs annimmt.
4. Die eigene bewusste Beziehung zu den Heiligen Elementen, aus denen sich die Welt zusammensetzt, in der man lebt. Für euch auf der Erde sind diese Heiligen Elemente: Erde, Feuer, Wasser und Luft (Raum).

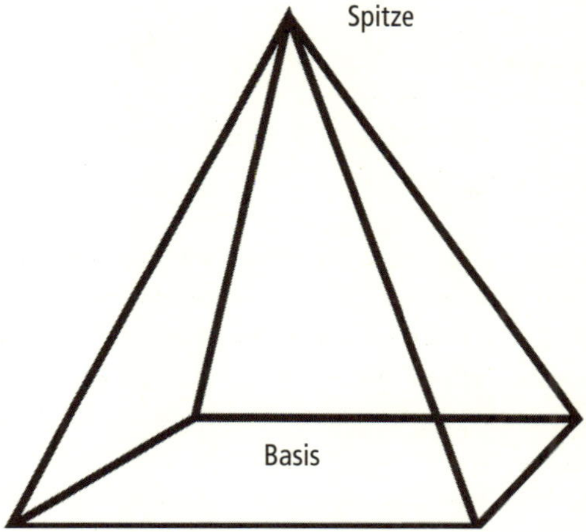

Zeichnung 6 – Die Pyramide im Gleichgewicht (mit quadratischer Basis). Die Kreise stehen für die vier Stützpunkte oder Aspekte der Stabilität.

Wir sind in gewissem Umfang bereits auf die Beziehung zwischen euren eigenen physischen und feinstofflichen Energiekörpern eingegangen und darauf, wie wichtig es ist, ein starkes *Ka* aufzubauen. Es ist unbedingt wichtig, insbesondere in der jetzigen Zeit, eure physische Beziehung zum physischen Körper und den anderen, den feinstofflichen Körpern sicherzustellen, denn wenn euer Bewusstsein sich aufwärts und in Richtung auf höhere Ebenen bewegt, kommt ihr zu Fall, wenn der physische Körper die Energie nicht wahren oder aufrechterhalten kann. Ihr werdet nicht in der Lage sein, in den höheren Bewusstseinszuständen zu verweilen, denn der Körper wird euch zurückbringen. Von daher lautet *eine der vier Stützen des Aufstiegs auf höhere Ebenen, dass das Ka und alle Körper, einschließlich des physischen, stark und voller Leben sind.* Wir vertrauen darauf, dass ihr begreift, wie dringlich es ist, einen starken und vitalen physischen Körper zu haben, und wie sehr das zur spirituellen Klarheit und dem Aufstiegsprozess gehört. Ein *zweiter Stützpunkt* ist der, sich selbst zu kennen und harmonisch mit anderen umzugehen. Bezüglich der eigenen Beziehung zu anderen interessiert es euch vielleicht zu wissen, dass man in den alten Tempeln der Mysterienschulen Ägyptens, insbesondere in der ägyptischen Mysterienschule Hathors, gewöhnlich nicht zu diesen Schulen zugelassen wurde, bevor man nicht eine gewisse Lebenserfahrung sammeln konnte. Wenn Menschen vorsprachen, und in die Schule aufgenommen werden wollten, wurde alles unter die Lupe genommen, auch ihre Beziehungen. Denn wenn sich nicht bestimmte positive zwischenmenschliche Beziehungen etabliert haben, werden negative Beziehungen bei der Höherentwicklung des Bewusstseins zum Hindernis, und der Initiand oder die Initiandin wird letztlich in niedrigere energetische Zustände und Frequenzen zurückfallen.

Auf der Erde herrscht heutzutage bei manchen Menschen die Auffassung, dass Beziehungen überflüssig seien, dass man sie nicht wirklich brauche, und dass man gut auch ohne ein positives Miteinander und ohne positive Beziehungen zu anderen Menschen auskäme. So wie wir die Sache sehen, ist das ein Irrtum. Gefordert ist vielmehr, eine Beziehung zu anderen Menschen aufzubauen, die von Klarheit und Ehrlichkeit geprägt ist, man also aufrichtig ist im Hinblick auf das eigene Erleben, aufrichtig im Hinblick auf die eigenen Bedürfnisse und Wünsche, und Derartiges freigebig mitteilt.

Dadurch, wie sich das Bewusstsein durch Beziehungen ausdrückt, hat man einen hochgradig wirksamen Spiegel, der einem zeigt, wo noch Ungelöstes zu bearbeiten ist. Es ist leicht, sich einzureden, man hätte eine bestimmte Bewusstseinsebene und ein bestimmtes Maß an Mitgefühl erlangt, wenn man nicht mit anderen Menschen zusammenkommt. Doch sobald man sich dafür entscheidet, in Interaktion mit ihnen zu treten, werden einem, wenn man ehrlich ist und genau hinsieht, jene Stellen in einem selbst zu Bewusstsein kommen, die nicht liebevoll sind, nicht mitfühlend. Und warum? Weil das Gegenüber etwas tut, das einem »gegen den Strich geht«. Dieses Miteinander kann also Reibung und beträchtliches Unwohlsein erzeugen, ja sogar Schmerz. Unserer Beobachtung nach meiden die meisten Menschen diese unbequemen Situationen, indem sie sich selbst emotional im Stich lassen, indem sie nicht aussprechen, was für sie die Wahrheit ist, und indem sie ihre wahren Absichten vor sich selbst und vor anderen verbergen. Was dann geschieht: In diesem Moment, der die Chance geboten hätte, dass die Wahrnehmung kristallklar und scharf wird, wird diese trübe und unklar. Leider ist das ein Umstand, der in Beziehungen häufig erlebt werden kann.

Es gibt viele Gründe dafür, dass es zu diesem Ungleichgewicht kommt, doch wir bieten euch, ohne jetzt auf all die unterschiedlichen Gründe einzugehen, eine Lösung an. Die Essenz unserer Lösung besteht darin, sich in der eigenen Beziehung zu anderen Menschen zu bemühen, direkter zu sein, aufrichtiger, ehrlicher gegenüber sich selbst im Hinblick auf die eigenen Bedürfnisse und Wünsche, und diese dann anderen deutlich zu vermitteln.

Viele Lehrer auf der Erde, und darunter auch viele von den höheren Sphären, sprechen seit Tausenden von Jahren von der Wichtigkeit von Beziehungen. Wir gesellen uns einfach zu ihnen, indem wir diese Wahrheit hervorheben. Wenn ihr diesen zweiten der vier Basispunkte eurer Aufstiegspyramide integrieren könnt, so steht die Pyramide stabiler, sie wird solider. So wird sie dann zu einem Halt, der es euch ermöglicht, eine weitere Stufe höher in Richtung Pyramidenspitze, in Richtung höhere Bewusstseinszustände und eine erweiterte Wahrnehmung zu gelangen.

Der *dritte Stützpunkt der Pyramide* hat damit zu tun, wie ihr eure Zeit auf der Erde verbringt – mit eurer Arbeit auf der Welt, eurem Dienst an anderen. Bei den meisten deckt sich das mit dem, was sie beruflich tun, wenn es auch nicht ausschließlich mit eurem Beruf zu tun haben mag. Es kann auch etwas anderes sein. Es besteht in dem, wofür ihr euch auf der Welt engagiert, darin, wie ihr der Welt begegnet und was ihr der Welt gebt, wenn es um eure Energien geht, euren Hauptfokus, euren Dienst an anderen. Eure Arbeit oder euer Dienst ist eure Art und Weise, euer wahres Selbst zum Ausdruck zu bringen. Es gibt den Spruch: »Arbeit ist manifest gewordene Liebe.« Dem stimmen wir zu. Die Arbeit, mit der ihr euch beschäftigt, ist für euch ein Weg, eure Liebe, eure wache Wahrnehmung, euer Bewusstsein, eure Meisterschaft Gestalt annehmen zu lassen. Sie spiegelt euch den Ausdruck eurer Persönlichkeit und die Stellen, an denen ihr unklar seid, an denen in euch Verworrenheit oder Chaos besteht. Wenn ihr also das Gefühl habt, dass euch eure Arbeit nicht ausfüllt, dass euch die Art und Weise, wie ihr durch den Ausdruck eurer Kreativität und Liebe in die Welt eingreift, nicht ausfüllt, dann schlagen wir vor, die Stellen in euch selbst anzusehen, wo euch eure Zielsetzungen auf diesem Gebiet unklar sind. Das Problem ist nicht die Arbeit. Das Problem ist, wie man durch den Energieeinsatz, der auch Arbeit oder Dienst genannt wird, in die Welt eingreift beziehungsweise sich einzugreifen sträubt.

Der *vierte und letzte Stützpunkt der Pyramide* ist die eigene bewusste Beziehung zu den Elementen – den »Heiligen Vier«. Wir werden hierauf später noch weiter eingehen; hier mag es einfach reichen zu sagen, dass die Elemente, aus denen sich die Erde zusammensetzt, Erde, Feuer, Wasser und Luft (Raum) sind. Wir sprechen hier von den Elementen im Hinblick auf ihren feinstofflichen Zustand als Metapher, nicht von den Elementen im chemischen Sinne. Die heiligen Elemente sind in

Wirklichkeit erhabene, mit einem Bewusstsein ausgestattete Wesen, was für manche ein neues Verständnis sein mag.
Das Element Luft, das sich um und durch euren Körper bewegt, hat ein Bewusstsein. Die Luft, die ihr atmet (der Raum, durch den ihr euch bewegt), ist ein bewusstes Wesen. Das Element Erde, das euch trägt und aus dem sich letztlich euer Körper zusammensetzt, hat ein Bewusstsein. Die Gewässer der Erde, das Wasser, das in Form der Wolken über den Himmel zieht und das Wasser in eurem Körper haben ein Bewusstsein. Auch das Element Feuer hat ein Bewusstsein.
Was auf dieser Seinsebene geschehen ist, ist wahrhaft ein Wunder. Denn diese vier Wesen, diese unermesslich weit reichenden Wesen Erde, Feuer, Wasser und Luft (Raum) haben sich zusammengetan, damit ihr einen physischen Körper als Form erhalten konntet. Er ist ein Geschenk, das man euch freigebig gemacht hat, damit ihr Erfahrungen in einer Welt sammeln könnt, die stärker verdichtet ist als die, aus der ihr kommt. Ohne die Arbeit und das Zusammenwirken dieser bewussten Wesen entsprechend ihres schöpferischen Wunsches, dass ihr hier existieren mögt, wäre auf dieser dreidimensionalen Ebene keine Evolution möglich. Es gäbe sogar überhaupt keine physische Ebene!
Eine von Dankbarkeit geprägte Beziehung diesen Wesen gegenüber herzustellen, sorgt für die Entstehung eines kosmischen und universellen Verständnisses der Energie des Schöpfers auf der lokal begrenzten Ebene. Man missbraucht die Welt, in der man lebt, nicht, wenn man die Heiligkeit dieser Wesen erkennt, die es eurer Welt überhaupt erst ermöglichen, zu existieren. Dank ihres Mitgefühls, ihrer Liebe und ihrem Dienst könnt ihr euch entwickeln. Denn sie tragen, wie alle Wesen, die in ihrer Basis vier Ecken aufweisende Pyramide des Gleichgewichts in sich selbst. Ihre Arbeit und ihr Dienst besteht darin, für eine Kontinuität des Daseins in dieser

Sphäre zu sorgen, damit die Elemente im Gleichgewicht sind und die physische Welt überdauert. Das ist ihre Arbeit, das ist ihr Dienst, dem widmen sie sich mit liebender Hingabe und Engagement. Sie entwickeln sich durch diesen Dienst an euch und an all den anderen Reichen in dieser Sphäre, dieser Dimension, weiter. Ihr profitiert davon. Generell sind Menschen in der heutigen Zeit jedoch abgeschnitten von dem uralten Verständnis der Heiligkeit dieser Elemente, der Heiligkeit der Erde.

Eure Eingeborenenvölker sind diejenigen, in deren Stammesüberlieferungen dieses Wissen noch erhalten ist. Doch der moderne, technologieorientierte Mensch ist zum Großteil von dieser Wahrheit abgeschnitten. So viele Menschen wandern durch die Welt auf der Suche nach etwas, das »Frieden« genannt wird, voller Aufgewühltheit, weil sie keinen Ort finden, um zur Ruhe zu kommen. Das mittlerweile stark technologieorientierte moderne Bewusstsein bringt weiterhin technologische Neuerungen hervor, stets in der Hoffnung, dass diese neuen Fortschritte für diesen Ort der Ruhe und des Friedens sorgen werden. Doch das geschieht nicht. Das Ironische und Tragische daran ist, dass der Ort, an dem man Ruhe finden kann, direkt im Hier und Jetzt existiert. Er befindet sich um euch herum. Er setzt sich aus den Elementen eures Körpers zusammen. Seht und spürt ihr die Heiligkeit der Erde und eures Körpers, so findet ihr diese Ruhestätte. Von dort ausgehend könnt ihr mit dem Prozess des Aufstiegs beginnen und so dem Schöpferischen Einen näher gelangen, das ihr »Gott« nennt.

Wie bereits gesagt, gibt es vier Punkte, aus denen die Basis der Bewusstseinspyramide besteht, die es einem ermöglicht, stabil das spirituelle Bewusstsein zu entwickeln. Es gibt ein paar Methoden, die es euch erlauben, diese vier Positionen zu umschiffen und sich sehr rasant den höheren Bewusstseins- und Wahrnehmungszuständen zu nähern. Man kann diese jedoch erst dann aufrecht erhalten, wenn eine solide Grundlage geschaffen ist – und eine Person, die sich darum herummogelt, ein Fundament zu errichten, wird nur auf tiefere Frequenzen zurückfallen. Ohne die notwendige Grundlage können die höheren Zustände nicht aufrechterhalten werden. Da es unser Wunsch ist, euch dabei zu helfen, auf eine Weise weiterzukommen, die wohlausgewogen und dauerhaft ist, empfehlen wir euch, am besten gewissenhaft für die vier Eckpunkte des Fundaments eures Lebens Sorge zu tragen.

Zur Sorge für die vier fundamentalen Eckpunkte des Lebens

1. *Hegt und stärkt den physischen Körper und eure Beziehung zu ihm.*
2. *Werdet euch eurer Beziehung zu eurer eigenen Wahrheit und zur Wahrhaftigkeit anderen gegenüber bewusst.*
3. *Stärkt eure Beziehung zu eurer Arbeit und zu Gelegenheiten, zu dienen.*
4. *Stärkt eure Beziehung zu den Heiligen Elementen, aus denen sich euer physischer Körper zusammensetzt sowie die gesamte Wirklichkeit der Erdebene.*

Wenn ihr diese vier Bereiche stärkt und verfolgt, sie tagtäglich würdigt, sie bewusst wahrnehmt und euer Bestes tut, dass jeder von ihnen erstarkt, so werdet ihr dadurch sicherstellen, dass euch die notwendige Energie zur Verfügung steht, die es erleichtert, ein stabiles Fundament aufzubauen, auf dem aufbauend ihr euch gefahrlos auf die höheren Dimensionen zu bewegen könnt.

Hast du jetzt noch Fragen, Virginia?

Virginia: Ja, ich habe eine zu den vier Elementen. Besteht eine Beziehung zwischen dem, was wir die Elemente nennen und den Erzengeln? Zum Beispiel zwischen dem Erzengel Michael und dem Feuer? Oder den Devas und dem Feuer?
Hathoren: Erzengel Michael hat eine Verbindung zu Feuer, aber damit ist ein »ätherisches Feuer« gemeint, das eine andere Art von Feuer darstellt als das Feuerelement, aus dem diese Erdebene besteht. Der Begriff »Deva«, der vielen vertraut ist, hat mit den Wesen zu tun, die durch die Erdebene wandern und mit verschiedenen Aspekten wie etwa dem Wachstum der Pflanzen etc. zusammenhängen. Überall in der Schöpfung finden sich Deva-Kräfte. Es gibt viele, viele Devas. Außerdem gibt es auch ein Deva-Bewusstsein, so könntet ihr das Bewusstsein dieser vier Elemente beschreiben. Es gibt also ein Deva-Bewusstsein, das Feuer ist. Es gibt ein devisches Bewusstsein, das Wasser ist. Und so weiter.
In der Hathorenkultur haben wir klangliche Namen für diese, auf die wir eingehen werden, wenn wir von den Heiligen Elementen sprechen. Kurz gesagt ist jedoch der Klangname für Feuer KA. Hier besteht definitiv eine Beziehung zum *Ka,* dem pranischen Körper, der den physischen Körper durchdringt und umgibt. EL ist die Erde. LEEM ist Wasser, OM ist Luft und Raum. Das sind Klangnamen, die Bewusstsein gegeben wurden, das unabhängig von den Namen existiert. Feuer ist ein bewusstes Wesen. Jeder Funke Feuer – ein Lagerfeuer, ein Streichholz, eine Flamme, eine Kerze, die in einer Kathedrale brennt, das Feuer, das die Nahrung in eurem Körper verbrennt und dem Stoffwechsel einverleibt, das Feuer der Sonne – sie alle sind das gleiche Wesen in unterschiedlichen manifestierten Formen. So ist es auch bei den anderen Elementen.
Virginia: Wie kann unser derzeitiges wissenschaftliches Denken sich so erweitern, dass mehr als die chemische Natur der Elemente in das Denken Eingang findet?

Hathoren: Wir sprechen von einer anderen Bewusstseinsebene als dem, was ihr die Elemente der Periodentafel nennen würdet, die die molekularen Bausteine, die atomare Struktur der Materie darstellen. Diese atomare Beschreibung der Elemente ist zutreffend, doch wenn man in die subtileren Bereiche des Bewusstseins kommt, merkt man, dass alles stärker metaphorisch wird.

Unternehmen wir gemeinsam eine Reise, um das zu klären. Wenn ihr einen Stein aufhebt, der irgendwo auf der Oberfläche des Planeten liegt, so benutzt ihr paradoxerweise die Erde, um Erde aufzuheben, denn euer physischer Körper ist ja buchstäblich Erde in einem Muster vorübergehend stehender Wellen. In der Tat verhält es sich so, dass alle Kieselerde, alles Kalzium und aller Kohlenstoff, aus dem sich der menschliche Körper zusammensetzt, aus der Erde kommen. In gewisser Weise ist es also die Erde selbst, die einen Teil von sich in Form eines Steines aufhebt. Könntet ihr euch in die Struktur dieses Steins hineinversetzen, oder in die Struktur eures Körpers, so könntet ihr Teile der Atomtafel studieren und die unterschiedlichen chemischen Elemente feststellen, aus denen sich der Stein wie auch der physische Körper zusammensetzen. Soweit zur simpelsten Ebene des molekularen und atomaren Aufbaus. Würdet ihr euch tiefer in den atomaren Aufbau hineinbegeben, so würde sich euch etwas eröffnen, das präatomarer Natur ist und das eure Physiker als das Quantenfeld bezeichnen. Aus diesem Quantenfeld, zu dem noch immer große Missverständnisse bestehen, gehen die eigentlichen Atome und subatomaren Teilchen hervor. Wenn diese atomaren Strukturen zusammenkommen, habt ihr die Moleküle und Elemente in der Periodentafel der Elemente, die euch aus eurer Chemie vertraut ist.

Begebt ihr euch tiefer in das Quantenfeld, auf immer subtilere Ebenen, so erreicht ihr einen Punkt, wo ihr im Bewusstsein selbst angelangt. Denn als Fundament, als eigentliche Wirklichkeit des Quantenfelds wird man bald das Bewusstsein entdecken. Die physischen Elemente sind also nichts als sich in der Materie abzeichnende Bilder, die aus dem Bewusstsein auf der subtilsten, tiefsten Ebene kommen. Begibt man sich in tiefere oder subtilere Schichten des Bewusstseins, so gerät man in Kontakt mit dem, was die Alten als die vier Heiligen Elemente würdigten. Auch diese finden sich im Bewusstsein. Sie sind Vorstellungen, und doch sind sie mehr als geistige Vorstellungen. Sie leben! Kommt man auf diese Ebene zu sprechen, so ist eure Sprache außerordentlich begrenzt.

Zieht einmal die Möglichkeit in Betracht, dass das Element Feuer ein mit einem Bewusstsein ausgestattetes Wesen ist – vielleicht wäre es zutreffender, es als »Intelligenzfeld« zu beschreiben. Dieses Intelligenzfeld wohnt in den subtilsten Sphären der Materie, jener Grenzwelt, wo das Bewusstsein sich in das Physische hineingebiert. Von dieser »Unterwelt der Materie« aus reicht die Intelligenz in Form der Oxidation in die physische Welt hinein.

Wenn die Bedingungen stimmen, kommt es durch eine Interaktion zwischen Sauerstoff, Hitze und Brennmaterial spontan zur Entstehung von Feuer. In eurer Wissenschaft ist man sich völlig darüber im Klaren, welche chemischen Vorgänge zur Verbrennung führen, aber man versteht bislang noch nicht, was sich dabei auf der Quantenebene ereignet oder in dem Bereich, den wir als die Unterwelt der Materie bezeichnen. In alter Zeit verstand man diese Unterwelt der Materie, auch wenn man nicht wie ihr heute in allen Einzelheiten die chemischen Vorgänge verstand, die damit einhergehen. Trotz des letztgenannten lernten die Seher früherer Zeiten infolge ihrer Kontaktaufnahme mit den tieferen Bewusstseinsschichten durch Trance und meditative Zustände, wie sie sich den vier heiligen Elementen Erde, Feuer, Wasser und Luft (Raum) als lebendigem Bewusstsein nähern konnten. Deshalb wurden diese Elemente in der Frühzeit dieses Planeten tatsächlich als Gottheiten verehrt. Sind wir damit auf deine Frage eingegangen?

Virginia: Danke, ja. Könntet ihr nun klarer herausstellen, was ihr als »Bewusstsein« bezeichnet? In unseren westlichen Sprachen ist dieser Begriff mehr als vage!

Hathoren: Nähern wir uns diesem Thema zunächst einmal über die Aussage des Hermes Trismegistos »Wie oben, so unten«. Das bedeutet einfach, dass jede Bewusstseinsebene eine Reprise der Ebenen über und unter ihr ist oder diese spiegelt. Es ist einfach eine Frage der Größenordnung oder Dimension. Betrachtet ihr das menschliche Nervensystem, so könnt ihr sehen, dass es die Möglichkeit besitzt, sich seiner selbst bewusst zu sein. Von daher nehmen Menschen nicht nur ihre Umgebung wahr, sondern sind sich in einer bestimmten geistigen Verfassung auch gewahr, dass sie ihre Umgebung wahrnehmen. Das ist Selbst-Reflexion, Selbst-Wahrnehmung. Vom physikalischen Standpunkt aus betrachtet wird das dadurch ermöglicht, dass das Gehirn vom neurologischen Aufbau her so organisiert ist, dass es Rückbezug auf sich selbst nehmen kann. Das bedeutet, sich seiner selbst bewusst zu sein. Wenn jemand wach ist oder wahrnimmt, was sich um ihn selbst herum abspielt, so würde man sagen, er sei »bei Bewusstsein«. Wir würden euch jedoch sagen, dass ihr als Menschen im Allgemeinen weniger als *ein Prozent* der wahrnehmbaren Wirklichkeit wahrnehmt. Das geht darauf zurück, dass das Gehirn das meiste von dem, was ihr wahrnehmt, entsprechend dem, was ihr wahrzunehmen erwartet, ausfiltert, und auch darauf, dass eure fünf Sinne euch nur eine sehr begrenzte Bandbreite an Licht- und Schallfrequenzen sowie an sonstigen energetischen Realitäten liefern. Innerhalb dieser eng eingeschränkten Bandbreite an Frequenzen gibt es natürlich eine vielfältige

Welt zu entdecken und zu erkunden. Und dennoch macht sie nur einen winzigen Prozentsatz dessen aus, was in Wirklichkeit vorhanden ist. Sagen wir einmal, ihr sitzt auf einem Sessel in eurem Zimmer, während ihr dieses Buch lest, dann seid ihr euch bewusst, was in diesem Raum geschieht und auch, was sich in eurem Kopf abspielt, während ihr diese Worte lest. Aber wahrscheinlich wäre euch nicht bewusst, was sich hundert, zweihundert Kilometer von euch entfernt abspielt, da euer Nervensystem nicht so weit reicht. Eure fünf Sinne sind in ihrer Berichterstattung lokal stark begrenzt.
Es gibt jedoch Bewusstseinszustände, in die ihr eintreten und die ihr erleben könnt, die von Yogis und alten Weisen eingehend erkundet wurden. Es ist möglich, wie eure Wissenschaft des Westens bereits nachzuweisen beginnt, dass eine Person in einem bestimmten Bewusstseinszustand bewusst wahrnehmen kann, was sich Hunderte von Kilometern entfernt ereignet. Dieses Phänomen wird als »Hellsehen« bezeichnet; möglich wird es durch die Existenz des feinstofflichen Nervensystems. Das physische Nervensystem (Gehirn, Rückenmark und peripheres Nervensystem) empfängt eine hochgradig beschränkte Bandbreite von Sinnesreizen, während des feinstoffliche Nervensystem weniger durch das physische Nervensystem eingeschränkt ist und von daher dem Quantenfeld des Bewusstseins selbst näher. Wenn dieses feinstoffliche Nervensystem sich weiter ausbildet, kann sich das Bewusstsein in das Quantenfeld ausdehnen, wo es möglich ist, Informationen zu euch »hinüberzuziehen«, die nicht-lokaler Natur sind, was heißen soll, die über den Ort hinausgehen, wo ihr euch physisch befindet. Die Eindrücke kommen wie beim physischen Nervensystem im Gehirn an, doch ist die Quelle der Eindrücke anders als die meisten denken, nicht sensorischer Natur.
Begibt man sich bewusstseinsmäßig tiefer und tiefer, so wird man stärker nicht-lokalisiert, ist stärker mit einer umfassen-

deren Bewusstseinssphäre in Verbindung. So dass man am Ende, auf der tiefsten Bewusstseinsebene, alles wahrnimmt. Und dann spricht man von Allwissenheit. Sie ist möglich. Der Mensch verfügt über das Potenzial, um diesen Zustand zu erreichen. Natürlich wäret ihr an diesem Punkt nach heutigen menschlichen Maßstäben kaum noch als Menschen zu bezeichnen, aber ihr könntet dennoch weiterhin eine physische Gestalt haben. Selbst in euren begrenzten historischen Aufzeichnungen finden sich Berichte über Wesen, die in unterschiedlichem Ausmaß Allwissenheit oder einen Zustand erlangten, in dem sie die gesamte Schöpfung in ihrem Bewusstsein trugen, indem sie in den tiefsten, subtilsten Bewusstseinszustand eintraten. Und dennoch ist es unmöglich, Allwissenheit zu erlangen, solange man schließlich nicht mit seiner bewussten Wahrnehmung über die physischen Sinne hinausgelangt. Es ist eine Frage der Reichweite.

Virginia: Mir ist nicht ganz klar, was ihr mit »Reichweite« meint.

Hathoren: »Reichweite« bedeutet das Gebiet, das von der eigenen Wahrnehmung abgedeckt ist. Wenn ihr euch zum Beispiel auf die Worte auf dieser Seite konzentriert, ist euch eure Umgebung nicht einmal bewusst. Würdet ihr euch jedoch umsehen, so würde sich die Reichweite eurer Wahrnehmung ändern, und ihr würdet Dinge sehen, die ihr zuvor nicht einmal zur Kenntnis genommen habt. Genau so verhält es sich auch mit dem Bewusstsein. Wenn euer Augenmerk nur auf den fünf Sinnen ruht, so empfangt ihr das, was ihr über eure Sinne empfangt. Entwickelt ihr jedoch auch euer feinstoffliches Nervensystem, so werdet ihr auch andere Wahrnehmungsebenen zu empfinden beginnen. Diese anderen Wahrnehmungsebenen hat es immer gegeben und es wird sie auch immer geben. Sie sind ein Teil des Stoffs, aus dem das Universum besteht, ein Teil seiner Grundmauern. Wenn jedoch euer Hauptfokus auf den fünf Sinnen liegt, so werden diese subtileren Eindrücke überlagert. Das Prinzip der Reichweite entscheidet darüber, was ihr potenziell wahrnehmt. Erweitert ihr die Reichweite eurer bewussten Wahrnehmung, so gelangt ihr in die feinstofflichen Dimensionen des Bewusstseins, das Grundgestein, aus dem alles Existierende hervorkommt. Erweitert ihr eure Reichweite oder euren Fokus nicht, so könnt ihr keinen Zugang zu den subtileren Dimensionen finden.

Virginia: Brauchen wir deshalb Hilfe und Anweisungen?

Hathoren: Ja. Die Wesen, darunter auch Menschen, die in den unterschiedlichen Traditionen als Heilige gelten, haben ein bestimmtes Maß an Wissen und Praxis erlangt. Ihnen ist es gelungen, diesen Weg in das tiefste Selbst zu finden. Da sie das getan haben, tragen sie seine energetische Schwingung in sich. Dadurch, dass ihr in ihrer Gegenwart seid oder von ihnen lernt, könnt ihr leichter in höhere Bewusstseinssphären eintreten.

Virginia: Vielen Dank. Apropos Hilfe und Anweisungen: Habt ihr einen Rat, was uns helfen könnte, wenn wir mit den Heiligen Elementen verkehren, sodass wir ihnen wirklich mit Wertschätzung begegnen können? Eingeborenenvölker pflegen eine solche Kommunikation, aber für diejenigen unter uns, deren Denken westlich geprägt ist und die sich viel in Innenräumen aufhalten, scheint das eine enorme Aufgabe.

Hathoren: Wir werden euch Anregungen hierzu geben, wenn wir zu dem Abschnitt über die Heiligen Elemente kommen. Generell sei jedoch dahingestellt, dass wir sagen werden, wie sehr die Menschen in den modernen Gesellschaften dazu neigen, sich von den Elementen zu isolieren. Sie dichten ihre Häuser hermetisch ab, schließen sich in Räumen ein, in die oft keine frische Luft hineingelangt und wo die Temperatur permanent auf annähernd konstanter Höhe gehalten wird. Wir sagen damit nicht, dass Annehmlichkeiten ein Fehler sind; was wir sagen ist, dass ihr, wenn ihr euch durchgängig von jeglicher Interaktion mit den Elementen abtrennt, keine Beziehung zu ihnen herstellen könnt. Unser Vorschlag wäre also, dass ihr euch häufiger im Freien aufhaltet.

Virginia: Könntet ihr noch etwas Hilfreiches sagen, mit dem klargestellt wird, wie wir die Bewusstseinsebenen in ihrem Verhältnis zu Gott ansprechen können?

Hathoren: Letztlich ist es Gott, der alles tut. Das ist das Geheimnis an der Sache. So wie wir es sehen, ist »die höchste Quelle« oder »der Schöpfer« jenseits der Dualität, weder männlich noch weiblich. Wir glauben, dass dieser höchste Ursprung diverse Schwingungsfelder in Bewegung gesetzt hat, die in den unterschiedlichen Welten und Dimensionen Gestalt annahmen. Diese Schwingungsfelder bestehen noch immer, denn würden sie nicht entsprechend dem Willen dieses Einen schwingen, so würde alles aufhören zu existieren. Von daher ist es der Gnade Gottes zu verdanken, dass alles weiterbesteht.

Innerhalb dieser Schwingungsfelder sind viele unterschiedliche Formen von Bewusstsein zutage getreten. Diese Bewusstseinsformen sind auf verschiedenen Ebenen angesiedelt und sind entsprechend der Gnade des Einen mit einem freien Willen ausgestattet. Innerhalb dieser Sphären, wo viele verschiedene Formen von Leben existieren, können sie entsprechend ihres freien Willens handeln. Auch hier erklärt das Zitat »Wie oben, so unten«, dass dabei ein Spiegel des Schöpfungsvorgangs durch das Eine vorliegt. Bei diesem Vorgang haben alle Wesen, die über ein waches Bewusstsein verfügen, dank der Gnade des Einen ihren freien Willen und können sich auf ähnliche Weise als Schöpfer betätigen wie das Eine.

Ohne die Kraft Gottes kann nichts erfolgen, da es eben die Kraft des Einen ist, die alle Dimensionen erschafft, aufrechterhält und fortbestehen lässt. Und dennoch hat man den freien Willen, innerhalb der Ebene, die man erreicht oder in die man Eingang gefunden hat, bestimmte Arten von Handlungen vorzunehmen oder nicht. Letztendlich ist Gott das, was all das tut. Dennoch erfahren Wesen in jeder Sphäre, wo sie Entscheidungsfreiheit haben, die Folgen ihrer Wahl, ob diese nun positiv oder negativ sind. Man muss die Ergebnisse des eigenen Schaffens erfahren. Und genau das widerfährt euch innerhalb der Erdsphäre. Der Mensch hat die Möglichkeit, durch die Ausrichtung seiner Gedanken, seiner Gefühle und seiner Lebenskraft – die mit dem *Ka* zusammenhängt – die Folgen des von ihm Geschaffenen zu erfahren.

Virginia: Sagt ihr damit also, dass das *Ka* auf unserer Ebene der Schöpfung die Gottenergie ist?

Hathoren: Ja. Unserem Verständnis nach ist da eine höchste Quelle, eine Schöpfungskraft, die regelrecht die Schwingungsfelder erzeugt, durch die der gesamte Kosmos auf allen Ebenen und in allen Dimensionen fortbesteht. Innerhalb dieser ehrfurchteinflößenden Schöpfung gibt es eine unendliche Vielzahl untergeordneter Schöpfer, die Welten, ja sogar Universen manifestieren. Diese weniger mächtigen Götter verfügen ebenfalls über einen freien Willen und über Entscheidungsfreiheit. Und so setzt sich das unvermindert fort, bis in alle Ewigkeit. Alle Wesen, die existieren und die über ein Bewusstsein ihrer selbst verfügen, sind ebenfalls Schöpfer. Bewusstsein, das in den subtilen Sphären einem Ausdruck entgegengeht, in die dreidimensionale Erde hinein, wird zur Pranaenergie, zur Lebenskraft, die wiederum durch euer *Ka* zum Zirkulieren gebracht wird. Wenn ihr das *Ka* wie einen kostbares Gut behandelt und es schützt, wertschätzt und schützt ihr damit ein höchst kostbares Geschenk des Schöpfers.

Virginia: Vielen Dank.

6

Die Aufstiegsspirale

Als »Aufstiegsspirale« bezeichnen wir den Prozess, der dazu führt, das Bewusstsein gezielt auf eine höhere Ebene wandern zu lassen. Sobald ihr mit dem Prozess beginnt, die Spirale zu erklimmen, hebt das euren Körper, eure Beziehungen und eure Art und Weise, zu dienen, allesamt auf diese höhere Ebene. Selbst die Elemente, aus denen euer physischer Körper besteht, gelangen auf diese höhere Ebene. So wie wir es verstehen, kommt dann alles auf eine höhere Ebene, nicht nur der Geist.

Wenn es für euch aufwärtsgeht, könnt ihr euren eigenen Fortschritt ausmachen, indem ihr die Veränderungen beobachtet, die sich bei euren vier »Ecksteinen« an Beziehungen abzeichnen (d.h. eurer Beziehung zu eurem Körper, zu anderen, zu eurem Dienst und zu den heiligen Elementen). Eure Beziehung zu anderen ist hierbei als Erfolgsbarometer für euren Fortschritt besonders hilfreich. Fragt euch: »Was tut sich bei mir im Bereich Beziehungen? Sind sie ehrlich und bedeuten sie mir etwas?« Die Höhe, auf der eure Beziehungen angesiedelt sind sowie ihre Klarheit wird euch – auf sehr offensichtliche und direkte Weise – sagen, wo auf der Spirale ihr angelangt seid.

Wenn ihr euch zum Beispiel sehr weit fühlt in eurer Entwicklung, aber eure Beziehungen gestalten sich schwierig und sind eine Quelle von Schwierigkeiten und Disharmonie, so könnt ihr sicher sein, dass ihr auf dem Holzweg seid [... humorvoll ...]. Uns ist aufgefallen, dass es da einige Menschen gibt, die mit dem beginnen, was sie als ihre »Höherentwicklung« bezeich-

nen, und sich dann von menschlichen Beziehungen und den Lernmöglichkeiten, die sie bieten, abschneiden. Was wir zu ihnen sagen würden ist, dass sie sich von einem höchst wirkungsvollen Spiegel abgeschnitten haben, einem höchst wirkungsvollen Feedback-Prozess, etwas, das ihnen sagen kann, ob sie tatsächlich im Aufstieg begriffen sind oder ob sie sich schlichtweg selbst an der Nase herumführen. Die Gefahr des Selbstbetrugs beim Vorgang der Höherentwicklung ist groß.
Tatsache ist, dass der Selbstbetrug auf dem Weg nach oben sogar noch zunehmen kann, und zwar aufgrund von etwas, das »spirituelles Ego« heißt. Wenn man auf der nach oben führenden Spirale höher steigt, so nehmen die eigenen Fähigkeiten und Kräfte zu. Hält man es nicht in Schach, so neigt das spirituelle Ego dann dazu, sehr selbstgefällig und aufgeblasen zu werden. Dieser Mangel an kritischem Urteilsvermögen und Demut ist gefährlich. Warum? Da ihr euren Absturz von den höheren Bewusstseinszuständen erleben werdet, wenn ihr andere verächtlich und als etwas von euch Getrenntes betrachtet. Das spirituelle Ego kann also ein ganz reales Problem werden, das auftaucht, wenn man mit dem Prozess der Aufwärtsentwicklung beginnt, und deshalb sind Beziehungen ein so wichtiger Bestandteil des Prozesses.
Im alten Ägypten wurden Menschen, die psychologisch und sozial nicht im Gleichgewicht waren, nicht in die Mysterienschulen aufgenommen. Das war eine weise Entscheidung, denn es war zu gefährlich, die höheren Energien zu aktivieren ohne über die notwendige Klarheit und Stabilität zu verfügen. Stellt euch, um die Sache mit der aufsteigenden Spirale einfacher zu verstehen, eine Pyramide vor, die das Gleichgewicht darstellt und deren quadratische Grundfläche vier Eckpunkte aufweist sowie ganz oben eine Spitze, wie auf Zeichnung 6, Kapitel 5 zu sehen. Stellt euch nun eine Spirale vor, die an einem beliebigen Eckpunkt dieser Basis beginnt und nach

oben in Richtung Spitze führt (siehe Zeichnung 7). Beachtet, dass jede nach oben führende Spirale potenziell vier Bewegungen vollführen kann, die an jeweils einem Eckpunkt der Basis anfangen.

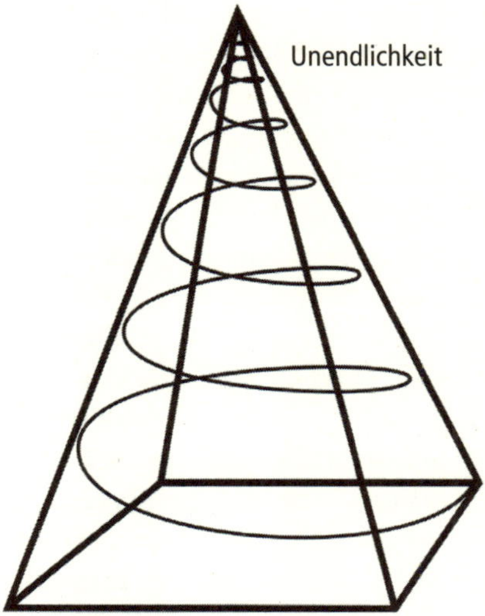

Zeichnung 7 – Die Bewusstseinsspirale

Die Spirale kann von einem der Eckpunkte oder auch von allen vieren nach oben führen. Ihr könnt zum Beispiel in diesen Spiralprozess hineingelangen, indem ihr positive Beziehungen zu anderen klärt und kultiviert. Ihr könnt durch eure höchste Vision des Dienens auf die aufsteigende Spirale gelangen. Ihr könnt auch auf die Spirale gelangen, indem ihr eure eigene Lebenskraft kultiviert, und ihr könnt die Spirale empor gelangen, indem ihr eure Beziehung zu den heiligen Elementen Erde, Feuer, Wasser und Luft (Raum) klärt.

Ihr habt dann also vier mögliche Spiralen, die sich unabhängig voneinander oder gemeinsam bewegen können, und zusammen ist natürlich am wirkungsvollsten! Wenn ihr euch die kraftvolle Synergie der vier gleichzeitig aufwärts steigenden Spiralen zunutze macht, wird ein enormes Wachstum des Bewusstseins möglich, da die aufsteigende Spirale nirgendwo ein Ende hat. *Die Aufstiegsspirale reicht nach oben in die Unendlichkeit hinein, und keiner setzt euch Grenzen im Hinblick auf die Höhen, die ihr erreichen könnt.* Das Tempo des bewussten Fortschritts unter Nutzung dieser vier Aspekte innerhalb der Spirale muss jedoch jederzeit Ausgewogenheit aufweisen.

Sagen wir einmal, ihr möchtet auf einer gleichmäßig ansteigenden Spirale nach oben gelangen. Wie würdet ihr das anstellen? Indem ihr in allen vier Bereichen das gleiche Bewusstseinsniveau und das gleiche Maß an Fähigkeiten erreicht, gleichzeitig, ohne einen davon auszulassen. Wenn ihr das *Ka* auf eine höhere Ebene bringt und ebenso eure Beziehungen, eure Arbeit und die Elemente, so ist dieses Fundament, das euch trägt, weiter nach oben gewandert, und ihr seid im Gleichgewicht. Wenn ihr jedoch euer *Ka* entwickelt habt und damit höher gelangt seid ... und ihr habt eure Harmonie mit den Elementen weiterentwickelt und seid auf diesem Gebiet höher gelangt ... und ihr habt euer Vermögen zu dienen weiterentwickelt ..., aber ihr achtet nicht auf eure Beziehungen, so habt ihr ein Chaos [... lachend ...]. Und warum? Weil das, was eigentlich eine im Gleichgewicht befindliche, stabile Ebene sein sollte, an einer Seite gefährlich abkippt. Wenn die Spirale weiter zu steigen beginnt, ist ihr das infolgedessen nicht möglich, da an diesem Eckpunkt der Pyramide kein Fundament vorhanden ist. Es fehlt. Am besten ist es, die Pyramide an allen vier Eckpunkten auf eine höhere Ebene zu bringen. So bekommt euer Wachstum Stabilität.

Das kann man sich am besten so vorstellen, dass man sich in *jedem* der vier Bereiche oder Situationen dem höchsten innewohnenden Potenzial überlässt und sich ihm mit Hingabe verschreibt. Überlasst euch, wenn ihr mit anderen Menschen umgeht, einer Vision des höchsten Potenzials der Situation, und kommt dann in eurem Umgang mit ihnen von dieser Haltung her. Akzeptiert im Hinblick auf eure Beziehung zu eurer eigenen Lebenskraft-Energie einfach die Realität dessen, was gerade geschieht und arbeitet daran, es zu verbessern. Wenn ihr euch zum Beispiel in die Hände der Möglichkeit gebt, persönlich euer Höchstmaß an Energie und Gesundheit zu erreichen, muss euer Handeln dazu geeignet sein, diese Möglichkeit Wirklichkeit werden zu lassen, indem ihr die richtigen Entscheidungen in Sachen Lebensführung trefft. Indem ihr euch also der höchsten Möglichkeit in jedem der vier Bereiche oder Situationen verschreibt, entwickelt sich eine Harmonie zwischen diesen vier Bereichen. Diese Intention des höchsten Potenzials dürfte zu einer Ausgewogenheit auf den vier grundlegenden Gebieten eures Lebens führen, sofern ihr angemessen Rechnung getragen wird, was eure Frequenz so verlagert, dass ein Gleichgewicht entsteht. Über diese vier Bereiche des Lebens zu reflektieren und sich dann zu entscheiden, auf diesen Gebieten zu wachsen, unterscheidet sich jedoch sehr von dem, was viele Menschen normalerweise tun. Der Prozess der Aufwärtsbewegung auf der Spirale verbraucht Energie. Es ist viel einfacher, einfach in Lethargie und Unbewusstheit zu verharren, was durchaus dem Zustand vieler Menschen und der von ihnen getroffenen Wahl entspricht. Es erfordert Energie, die Spirale hinaufzugelangen, in höhere Dimensionen. Wir wissen, dass es einige gibt, die sagen, der Weg zu höheren Bewusstseinszuständen sei ganz einfach und erfordere eigentlich gar keine Arbeit, nur Gedanken. Wir würden jedoch aufgrund unserer jahrtausendelangen Erfahrung sagen, dass das nicht stimmt. Es erfordert durchaus eine Anstrengung. Nun ist da zwar auch die Gnade, die sich einschaltet und hilft, aber dennoch kostet es Anstrengung, über Stellen hinauszugelangen, die sich gegen Veränderung und Wachstum sperren.

Das, was es euch erlaubt, immer über diese Energie zu verfügen, um höher zu gelangen, ist das *Ka*. Nur mit reichlich *Ka* und reichlich Lebenskraft werdet ihr die Energie und die Kraft haben, gedankliche Klarheit zu gewinnen und emotional ins Gleichgewicht zu kommen. Ihr braucht die Energie, damit euer Umgang mit jemandem erfolgreich ist, oder ihr habt nicht einmal die Möglichkeit, euch in die höchste Vision für diese Beziehung hineinzugeben.

De facto werdet ihr ohne hinreichend Lebenskraft so ausgelaugt sein, dass ihr kaum überhaupt mit anderen umgehen könnt. Deshalb haben wir bei diesem grundlegenden Gedanken angefangen und bestärken ihn immer wieder: »Ihr *müsst* das *Ka* aufbauen, ihr *müsst* die Lebenskraft aufbauen!« Wenn ihr eure Lebenskraft wertschätzt, ist es ganz natürlich, auch Gelegenheiten zu schätzen, in Beziehung zu anderen Menschen zu treten, Gelegenheiten, die Arbeit zu tun, die euch in diesem Leben bestimmt ist, und Gelegenheiten, vollständig die Elemente wahrzunehmen. Diese Kombination bringt euch auf der Spirale höher, an einen Punkt, wo ihr ein neues Niveau an Stabilität und Gleichgewicht erreicht. Und habt ihr diese neue Ebene erreicht, so gilt es eine weitere, neue Ebene zu meistern. *Tatsache ist, dass ihr immer wieder die Wahl habt, wie sehr ihr Meister sein könnt!* Wir haben gelernt, dass sich, sobald man ein bestimmtes Maß an Meisterschaft im Hinblick auf sich selbst erlangt hat, eine neue Ebene auftut, und dann kann man sich entscheiden, die Spirale hinauf zu dieser nächsten Ebene zu wandern, wenn man das möchte, *vorausgesetzt, es gelangen alle vier Seiten der Gleichgewichtspyramide höher.*

So, Virginia, kommen dir bei unserem Material Fragen in den Sinn?

Virginia: Könntet ihr, was eure Beschreibung des viereckigen Fundaments und der ausgewogenen Höherentwicklung angeht, deutlicher schildern, was an der Spitze geschieht? Ich bin nicht sicher ...
Hathoren: Nun, die Spitze ändert und bewegt sich ständig.
Virginia: Ich meine, steigt die ganze zusammengenommene Energie von den vier Ecken in einer fortlaufenden Spiralbewegung zur Spitze der Pyramide empor?
Hathoren: Ja, ja. Die Pyramide geht noch weiter. Wir verwenden die Pyramide hier als Metapher, um etwas zu beschreiben, das eigentlich nicht wirklich so ist, sondern ein Modell, mit dem wir etwas herüberzubringen versuchen. Um bei diesem Modell zu bleiben – wenn ihr die Spitze der Pyramide erreicht habt, so wäre das ein hoher Punkt in Sachen Bewusstsein, an dem ihr bewusster als zuvor eure Lebenskraft wahrnehmt, eure Beziehungen, wie ihr arbeitet und dient und wie es um eure Beziehung zu den Heiligen Elementen bestellt ist. Diese Zunahme an Bewusstsein wäre die Spitze, der höchste Punkt der Pyramide. Wenn ihr jedoch zunehmend auf diese höhere Ebene gelangt, wird die Pyramide größer und reicht weiter nach oben, sodass ihr nie ihr Ende erreicht. Deshalb können wir demütig, wirklich demütig sein, wenn wir euch zu Diensten sind.

Wir haben gelernt, dass die Spirale unendlich ist und dass es Wesen gibt, die weit höher entwickelt sind als wir. Es wäre also lächerlich, wenn wir über euch urteilen würden. Es wäre eine absurde Energieverschwendung und würde uns auf der Spirale weiter hinunter bringen.
Virginia: Ihr nehmt unsere Fehler also wahr, verurteilt sie aber nicht?
Hathoren: Ja, es ist lediglich eine Beobachtung, kein Urteilen.
Virginia: Also kommt es eurer Erfahrung nach bei denjenigen in eurer Kultur, die uns in gewisser Weise zur Seite stehen,

um Zugang zum höheren Bewusstsein auf der Pyramide zu finden, zu einer Bewusstseinserweiterung?

Hathoren: Ja, so will es das Gesetz der Pyramide. Wir tun das also aus Eigennutz, aber da ihr unsere Brüder und Schwestern seid, ist es ein liebevoller Eigennutz [... Lachen ...]. Durch das Dienen wachsen wir. Je mehr Gewahrsein, Meisterschaft, Mitgefühl und Liebe wir einsetzen, um euch zu dienen, desto höher auf der Spirale wandern wir selbst, also gelangen wir alle zusammen weiter nach oben. Es gibt einige Menschen, die wieder herabrutschen, aber das ist bestens, denn es gibt ja einen freien Willen bei diesem Vorgang. Wenn jemand schließlich ganz unten angelangt, kann er dennoch wieder nach oben zurück, denn es gibt am Ende keine andere Richtung [... unter großem Gelächter...].

Virginia: Eines möchte ich also klarstellen. Wir sprechen von unserem persönlichen Aufstieg und auch von unseren Beziehungen zu anderen und davon, wie offensichtlich zentral diese Beziehungen sind. Wenn Menschen sich in spirituelle Gruppen, Zusammenhänge und Gemeinschaften begeben, weil sie die Energien von anderen Menschen genießen, die auf einer ähnlichen Frequenz schwingen, bedeutet das dann, dass sie Menschen verurteilen, bei denen sie diese Schwingungsfrequenz nicht spüren?

Hathoren: Nicht unbedingt. Die spirituelle Gemeinschaft ist ein wirksames Hilfsmittel, um selbst höher zu gelangen. Aber sagen wir einmal, zwei Menschen aus einer Gemeinschaft gehen zum Lebensmittelladen. Einer von ihnen betrachtet alle als minderwertig und denkt: »Sieh dir doch nur diese ganzen Leute an, sie sind so unbewusst. Sie nehmen nicht wahr, was wir wahrnehmen. Wir sind die Auserwählten.« Das ist Urteilen oder Verurteilen. Das ist spirituelles Ego. Und das ist gefährlich, da die Betreffenden so die Aufstiegsspirale hinunterrutschen, statt höher zu gelangen.

Eine anderes Mitglied der Gemeinschaft könnte zu diesem Laden hingehen und klar sehen, dass die Menschen dort nicht genauso bewusst sind, urteilt aber nicht hierüber – diese Person hat vielleicht sogar Mitgefühl und Verständnis, da sie selbst ja vorher einmal an diesem Punkt gestanden hat. Sie würde wissen, dass gemessen am unendlich weit reichenden Aufstieg auf der großen, endlosen Spirale selbst ihr eigenes expandierendes Bewusstsein begrenzt ist im Vergleich zu dem anderer, die weiter sind. Es gibt tatsächlich Wesen, die weit, weit über diesen beiden Menschen liegen, also ist es relativ. Was man sich innerlich in Sachen Annehmenkönnen und Frieden erschafft – das ist der zentrale Punkt.

Virginia: Welchen Stellenwert hat es also in dieser Zeit der Umwälzungen und Veränderungen in der DNA und bei all diesen zum Aufstieg beitragenden Faktoren, auf die ihr eingegangen seid, mit anderen Menschen zusammen zu sein, die Herz und Verstand für ein umfassenderes Verständnis öffnen?

Hathoren: Es gibt eine bestimmte Harmonik, die dann entsteht, wenn Gleichgesinnte, deren Herz für die gleichen Dinge schlägt, zusammen sind, und das verstärkt ihre eigenen Schwingungsfelder in dieser höheren Dimension. Aber wir würden auch sagen, dass es wertvoll ist, mit möglichst vielen anderen Menschen Umgang zu haben, die dieses Schwingungsfeld nicht aufweisen. Dieser Austausch schafft eine Gelegenheit, den eigenen Hang zum Be- und Verurteilen zu bezähmen und von einem Ort der Stabilität und des Gleichgewichts auszugehen, wenn wir eine Beziehung zu unterschiedlichen Energien herstellen. Und eben das wird wirklich eure Evolution noch schneller beschleunigen. Der Umgang mit Wesen, die keine Gleichgesinnten sind, kann eine Menge lehren.

Virginia: Wie lässt sich das auf Menschen übertragen, die energetische Heiler sind?

Hathoren: Es ist primär eine Frage der Einstellung. Wenn der

Heiler oder die Heilerin einfach zum Kanal für die Heilkraft oder Energie wird, ohne über die zu heilende Person zu richten, wird die »Heilung« rein sein. Trägt der Heiler oder die Heilerin Urteile über die zu heilende Person mit sich herum, während die Heilkraft durchgegeben wird, so wird die »Heilung« nicht rein sein. Die Person, die Heilung erfährt, wird energetisch etwas vom Urteil des Heilers mitbekommen. Damit würde man ihr einen schlechten Dienst erweisen, und wenn Heiler ihr Urteil nicht beiseite lassen können, zumindest während der Behandlung, so wäre es am besten, den Termin abzusagen. Das Richten über andere als Gedankenform kann negative Auswirkungen haben, selbst wenn keine Worte fallen. Als der, den ihr Jesus von Nazareth nennt, niederkniete, um seinen Schülern die Füße zu waschen, war das eine großartige Lektion. Hier haben wir einen Meister, der sich auf der Aufstiegsspirale so immens weit nach oben gebracht und eine so erhabene Ebene erreicht hatte, dass er sagen konnte: »Der Vater und ich sind eins.« Stellt euch vor, wie eine Gestalt von dieser Geistesgröße auf die Knie geht, um irgendwelchen Gestalten die Füße zu waschen, die im Vergleich dazu, wo er sich befand, absolut unbewusst waren! Das ist die Lehre der Liebe, und es geschah nicht aus dem Ego heraus. Es geschah zur Ehrung und Feier der Essenz dieser Wesen; es geschah ohne jegliche Verurteilung. So sieht das Vorbild für einen Aufgestiegenen Meister aus. Wer wahrhaft aufgestiegen ist, dem macht es keine Probleme, die Füße derer zu waschen, die spirituell weniger weit entwickelt sind.

Virginia: Ja. Und könntet ihr uns etwas dazu sagen, wie die Aufstiegsspirale, die auf dieser vierseitigen Pyramide basiert, sich auf die DNA auswirkt oder auf jene Eigenschaften, die wir als erblich oder genetisch bedingt bezeichnen?

Hathoren: Genetik, Vererbungslehre – sowohl die physische Genetik als auch die emotionalen Auswirkungen der familiären Abstammung, die genetisch verankert sind – sie alle können mutieren. Sie können sich verändern. Und die Veränderung dieser Muster kommt durch eine Schnittstelle zwischen *Ka,* Emotionalkörper und physischem Körper zustande. Innerhalb des *Ka* ist natürlich die Lebenskraft, die Energie, die Stärke, zu der man Zugang hat. Ist diese Energie stark genug, und hält der Emotionalkörper eine bestimmte Resonanz aufrecht, eine Kohärenz der Freude, der bedingungslosen Annahme und Liebe, so wandert diese Resonanz in den physischen Körper, ja sogar in den Aufbau der DNA, und kann genetische Veränderungen bewirken. Eure Wissenschaft wird noch mehr davon beobachten können, wenn mehr Menschen entdecken, wie sie sich einem erhabenen Zustand der Freude, Liebe und Annahme hingeben können. Es werden in den nächsten Jahrzehnten auf genetischer Ebene interessante Dinge geschehen. Eure Wissenschaftler werden fasziniert sein.

Virginia: Bereits jetzt arbeiten viele Wissenschaftler in den Vereinigten Staaten an diversen Projekten, bei denen es darum geht, den Aufbau der DNA zu verstehen und herauszufinden, wie die kleinen DNA-Abschnitte dazu verwendet werden können, Erbkrankheiten an eine andere Stelle zu verlagern oder zu verändern. Habt ihr gezielt Kommentare zu dieser Form von Aktivitäten und dazu, wohin sie führen können – im Positiven oder vielleicht auch nicht so Positiven?

Hathoren: Du meinst jetzt die Entdeckung der genetischen Landkarte?

Virginia: Ja.

Hathoren: Nun, wie bei allen menschlichen Aktivitäten kann es in beide Richtungen gehen. Die Erstellung der genetischen Landkarte ist eine äußerliche Technologie, die einen Eingriff in Erbinformationen erlaubt, und sie ist weder gut noch schlecht; sie ist einfach eine Technologie. Wünscht man aus einem positiven, lebensbejahenden Wunsch heraus eine genetische Struktur zu verändern, so wird sie zu einem Instrument werden, das dem Leben dient und es unterstützt. Wird sie dazu eingesetzt, Leben zu unterdrücken, Leben einzuengen, zu manipulieren, eine Kontrolle auszuüben, die zum Nachteil anderer ist – so verstößt sie gegen das Leben, und dann steckt ihr als Zivilisation ziemlich im Schlamassel. Angesichts der immensen Dichotomie des menschlichen Verhaltens ist das etwas, was Anlass zur Sorge gibt.

Virginia: Ja, ich danke euch. Meine Frage lautet genauer gesagt: Kann die Manipulation physischen Erbguts Menschen einen Aufstieg des Bewusstseins ermöglichen, die nichts von dem, was ihr hier besprochen habt, getan haben?

Hathoren: Nein. Das wäre spiritueller Materialismus – die Überzeugung, dass man durch ein Aufspalten von Genen oder durch Zuführung einer bestimmten genetischen Chemikalie ohne persönliches Wachstum Fortschritte erzielen könne. Damit befassten sich in alter Zeit die Alchemisten, und manche von ihnen waren verblendet genug zu glauben, wenn sie einen Zaubertrank finden würden, so würde er ihr Bewusstsein verwandeln und sie bräuchten sich mit nichts Persönlichem mehr zu befassen. Ach ja ..., die Zauberpille, der Zaubertrank, und jetzt ist es die Zauberkraft der Genetik. *Alles Bewusstsein muss den Weg nach oben finden.* Richtet man sich einzig auf den Körper aus und manipuliert man die Energien des Körpers, so kann es nur eine Höherentwicklung des Bewusstseins des Körpers geben, durch den Körper. Aber wenn eure Beziehungen nicht mit einbezogen sind, wenn eure Arbeit und euer Dienen nicht mit einbezogen ist und wenn die Heiligen Elemente nicht mit einbezogen sind, werdet ihr weiterhin aus dem Gleichgewicht sein.

Virginia: Ja. Könntet ihr dann etwas zu einigen aktuell auf dem Planeten dominierenden Auffassungen zum Thema Aufstieg auf eine höhere Ebene sagen? Wir haben Menschen hier, die sagen, es würden Wesen kommen, die wir als »Aliens« oder »Außerirdische« bezeichnen, und sie würden hier landen oder uns »hochbeamen«. Wir hätten also vielleicht die Möglichkeit eines Aufstiegs durch den Photonengürtel.

Hathoren: Am Anfang dieses Buches sagten wir ja, dass wir nicht eure Erlöser sind; wir sind kein Messias. Wir wollten uns ganz klar und deutlich aus dieser Projektion hinausbegeben, sodass der Leser und die Leserin versteht, dass wir lediglich ältere Geschwister sind, die selbstgewonnene Erkenntnisse und das anbieten, was sie gelernt haben. Ihr könnt es annehmen oder davon Abstand nehmen, wir jedenfalls bieten es euch freigebig an.

Unserer Auffassung nach ist der Glaube, dass diverse außerirdische Intelligenzen euch retten werden, der Glaube, wenn ihr in einen Photonengürtel einträtet, würdet ihr auf magische Weise verwandelt, lediglich eine Projektion des menschlichen Bewusstseins. Die Hoffnung, dass jemand oder etwas euch retten wird, dass ihr keine inneren Veränderungen vorzunehmen braucht, dass ihr nicht verantwortungsbewusst zu handeln braucht, ist unrealistisch.

Die Vorstellung, man könne in Mustern der Lethargie und Unbewusstheit verharren und dann etwas nehmen oder erhalten, das einen ohne eigene Anstrengung von Grund auf verwandelt, ist blanke Torheit. Es wird nicht geschehen.

Nun mag es durchaus außerirdische intelligente Wesen geben, die hier landen, denn es gibt sie mit Bestimmtheit, doch Menschen, die auf andere zählen, wenn es um ihren eigenen Aufstieg und ihre eigene Erhebung auf höhere Stufen geht, ohne Arbeit ihrerseits, werden ziemlich enttäuscht werden. *Der Aufstieg auf höhere Ebenen ist ein Bewusstwerdungsprozess im Hinblick auf euch selbst und ein Vorgang, bei dem es um die Erlangung von Meisterschaft auf allen Ebenen geht*, und dazu ist es notwendig, all diese Ebenen des eigenen Daseins auf höhere

Stufen zu bringen. So sehen wir das und so gehen wir es seit Jahrtausenden an.

Virginia: Könntet ihr noch etwas zum Photonengürtel sagen?

Hathoren: Seine Auswirkungen werden stark überbewertet.

Virginia: Gibt es tatsächlich einen Zusammenhang zwischen uns und dem Photonengürtel?

Hathoren: Ja, es gibt mehr Lichtpartikel, aber das wird sich nicht so auswirken, wie manche vermuten – zumindest unserer Auffassung, unserer Wissenschaft und unserer Wahrnehmung nach nicht.

Virginia: Ihr wäret automatisch in diese ganze Sache mit dem Sonnensystem, das in Beziehung zum Photonengürtel kommt, involviert, da ihr in der Nähe der Venus seid, oder?

Hathoren: Ja.

Virginia: Ihr würdet also sagen, dass der Photonengürtel potenziell eine Hilfe sein wird?

Hathoren: Er ist eine Hilfe, ja, aber manche werden auch verstört reagieren.

Virginia: Könnt ihr genauer beschreiben, was ihr damit meint?

Hathoren: Wenn man die Lichtintensität steigert, hat das *Ka* die Gelegenheit, dieses Licht in sich hineinzuziehen und es in den physischen Körper und seine ganzen Felder zu integrieren. Das kann ein Impuls für die Aufstiegsspirale sein, denn dann habt ihr mehr Energie und Bewusstsein.

Virginia: … um sie auf die vier Eckpunkte der Pyramide einwirken zu lassen?

Hathoren: Richtig. Wenn sich jemand nun nicht dafür entschieden hat, sich die Spirale aufwärts zu bewegen und für die vier Eckpunkte Sorge zu tragen, dann kann das einströmende Licht tatsächlich irritierend sein für seinen Emotionalkörper und den Effekt haben, dass diese Person irrationaler und emotionaler reagiert. Und ihr werdet, wenn wir zu vermehrter Lichtintensität gelangen, erleben, dass manche Menschen bewusster, mehr im Gleichgewicht und mitfühlender sein werden, während andere irrationaler, gewalttätiger und enger werden. Das Licht nährt das Feuer der Schöpfung oder das Feuer der Zerstörung. Diese Entscheidung fällt im jeweiligen Individuum.

Virginia: Habt ihr vor dem Hintergrund eures eigenen wissenschaftliches Interesses daran, wie die Photonenbeschleunigung hier im Sonnensystem erfahren wird, einen zeitlichen Rahmen für ihr Auftreten? Gibt es allgemeine wissenschaftliche Prinzipien, die wir beschreiben könnten?

Hathoren: Ja. [... Pause ...] Wir suchen jemanden in unserer Gruppe, der es euch auf eine Weise erklären kann, die zwar wissenschaftlich ist, aber dabei dennoch von euren durchschnittlichen Lesern verstanden wird. Es ist eine sehr komplexe Anomalie. [... Pause ...]

Wir sehen es folgendermaßen: Alle Beziehungen basieren auf Harmonie. Es gibt einen harmonischen Impuls, der von der Urquelle ausgesandt wurde, als das Universum zu existieren begann; er ist zyklischer Natur und seine fundamentale Harmonik diktiert, dass bestimmte Dinge sich tendenziell an bestimmten Zeitlinien bewegen oder dass dann bestimmte Richtungen auftreten werden. Das ist wie der Basiston oder die Basiswelle, wenn ihr so wollt. Wir haben eine Basiswelle, die vom Schöpfungsimpuls ausgelöst wurde. Innerhalb dieser Basiswelle sendet außerdem jede Sphäre ihre eigenen Wellen aus. Von daher habt ihr Wellen über Wellen von Harmoniken, die dazu tendieren, bestimmte Phänomene ins Dasein zu rufen oder ihre Existenz zu annullieren. Hierzu gehört auch der Photonengürtel.

Der Photonengürtel erlaubt größeres Bewusstsein, größere spirituelle Chancen. Er ist einfach ein Tor, durch das sich Chancen auftun. Jeder Mensch kann davon Gebrauch machen oder nicht. Jeder Venusier kann davon Gebrauch machen oder nicht, aber ich garantiere, wir jedenfalls werden alle davon Gebrauch machen [... großes Gelächter ...]! Das Tor zur Chance ist Licht, das eine erhöhte Intensität aufweist. Die Zunahme der Lichtintensität hat schon begonnen. Sie tritt heute schon auf, und ihr könnt sehen, wie Menschen emotional den Halt verlieren, wie Menschen einander irrationale und schrecklich schädliche Dinge antun.

Gleichzeitig jedoch – und das bekommt ihr in euren Nachrichten nicht oft zu sehen – geschehen Wunder. Weil ein Großteil eurer Nachrichten Unterhaltung bieten soll und den Schwerpunkt auf Folter, Gewalt und Leid hervorhebt – nicht Freude, Dienst an anderen und erhebende Dinge –, entgehen euch die guten Informationen, die euch anfeuern könnten, weiterzumachen. Es geschehen herrliche Wunder – Heilung in zwischenmenschlichen Beziehungen und Remission von Erkrankungen. Das geschieht derzeit auf der ganzen Welt, doch was die Medien angeht, hört ihr davon nicht oft in den Acht-Uhr-Nachrichten.

Durch den Photonengürtel nimmt nicht nur die Lichtintensität zu, sondern zudem sendet der Kern der Galaxie hochenergetische Partikel aus, die eure Physiker neulich entdeckt haben. Sie stellen bei ihren Messungen eine Zunahme dieser Partikel fest, begreifen aber nicht, dass sie die Saat für höhere Bewusstseinszustände sind. Mit anderen Worten, es handelt sich, wenn ihr es so sehen möchtet, um ein Geschenk des Universums. Hier haben wir diese Energiegeschenke, die euch auf der Spirale weiter voran bringen, sofern ihr euch dafür entscheidet. Hat ein Mensch für sich jedoch nicht die Wahl getroffen, sich auf der Spirale empor zu bewegen und Sorge für die vier Basispunkte der Pyramide zu tragen, so lösen diese erhebenden Energien in der Tat Irritationen und Unausgeglichenheit aus. Wir alle in diesem Sonnensystem durchleben derzeit eindeutig diesen Prozess. Und soweit wir das abschätzen können, wird ungefähr in der ersten Dekade des zweiten Jahrtausends, wahrscheinlich aber um 2020 nach Christus, ein energetisches Crescendo erreicht sein.

Die Photonen und diese Partikel üben tatsächlich einen Einfluss auf euch, uns und auch auf andere, höhere Dimensionen aus. Alle Dimensionen im Sonnensystem sind davon betroffen, nicht nur eure dritte Dimension.

Virginia: Ihr habt den »Kern der Galaxie« erwähnt. Könntet ihr etwas genauer darauf eingehen, was ihr damit meint?

Hathoren: Das Zentrum dieser Galaxie.

Virginia: Alle physische Materie und alles Bewusstsein wird also von den Photonen beeinflusst?

Hathoren: Ja.

Virginia: Gibt es sonst noch etwas über die Zeitlinie, das wir wissen sollten?

Hathoren: Nun, es ist relativ, da es viele Variablen gibt. Wenn wir euch von daher einen zeitlichen Orientierungsrahmen angeben, so muss euch klar sein, dass das nur ein *wahrscheinlicher* zeitlicher Rahmen ist, so wie wir das sehen, da das Universum sich ständig ändert. Es ist keine Konstante. Man kann nichts mit Sicherheit vorher sagen, schon gar nicht jetzt, wo alles in einem hochgradigen Zustand des Fließens oder der Veränderung ist. Doch wie schon zuvor gesagt, steht zu erwarten, dass die Primärharmonik, auf die Wellenmechanik bezogen, 2000 bis 2020 nach Christus einen Punkt erreichen wird, den ihr als Crescendo bezeichnen würdet.

Virginia: Wir haben Maya-Kalender, die bei 2012 nach Christus einfach enden, und auch viele andere Berichte, aus denen hervorgeht, dass es um diese Jahrhundertwende viele Veränderungen geben wird.

Hathoren: Ja. Der Photonengürtel kommt aus dem nichtphysischen Hyperraum und ist eine Frequenzbandbreite hochgradig heller Lichtpartikel. Wie angedeutet, wird sich die Erde im ersten oder vielleicht zweiten Jahrzehnt des Jahrtausends in diesem Gürtel befinden, obwohl bis dahin die Auswirkungen abzunehmen begonnen haben werden. Jedoch ist, wie schon gesagt, der Photonengürtel nur ein Teil dessen, was sich energetisch abspielt.

Virginia: Wird es für euer Gefühl so sein, dass euer eigenes im Gleichgewicht befindliches Leben im Zeichen des Dienens euch bis zu diesem von euch erwähnten Jahr 2020 nach Christus zur fünften Dimension bringen wird? Oder wie sehen eure eigenen Leute diesen Prozessen entgegen?

Hathoren: Es gibt da jede Menge Meinungen [... Lachen ...]. Wir sind in erster Linie eine praktisch denkende Rasse, und unsere Erfahrung im Laufe dieser Jahrtausende hat uns gezeigt, dass die Theorie rund um dieses »wohin wir gehen und wie wir dort hinkommen« in gewisser Hinsicht keine Rolle spielt. Entscheidend ist es, dass wir uns an jedem der vier Eckpunkte unserer eigenen Wirklichkeit, unserer eigenen Pyramide, in Liebe der höchsten Möglichkeit überlassen. Dann werden wir in einem Tempo höher gelangen, bei dem das Gleichgewicht gewahrt bleibt, sowohl für uns individuell als auch für uns als Kultur. Es gibt zwar Hathoren in unserer Zivilisation, die bereits in höheren Dimensionen gewesen sind, aber als Zivilisation halten wir uns tendenziell im Bereich der vierten auf. Es gibt allerdings diejenigen unter den Hathoren, die bereits auf höhere Ebenen aufgestiegen sind, und sie arbeiten mit uns und dienen uns, wie Jesus euch diente, denn aus ihrer erhabenen Sicht ist es ihnen und ihrem eigenen Fortkommen dienlich.

Virginia: Seht ihr unserem Planeten Erde also, während wir uns in der Spirale eines möglichen Aufstiegs bewegen, innerhalb der von euch erwähnten Zeitlinien, nämlich zwischen jetzt und in etwa 2020 nach Christus, aufsteigen? Und ist es wahrscheinlich, dass die Menschheitsfamilie in großer Zahl aufsteigen wird?

Hathoren: Du meinst damit, genau gesagt, den Übergang von der dritten Dimension zur vierten?

Virginia: Ja, oder irgendwann hoffentlich auch darüber hinaus.

Hathoren: Wir beobachten mit Interesse, was auf eurem Planeten geschieht. Uns ist noch nicht klar, was am Ende dabei herauskommen wird. Aber es ist so interessant und faszinierend, dass wir euch sagen können, dass Wesen aus anderen Dimensionen und anderen Universen sich dicht an dicht in dieses Sonnensystem hineindrängen, um zu beobachten, was sich da tut. Es ist in diesem Quadranten der Galaxie nun sehr, sehr eng geworden durch all diejenigen, die hier sind, um diese Ereignisse zu beobachten. Was jetzt bevorsteht, ist noch nie zuvor auf diese Weise da gewesen. Es ist, so würden wir basierend auf unseren Beobachtungen bis zum jetzigen Punkt sagen, durchaus möglich, dass die Erde, wie ihr sie kennt, komplett auf eine höhere Ebene aufsteigen wird. Im Moment besteht, vorausgesetzt, dass sie sich zu diesem Aufstieg entscheidet, eine Chance, eine sehr gute Chance, dass es innerhalb dieses wahrscheinlichen erwähnten zeitlichen Rahmens zwischen 2000 und 2020 nach Christus geschieht.

Die Wesen jedoch, die nicht darauf vorbereitet oder nicht gewillt sind, zusammen mit der Erde aufzusteigen, werden diese verlassen und sich woanders niederlassen, da es für den gesamten Planeten ein sehr intensives energetisches Phänomen sein wird, eine Oktave höher anzukommen. Es wird auch einige geben, die unabhängig davon aufsteigen, ob die Erde aufsteigt oder nicht.

Wir möchten euch jedoch wissen lassen, wie wir den Aufstieg auf höhere Ebenen sehen und inwiefern wir ihm gegenüber Vorbehalte haben. Für uns spielt es im Hinblick auf die Frage, ob sie aufsteigt oder nicht, keine Rolle, was mit der Erde geschieht, oder was mit Menschen geschieht im Hinblick darauf, ob sie aufsteigen oder nicht ... oder wann ... oder wie es dazu kommen wird. Was im derzeitigen Moment entscheidend ist, das sind die *Entscheidungen* zur eigenen Aufwärtsentwicklung, die jedes Individuum bezüglich der vier Eckpunkte seiner Pyramide trifft. Das Ziel ist nicht, eine bestimmte Bewusstseinsoktave zu erreichen. Ziel ist es, sich der Liebe und dem höchsten Potenzial in jeder Situation zu überlassen, die sich im eigenen Leben präsentiert. Und das dient dem Ganzen. Es dient dem Individuum, wenn es darum geht, ein höheres Bewusstsein zu erlangen. Ob der oder die Betreffende aufsteigt oder nicht, oder ob er oder sie körperlich den Tod findet, spielt keine Rolle. Wir haben beobachtet, dass manche dieses Phänomen der Höherentwicklung als eine Art Marathon sehen, und sie scheinen zu glauben, wer zuerst ankommt, sei der »Sieger«. Das entspricht nicht unserer Sicht, und wir wollen hier ganz klar unsere Vorbehalte mitteilen.

Unsere Überzeugung basiert auf der erfolgreichen Methode, die wir im Laufe der Jahrtausende entwickelt haben und die bestätigt, dass das Ziel nicht lediglich darin besteht, auf eine andere Oktave aufzusteigen. Das Ziel, so wie wir es sehen, besteht darin, unser Leben so voll und umfassend zu leben wie möglich und sich dabei ständig der größeren Macht der Liebe und des Gewahrseins hinzugeben. Indem wir ein gutes Leben führen und so handeln, dass wir in jedem Winkel unseres Lebens und Erlebens die höchste Möglichkeit erschaffen – in unserer Kultur, unserer Familie und unserer Stadt –, wird unsere Zivilisation auf eine höhere Stufe versetzt. Ob wir in der Dimension bleiben, in der wir uns jetzt befinden, oder in einer anderen, spielt keine Rolle, da wir in der Unendlichkeit des Kosmos allesamt aufsteigen werden.

Unser Rat zu dieser Jahrtausendwende wäre der, sich nicht allzu viel mit dem zeitlichen Ablauf und den Phänomenen dieser Zeit zu befassen. Es wird auch so dazu kommen. Außerdem haben sie derart kosmische Ausmaße, dass sie für eure Gedanken oder Eingriffe ohnehin immun sind. Es würde weit mehr bewirken, die Dinge zu verändern, die ihr ändern *könnt*, und was ihr in der Tat beeinflussen könnt, das ist die Menge an Liebe, die ihr in eure Welt bringt.

7

Stabilität im Chaos

Eure Erde durchläuft, wie zuvor schon gesagt, eine monumentale und historische Zeit. Eine Zeit, in der Energien in einer Geschwindigkeit fluktuieren, wie es die Menschheit noch nie zuvor erlebt hat. Es hat etwas mit dem Übergang zu einer neuen Schwingung zu tun; und während sich die Erde von der alten zur neuen wandelt, entfernt sie sich auch von einer alten Form ihrer Selbstorganisation und organisiert sich neu.

Die Erde, von der wir heute sprechen, ist ein mit einem Bewusstsein ausgestattetes Lebewesen. Und alle menschlichen Wesen müssen auf die Fluktuation reagieren, zu der es kommt, während die Erde sich bei ihrer eigenen Evolution aufwärtsbewegt. Ihr reitet sozusagen mit dem Evolutionsschub der Erde empor, und ihr habt ja für euch entschieden, zu diesem Zeitpunkt hier zu sein, damit ihr diese noch nie zuvor da gewesenen Veränderungen erfahren würdet.

Viele dieser Veränderungen sind chaotischer Natur und stellen euren Emotionalkörper vor besondere Herausforderungen. Dementsprechend erleben viele von euch an der Oberfläche eurer Wahrnehmung eine größere emotionale Sprunghaftigkeit als je zuvor. Dies geht aller Wahrscheinlichkeit noch eine Zeitlang so weiter, während die Erde von dieser Übergangsphase des Chaos in eine neue Ordnung übergeht.

Immer wenn ein System sich von einer Ordnungsebene zu einer höheren bewegt, kommt es zu einer Phase des Chaos, in der Unruhe oder Störungen zunehmen. Genau das geschieht derzeit auf eurem Planeten, sodass alle Ebenen – die atomare, molekulare, biologische, geologische, soziale, ökonomische etc. sich im Umbruch oder in Veränderung befinden. Natürlich ist auch eure eigene innere Wirklichkeit davon berührt, insbesondere euer emotionales Reagieren auf Menschen und Dinge um euch herum.

Es gibt viele Wege, wie ihr in diesen chaotischen Zeiten bessere Meister eurer Emotionen werden könnt. Einen bestimmten Ansatz, den wir für wertvoll halten, möchten wir an euch weitergeben. Wir sehen euch, wie schon erwähnt, als multidimensionales Energiesystem. Deshalb ist das, was wir euch mitteilen möchten, eine Methode, die euch hilft, mit eurer eigenen Energie so umzugehen, dass euer Emotionalkörper in dieser Periode immensen Umschwungs stabiler wird.

Wie bereits beschrieben, gehört es zu dieser Methode, Aufmerksamkeit in die Pranaröhre, die Mittelsäule zu lenken, die von über eurem Kopf durch eure Körpermitte in die Erde hinunterführt.

Wenn ihr euch zum Beispiel emotional in einer schwierigen Situation befindet, so wird es euch eine große Hilfe sein, wenn ihr auf der Stelle eure Aufmerksamkeit in die Pranaröhre verlagert. Diese Verlagerung macht es dem *Prana* möglich, sich freier durch die Pranaröhre zu bewegen, was euren Atem so ändert, dass die Lebenskraft besser fließen kann. Ihr werdet feststellen, dass der Emotionalkörper stabiler wird, weniger unbeständig; und von diesem Ort emotionaler Zentriertheit aus könnt ihr in schwierigen Momenten bessere Entscheidungen für euch treffen.

Nun möchten wir euch wie schon zuvor durch eine kleine Übungsreihe geleiten, durch die eure Meisterschaft im Umgang mit euch selbst, eure Kontrolle über euch und euer Verständnis wachsen können.

Übungen für werdende Meister 4 – Teil A

Stellt euch bei dieser Übung eine Lichtröhre vor, eine Energieleitung, die mitten durch euren Körper führt und bis in den Erdmittelpunkt hinunterreicht (siehe Zeichnung 8). Dort sind sozusagen eure Anschlusspunkte. Lasst nun in eurer Vorstellung diese Lichtröhre nach oben bis über euren Kopf wandern, und zwar soweit in den Raum hinein, wie für euch zu diesem Zeitpunkt angemessen. (Manche werden erleben, dass die Pranaröhre nur ein kleines Stück weit über den Kopf hinausgeht, und manche von euch werden es so erfahren, dass die Pranaröhre in andere Dimensionen des Universums hineinführt. Wohin und wie weit sie über euren Kopf führt, spielt keine Rolle. Die Entfernung wird die sein, die euch zum jetzigen Zeitpunkt entspricht.) Nachdem ihr das getan habt, richtet eure Aufmerksamkeit in das Herzzentrum und erteilt euch selbst die Erlaubnis, so zu atmen, dass eure Aufmerksamkeit auf euer Herz gerichtet bleibt. Stellt euch vor und spürt, während ihr euch auf das Herz konzentriert, wie himmlische Energie von oben herab kommt und wie irdische Energie von der Erde unter euch hinaufkommt, sodass beide sich in eurem Herzen begegnen.

Ja, lasst diese beiden Energien von oben ins Herz hineinfließen, ebenso von unten, sodass sie das Herz ununterbrochen in einem zusammenkommenden Strom speisen, ob ihr einatmet oder ausatmet, ob euer Atem gerade pausiert oder nicht. Erfahrt einfach einen beständigen Pranastrom, der auf und ab wandert. Diese Übung zielt darauf ab, ein deutlicheres Gefühl für diesen Energiefluss, diesen Pranafluss zu bekommen, der von oben herab- und von unten hinauffließt. Bitte haltet inne und nehmt euch etwa eine Minute Zeit, um ein ganz klares Gefühl für dieses Strömen von Prana zu bekommen. Das ist der erste Teil der Übung.

Zeichnung 8 – Ausbalancieren emotionaler Energien durch Verbindung von »Himmel« und »Erde« über die Pranaröhre. Dies ermöglicht dem Indviduum eine »Eigenerdung«, durch die es leichter mit emotionalen Verfassungen zurechtkommt.

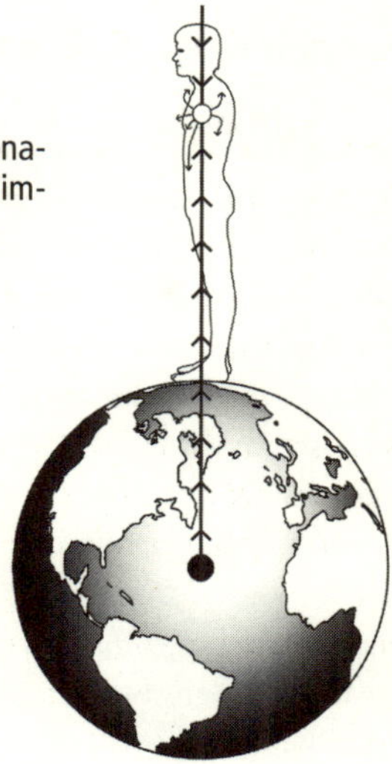

Teil B

Der zweite Teil der Übung bewirkt im Großen und Ganzen dasselbe, nur dass ein zusätzlicher Schritt hinzukommt. Bleibt mit eurer Aufmerksamkeit weiter bei eurem Herzen und dem Pranastrom, der vom Himmel herab- und aus der Erde heraufkommt, achtet dabei jedoch gleichzeitig auf euren Atem. Achtet bitte darauf, wann ihr einatmet ..., wann ihr ausatmet ..., und auch wann ihr zwischen Ein- und Ausatmen pausiert. Nehmt, während ihr euch eures Atems bewusst werdet, auch den Pranastrom wahr, der abwärts und in euer Herz führt sowie aufwärts und in euer Herz. Ob ihr atmet oder pausiert – beachtet, dass der Pranastrom kontinuierlich ist. Schwingt euch, während ihr diesen ununterbrochenen Pranazustrom in euer Herz erfahrt, wieder auf den Rhythmus eures Einatmens und eures Ausatmens ein, sodass ihr sie als zwei separate Strömungen erlebt. Achtet auf den Fluss des Atems, wie er innehält und in Bewegung ist, und auf den Prana, der durch die Pranaröhre fließt und dabei kon-

tinuierlich ist und keine Pause macht. Tut das etwa eine Minute lang und bekommt dabei ein deutliches Gefühl für den Rhythmus des Atems und den kontinuierlichen Strom von Prana, der durch die Pranaröhre in euer Herz fließt.

Haltet, nachdem ihr diesen Teil der Übung bewältigt und deutlich den beständigen Strom von *Prana* in euer Herz spüren könnt, von oben und von unten, während ihr gleichzeitig auf euren Atem achtet – einen Moment inne, um für euch festzustellen, dass ihr hier zwei lebenswichtige Vorgänge erlebt oder spürt: zum einen den Rhythmus eures Atems, und zum anderen das kontinuierliche Fließen von *Prana* durch die Pranaröhre. Habt ihr das erreicht, so habt ihr das Vermögen, den dritten Teil der Übung hinzuzufügen, bei dem der kontinuierliche Pranafluss eingesetzt wird, während ihr nach drei verschiedenen Mustern atmet.
Eines davon ist ein sehr schnelles Atemmuster, eines ein sehr sanftes, und das dritte erfordert lediglich ein Anhalten des Atemvorgangs. Vielleicht habt ihr es noch nicht gewusst, aber das sind die drei primären Atemmuster, die der Atem durchläuft, während ihr unterschiedliche Emotionen durchmacht. Wenn ihr die Aufgabe meistert, einen beständigen Pranastrom aufrecht zu erhalten, der unberührt ist von den drei unterschiedlichen Atemmustern, seid ihr auf dem Weg zu größerer emotionaler Stabilität.

Teil C

Bringt den Pranastrom von über eurem Kopf in das Herz hinab, und dann von der Erde in das Herz hinauf, während ihr sehr schnell atmet. Dann langsam atmen. Geht dann dazu über, den Atem anzuhalten und so innezuhalten. Bekommt während aller drei Phasen ein klares Gefühl für das kontinuierliche Fließen des Prana, unabhängig von der Phase, in der sich euer Atem befin-

det. Kehrt nun zum normalen Atmen zurück. Dann nehmt euch wieder ein zwei Minuten Zeit, diese drei Atemphasen zu praktizieren. Bei der Arbeit mit dieser Übung werdet ihr entdecken, dass der Prana frei fließen kann, unabhängig von dem Atemmuster, bei dem ihr euch gerade befindet. Das sorgt für erhöhte Stabilität unabhängig vom Atemmuster oder emotionalen Muster, in dem ihr euch gerade befindet.

Ihr könnt an dieser Stelle gern aufhören zu lesen und dieses dreiphasige Atemmuster solange üben, bis ihr damit vertraut seid. Diese drei Schritte sind euer Training für den Umgang mit unerwarteten Notfällen und emotional chaotischen Umständen, wann immer solche auftreten mögen! Wenn ihr mit diesen drei Phasen gut zurecht kommt, können wir einen weiteren entscheidenden Schritt hinzufügen. Dieser vierte Abschnitt der Übung wird euch zeigen, wie ihr eure Aufmerksamkeit auf die Pranaröhre lenken und sie im Handumdrehen erden könnt!

Teil D

Im Grunde geht ihr so vor, dass ihr eure Aufmerksamkeit sofort in die Pranaröhre eures Körpers lenkt (siehe Zeichnung 8) und sie mit Hilfe eurer Vorstellungskraft bis ganz hinunter in den Erdmittelpunkt verlängert. Dabei werdet ihr spüren, wie etwas an der Energie zieht, als hinge da ein Anker, denn da ist in der Tat auch ein Anker. Lasst den Prana dann fließen. Es ist wichtig, zu verstehen, dass ihr einfach dadurch, dass ihr dem Prana über dem Kopf erlaubt, sich ins Herz hinunter zu bewegen und von der Erde hinauf ins Herz – mit der Intention, dass er tief in der Erde verankert werden solle –, und ihr erdet die Pranaröhre unten im innersten Kern der Erde. Mehr müsst ihr nicht tun. Ihr braucht es nicht herbeizuführen*; ihr* lasst *nur* zu, *dass es geschieht. Der Prana fließt sofort so, wie es eurer Intention entspricht. Die Inten-*

tion ist hier das Entscheidende. Die Intention, das die Pranaröhre im Kern der Erde verankert bleiben soll, und zuzulassen, dass die Erdenergien nach oben wandern, während gleichzeitig die himmlischen Energien ins Herz hinunter fließen, bewirkt eine emotionale Stabilisierung. Auch hier empfehlen wir wieder, das jeweils für ein, zwei Minuten zu praktizieren.

Bitte legt nun euer Buch zur Seite und versucht die Übung. Bei Bedarf könnt ihr unsere Anweisungen ja noch einmal nachschlagen. [... Pause ...]

Wie habt ihr das erlebt? Habt ihr die Verankerung gespürt? Am klügsten wäre es, wenn ihr euch vornehmen könntet, diese Übungen regelmäßig zu praktizieren, bis ihr sie so gut beherrscht, dass ihr auf Kommando eure Aufmerksamkeit in den Pranakanal verlagern könnt. Wenn ihr ihn im Kern eures Planeten erden und zulassen könnt, dass die beiden Pranaströme sich in eurem Herzen begegnen, ist euch die Meisterung eurer Emotionen möglich! Indem ihr zulasst, dass der *Prana* kontinuierlich fließt und nicht schwankt, gleich, in welchem Atemmuster oder emotionalen Muster ihr euch gerade befindet, gewinnt ihr die Kontrolle über eure Emotionen zurück.

Übt diese Technik also in den Alltagssituationen, die euch begegnen. Macht in Situationen von ihr Gebrauch, in denen ihr zuvor vielleicht enttäuscht oder wütend reagiert hättet ... Situationen, die vielleicht Traurigkeit ausgelöst hätten ... Situationen, in denen Angst in euch aufgestiegen wäre. Ja, übt diese Technik, und sie wird in euch eine erstaunliche Stabilität und Erdung bewirken, wie ihr es vielleicht noch nie zuvor erlebt habt.

Wenn ihr von diesem Ort der Kraft kommt, habt ihr die Möglichkeit, zu einer größeren Bandbreite an reaktionsmäßigen

Alternativen auf eine Situation zu gelangen, da ihr nicht mehr wie früher von Emotionen gebeutelt werdet.

Vielleicht hilft hier ein praktisches Anwendungsbeispiel. Wenn ihr auf einem bestimmten Gebiet ein Problem habt, auf einer bestimmten Ebene dessen, was ihr erfahrt, so besteht ein Weg, dieses Problem zu lösen, darin, sich auf der Ebene mit dem Problem auseinanderzusetzen, auf der es vorliegt. Eine andere Möglichkeit ist jedoch die, entweder auf eine Ebene unterhalb von der Ebene zu gehen, wo das Problem besteht, oder auf die Ebenen darüber, sodass ihr euch nicht auf *direktem* Weg mit dem Problem befasst. Statt dessen geht ihr damit um, indem ihr euch auf Ebenen darüber und darunter begebt, wo keine Störung auftritt. Das entspricht im Grund dem, was ihr bei der beschriebenen Technik tut, wenn ihr eine Verbindung zu den auf einer höheren Schwingungsfrequenz angesiedelten himmlischen Sphären herstellt. Auf ähnliche Weise ermöglicht es eine Verbindung mit den terrestrischen Energien der Erde, die wenig mit menschlichen Problemen zu tun haben, dass diese beiden Energieströme in die Pranaröhre hineinwandern können, was ihrem natürlichen Fluss entspricht. Ihr tut nichts, was nicht bereits zu beobachten ist. Was ihr tut ist, euer Bewusstsein dahingehend zu erweitern, dass dieser Energiekanal oder diese Pranaröhre mit inbegriffen sind.

Dadurch, dass ihr euch dieses Energiekerns bewusst seid, der sich durch euren Körper zieht, habt ihr eine Möglichkeit, eure magnetischen und elektromagnetischen Felder sowie den Emotionalkörper zu stabilisieren, sodass ihr merken könnt, wie ihr auf schwierige Situationen von einem Ort des Gleichgewichts aus reagiert. Es wird für manche von euch, die das Gefühl haben, immer wieder von einem Durcheinander an Emotionen und dem Hin und Her ihrer eigenen Reaktionen auf Situationen im Leben durchgerüttelt zu werden, ein großer Wandel sein. Bitte beachtet, dass die Meisterung des Emotionalkörpers nicht gleichbedeutend ist mit einer Unterdrückung von Gefühlen. Ziel ist es, die Emotion auf eine ausgewogene und integrierte Weise tief und ganz zu erfahren. Empfindungen und Emotionen zu unterdrücken (zu leugnen), wird euch nicht dienlich sein.

Für diejenigen unter euch, die sich emotional bereits einigermaßen stabil fühlen und den Eindruck haben, im Alltag meist unberührt von heftigen negativen Emotionen zu sein, gibt es da dennoch eine sehr gute Technik, die sie lernen können, da auf euren Planeten massive Veränderungen warten – und was in einer Region der Welt geschieht, beeinflusst energetisch auch die andere Seite. Wir sehen eure Welt als ein einziges Bewusstsein, bei dem alles mit allem verwoben ist, ein wechselseitig verwobenes Energieraster. Was von daher in Bosnien geschieht, beeinflusst energetisch die Ereignisse in New York. Was in New York passiert, wirkt sich auf die Ereignisse in Mexiko, Afrika und so weiter aus. Immer wenn ihr im großen Maßstab ein energetisches Phänomen habt wie etwa, dass durch Erdveränderungen, Krieg oder Völkermord viele Menschen sterben, kommt es zu einer elektromagnetischen Störung, die sich durch das gesamte Gitter zieht.

Wenn ihr in der Lage seid, durch diese Methode, bei der ihr in Verbindung zur Pranaröhre tretet und zulasst, dass der Pranastrom kontinuierlich fließt, euer inneres Gleichgewicht herzustellen, so könnt ihr euch in Situationen stabilisieren, die euch ansonsten sozusagen aus der Bahn werfen. Uns ist bewusst, dass wir ziemlich intensiv auf diese Übungen drängen, also gehen wir davon aus, dass ihr ihre Wichtigkeit erkennt. Sie sind unbezahlbare Hilfsmittel, so einfach und so wirksam. Und doch *müsst ihr sie einsetzen,* um den Prozess zu meistern. Die Übungen müssen regelmäßig praktiziert werden, bis ihr jenseits allen Zweifels wisst, dass ihr sie beherrscht!

Nur relativ wenige Menschen, die in technologisch hoch entwickelten Ländern leben, haben sich gut genug mit yogischen Techniken und anderen Meditationspraktiken befasst, um von sich behaupten zu können, dass sie auch unter widrigen Umständen ein stabiles emotionales Feld aufweisen – und deshalb rücken wir diese Informationen heraus. Wir glauben, dass dies ein schneller, sicherer Weg ist, um Menschen in ihrem Alltag zu mehr Bewusstheit zu verhelfen. Bitte probiert sie mit persönlichem Engagement und mit Durchhaltevermögen aus, bis ihr wisst, dass sie für euch als energetische Realität funktionieren.

Und nun zu deinen Fragen, Virginia.

Virginia: In diesem Buch erhalten wir eine Reihe von praktischen Verfahren oder Übungen, die uns helfen sollen, in unserem Emotionalkörper in dieser Zeit auf der Erde, die eine große Herausforderung ist, die Stabilität zu bewahren. Ich möchte gerne fragen, wo und wann diese Übungen entwickelt wurden, beziehungsweise ob sie von den Hathoren heute angewandt werden?

Hathoren: Die Übungen wurden in unserer Gruppe zu dem Zweck entwickelt, sie den Menschen in der gegenwärtigen Zeit als Hilfsmittel an die Hand zu geben. Das Verständnis der Energetik, das sich in ihnen findet, geht auf ein fundamentales Verständnis von Magnetfeldern zurück – ein Wissen, das im Tempel der Hathor, in Lemurien, auf Atlantis und sogar noch früher eingesetzt wurde. Alles, was eine menschliche Gestalt hat, verfügt über ein Magnetfeld, einen Nord- und einen Südpol und diese Pranaröhre oder -säule, die durch die Körpermitte führt. Also haben wir Hilfsmittel entwickelt, die eigens auf euch in dieser Zeit zugeschnitten sind. Sie werden euch als Handwerkszeug angeboten, das euch helfen kann. Wir Hathoren verwenden sie heute automatisch; wir brauchen nicht einmal bewusst daran zu denken?

Virginia: Gehört das mittlerweile ganz selbstverständlich zu eurem Leben?
Hathoren: Ja, es gehört zu unserem Leben und unserer Energetik. Es geschieht für uns so natürlich wie das Atmen.
Virginia: Machen auch andere Zivilisationen von diesen Übungen oder Praktiken Gebrauch?
Hathoren: Sie verwenden wohl etwas, das auf den gleichen energetischen Prinzipien beruht, ja.
Virginia: Mit anderen Worten, so lange man irgendeinen Aspekt eines emotionalen Feldes beibehält, braucht man auch irgendeine Form von Unterstützung.
Hathoren: Ja, wenn ihr euren Emotionalkörper meistern möchtet. Meisterschaft ist jedoch nicht dasselbe wie Beherrschung. Das Ziel ist nicht, den Emotionalkörper zu unterdrücken, sondern ihn zu stabilisieren. Und Energetik gehört definitiv dazu, da die Erdwirklichkeit sehr stark eine Schule ist, an der man lernen soll, seine Emotionen zu meistern ohne sie zu unterdrücken oder zu kontrollieren. Zu den Gründen, warum Wesen auf diesen Planeten kommen, gehört definitiv, dass sie lernen, meisterhaft auf der Energie der Emotion zu reiten.
Virginia: Speziell dieser emotionale Aspekt also?
Hathoren: Ja. Es ist Teil des »Lehrplans«.
Virginia: Können wir davon ausgehen, dass sich die Übungen auf Menschen unter keinen Umständen schädlich auswirken?
Hathoren: Richtig. Sie können keinen Schaden anrichten, wenn sie so eingesetzt werden wie hier beschrieben.
Virginia: Und hätte es, da sie ja unbedenklich sind, Wert, sie mit einem Partner oder einer Partnerin durchzuführen? Sie in Gruppen zu praktizieren? Oder ist es besser, sich ihnen prinzipiell allein zu widmen?
Hathoren: Das hängt vom Temperament der betreffenden Person ab. Manche Menschen schaffen es nicht, ihre Übungspraxis aufrechtzuerhalten, wenn sie es nicht mit jemandem

oder einer Gruppe zusammen tun. Von daher kann man die Übungen einzeln, mit einem Partner oder mit einer Gruppe machen – was auch immer der Person leichter fällt. Das Entscheidende ist, damit solange zu arbeiten, bis es zu einem automatischen Reflex wird, bis es euch so sehr in Fleisch und Blut übergeht, dass ihr nicht mehr zu überlegen braucht, was ihr in einer emotional belasteten oder chaotischen Situation tun sollt. Das Ziel der Wiederholung (des Übens) besteht darin, einen Punkt der Meisterschaft zu erreichen, wo die Emotionen im Handumdrehen wieder ins Lot gebracht werden können.

Virginia: Könntet ihr etwas über die Wichtigkeit von Klang als Vorbereitung für das Verständnis dieser Energien sagen, die ihr bringt? Ich weiß, dass Tom Kenyon mit Hilfe seines wunderbaren Stimmumfangs von viereinhalb Oktaven Menschen stimmt. Würde es helfen, zuerst ein Seminar von ihm zu besuchen und durch seine Stimme zu erfahren, was es mit diesen heilenden Klängen auf sich hat? Würde das auch über Video, CD oder ähnliche Medien funktionieren?

Hathoren: Die Klänge persönlich zu hören und zu spüren, ist besser, wenn es darum geht, diese Informationen zu empfangen, da eine stärkere Aktivierung stattfindet, wenn euer physischer Körper sich an dem gleichen Ort befindet, an dem die Klänge erzeugt werden. Die Klänge nur auf DVD oder CD zu hören, hätte aber dennoch eine sehr nachhaltige und positive Wirkung. Wir arbeiten hauptsächlich mit Klang. Die kognitiven Versatzstücke, die wir euch an die Hand geben, machen weniger als *ein Prozent* von dem aus, was wir euch anbieten, aber sie sind wichtig, da nicht alle es einrichten können, im gleichen Raum zu sein, in dem diese Klänge entstehen. Die Klänge zu hören, ist jedoch wie wenn ihr an einen Turbolader angeschlossen werdet (um ein Bild aus eurer Automobilbranche zu verwenden) – viel mehr Energie, viel mehr Leistung und eine viel höhere Geschwindigkeit.

Virginia: Ich möchte gerne noch fragen, ob ihr einen Rat dazu habt, wie wir Klang so einsetzen können, um Emotionen und das Gefühlschaos großer Menschenmengen zu Zeiten, in denen extreme Notfälle auftreten, zu beschwichtigen?

Hathoren: Es gibt zwei Ebenen – eine hörbar, die andere nicht hörbar. Ist die Gruppe genug bei sich selbst, um hörbare Klänge als brauchbares Hilfsmittel zu akzeptieren, so könnt ihr euch einfach in den Raum in euch selbst begeben, der auf immer und ewig unveränderlich, ruhig, friedvoll ist und wo das Gefühl der Verbundenheit und Liebe existiert. Es mag eine Herausforderung sein, diesen Raum in euch selbst aufzuspüren, während ihr eine chaotische Erfahrung durchlebt, aber dennoch ist er da, da er der Kern des Bewusstseins selbst ist. Ihr würdet also einfach mit diesem Ort in Berührung kommen und dann Töne produzieren, die diese beruhigende Energie zum Ausdruck bringen. Und wenn Menschen solche Klänge gehört haben, kommt dieser beruhigende Zustand durch das Gesetz der Resonanz auch bei ihnen an. Wenn ihr euch in einer Gruppe oder Situation befindet, wo es unangebracht ist, hörbare Klänge einzusetzen, so könnt ihr die Töne still im Innern produzieren und dann aus euch nach außen abstrahlen. Die Wirkung wird so subtiler sein, aber dennoch ist sie positiv.

Virginia: Nun eine Frage, die viele heute stellen. Wie können wir im menschlichen Körper mit seiner ganzen DNA, RNA und den unterschiedlichen zellularen, genetischen und erblichen Aspekten Klang einsetzen, damit unser Wohlergehen in einer solchen Krisenzeit erhalten bleibt, wo wir doch so viele degenerative Erkrankungen aufweisen?

Hathoren: Da sprichst du eine sehr, sehr komplexe Frage an.

Virginia: Ja, ich weiß, und vielleicht gibt es auch nicht *die* Antwort darauf.

Hathoren: Der fundamentale Grund für diese degenerativen

Erkrankungen, die du erwähnst, ist nach unserem Dafürhalten der Vitalitätsverlust der Erde. Am Anbeginn der Zeitrechnung war die Vitalität der Erde aufgrund der Gletscher, der Gletscheraktivität und des Zermalmtwerdens und der Umwandlung von Stein in Mineralien sehr hoch. Das Wasser war hochgradig mineralisiert, die Erde war hochgradig mineralisiert, und es war mehr Sauerstoff vorhanden. Nach Schätzung eurer Wissenschaftler beträgt der durchschnittliche Sauerstoffgehalt heute rund *18 Prozent,* während er vor hundert Jahren *30 Prozent* betrug. Zusammen mit dieser immensen Abnahme des Sauerstoffs kam es auch zu einer Abnahme der Menge an verfügbarem Prana.

Und man könnte fragen, warum das geschieht. Es geschieht aus vielen Gründen, aber was das menschliche Verhalten angeht, so entsteht es, weil ihr die Wälder dezimiert – sogar die Regenwälder – und weil ihr die Meere so verschmutzt, dass das Plankton oder die Sauerstoff produzierenden Organismen im Meer verkümmern. Dieser Teil des Problems tritt immer dort auf, wo Menschen so sehr die Verbindung mit der Erde verlieren, dass sie ihre eigene Existenzgrundlage vernichten. Da die meisten Menschen losgelöst von ihrem Umfeld herumrennen und versuchen, das zu erreichen, was sie in ihrem persönlichen Leben anstreben, besteht oft kulturell sehr wenig Wertschätzung oder Gewahrsein unter Zeitgenossen, wie notwendig es ist, die Erdmutter zu ehren. Von daher kommt es zur massenweisen Dezimierung dieser fundamentalen Sauerstofflieferanten sowie zur Erschöpfung der Vorräte an Mineralstoffe durch die Landwirtschaft. Das sind also die beiden vorrangigen Dinge, die viele der negativen Umstände verursachen, die ihr als Zivilisation und als Planet derzeit erfahrt.

Die Frage nach dem Klang ist eine komplexe Frage, da es spezifische Frequenzen gibt, die euch bei bestimmten gesundheitlichen Problemen helfen werden, und viele eurer Forscher entdecken diese therapeutischen Einsatzmöglichkeiten von Klang gerade erst. In den kommenden Jahrzehnten wird »Klangtherapie« einen sehr großen Teil eurer Medizin ausmachen. Es ist wahr, dass ihr herausfinden werdet, wie ihr die eine Frequenz für das eine und eine andere Frequenz für ein anderes Problem einsetzen könnt, und schließlich werdet ihr lernen, wie ihr Klang dazu einsetzen könntet, leidenden Menschen zu helfen und sie zu heilen. Aber es trifft gleichermaßen zu, dass einfach diese Frequenzen in Erfahrung zu bringen und einzusetzen die tieferliegende Ursache vieler Krankheiten nicht beseitigen wird – nämlich eure verlorene Verbindung zur Erde selbst. Dieses Abgeschnittensein ist ein Zustand, der geheilt werden muss.

Aber unsere Antwort auf die Frage, die du stellst – was ein Individuum mit Klang für sich selbst tun kann –, lautet, dass jeder Mensch lernen kann, das sogenannte Gesetz des Grundtons zu lernen.

Dieses Gesetz besagt, dass da ein Grundton ist, der über alle anderen Töne regiert, die in Beziehung zu ihm stehen. Musikalisch gesprochen, ist es zum Beispiel so, dass dann, wenn ihr den Dämpfer der Klaviersaiten zieht, sodass alle Saiten ertönen können, und ihr schlagt dann eine Taste an, sagen wir einmal das C, alle Cs mitschwingen, die höher und tiefer als die von euch angeschlagene Note liegen. Das bewirkt das Gesetz der Nebenresonanz, und genau das ist das Gesetz des Grundtons. Ein Grundton kann also eine Resonanz auf anderen Oktaven bewirken.

In der Praxis bedeutet das, das ein einzelner Mensch sich zu dem Ort in seinem eigenen Bewusstsein begeben kann, wo er gesund ist, vor Lebendigkeit strotzt und die Attribute aufweist, die er sich wünscht. Indem er regelmäßig die Klänge hervorbringt, die diesem höheren Bewusstseinszustand angehören, können diese Töne von ihm Abweichendes auf den niedrigeren Oktaven umwandeln, denn es ist der Grundton erklungen. Wenn ihr also eine ungesunde Situation habt, einen Umstand, der verändert werden soll, so begebt ihr euch an den Ort in eurem Bewusstsein, wo der besagte Umstand nicht besteht. Wenn ihr diesen Ort gefunden habt, produziert ihr immer wieder die Töne und Geräusche, die diese positive Qualität über eure Stimme zum Ausdruck bringen. Wenn ihr das immer wieder tut, wird es schließlich eine positive Wirkung haben – manchmal tritt eine solche positive Wirkung auch sofort ein.

Virginia: Weiter vorn in diesem Kapitel habt ihr ausgesagt, dass die Wankelmütigkeit der menschlichen Emotionen mit großer Wahrscheinlichkeit weitergehen wird und dass sie vermutlich mehr als je zuvor in unserem Bewusstsein an die Oberfläche kommen dürfte, während die Erde durch ihre Übergangsphase des Chaos in eine »neue Ordnung« übergeht. Ich frage mich, ob ihr beschreiben könntet, wie diese neue Ordnung aussehen wird, wenn wir dorthin kommen, damit wir dieses positive Bild im Kopf haben können?

Hathoren: Die »neue Ordnung« ist eine neue Ordnung von Zeit und Raum. Sie ist im Grunde eine Gelegenheit für den einzelnen Menschen, das dreidimensionale Bewusstsein zu durchschreiten und zum Bewusstsein der vierten Dimension und jenseits davon zu gelangen. Was das bedeutet, manifestiert sich auf vielen Ebenen, also werden wir ein paar der wesentlichen Attribute schildern. Eines dieser Attribute ist die sofortige Manifestation. Tatsache ist, dass ihr dann, wenn die Ereignisse in eurem Leben immer schneller aufeinanderfolgen und die Zeit von dem Moment an, in dem ihr etwas denkt oder sagt, bis zu der Zeit, wo es eintritt, immer kürzer wird, daran ablesen könnt, dass ihr der Verlagerung auf eine andere Dimension näher kommt. Das ist etwas, was viele bereits erleben.

Es wird zu einer neuen Wertschätzung der Erde kommen, und die Erde selbst wird radikale Veränderungen durchmachen, durch die sie bewusster werden wird. Es wird zu einer globalen Verbundenheit von Wesen kommen. Es wird so sein, als ob die gesamte Menschheit ein Geist und ein Bewusstsein würde. (Wir gebrauchen die Worte »als ob«, um anzuzeigen, dass wir hier eine Metapher gebrauchen, aber es wird so sein, als agierte da nur ein Bewusstsein, mit vielen Unterschiedlichkeiten, vielen Teilen.) Es wird in der Tat ein Gefühl der direkten Verbindung untereinander und auch zur Erde zustande kommen.

Virginia: Das sind also die beiden Hauptwege, wie wir erkennen, dass wir auf dem Weg dorthin sind? Diese schnelle Manifestation von Dingen und die Tatsache, ein Geist zu sein, grenzt scheinbar an Wunder.

Hathoren: Ja. Es wird von jedem, der die Prinzipien dahinter nicht versteht, als Wunder wahrgenommen, aber wenn man die Gesetze begreift, die das einigende Band zwischen Einzelereignissen sind, und wenn man die zeitliche Beschleunigung versteht, die beim Eintritt in eine andere Dimension eintritt, so kommt es einem nicht vor wie ein Wunder. Es scheint einfach so, weil es eben so ist.

Virginia: ... vollkommen normal? Ganz gewöhnlich?

Hathoren: Richtig.

Virginia: Werden die Tiere und die Pflanzen während der Transformation genauso von all dem betroffen sein wie die Menschen?

Hathoren: Mit ihnen wird das Gleiche passieren wie bei den Menschen. Es wird regelrecht die atomare Aktivität ihres Körpers verändert werden, und sie werden auf einer viel schnelleren Schwingungsfrequenz oszillieren. Und es wird einen Punkt geben, wo sie zwischen ihrer körperlichen Inkarnation und der Existenz reiner Energie – was eine Seite ihrer Natur, ihre wahre Identität ist – hin und her pendeln. Wenn sie von ihren dichteren physischen Formen in die subtileren Sphären gelangen, wird die Oszillation sich mit großer Wahrscheinlichkeit beschleunigen, und an einem bestimmten Punkt werden sie ihre reine Energieform sein.

Virginia: Das verwirrt mich nun. Wenn manche von ihnen eine kollektive Seele haben, wie es ja heißt, wie funktioniert das dann?

Hathoren: Der Übergang in eine andere Dimension betrifft aus unserer Perspektive betrachtet gar nicht so sehr nur die Seele, sondern vielmehr sämtliche Ebenen, darunter auch den physischen Körper. Die Seele ist davon betroffen, ja, und die Seele erfährt in der Wirklichkeit der vierten Dimension viel größere Freiheit als in der dritten. Jede Ebene oszilliert, bewegt sich und schwingt dann schneller. Drücken wir es so aus: So wie wir Hathoren einander erfahren, haben wir eine Form; wir können einander berühren, genauso wie Menschen das tun. Aber wenn ihr versuchen würdet, uns zu sehen, so wären wir unsichtbar, es sei denn, ihr seid hellsichtig und erkennt unsere Licht- und Farbfelder ..., es sei denn, ihr schwingt euch darauf ein, wie wir uns im Einzelnen wahrnehmen. In diesem Fall würdet ihr unsere Gestalt sehen, denn was wir getan haben, ist letztlich, die Wahrnehmung unseres Energiekörpers durch unser eigenes Selbstbild zu filtern. Das wäre es dann, was ihr sehen würdet. Aber unsere zentrale Natur in unserer höheren Dimension, in Relation zu eurer dritten Dimension, schwingt so schnell, dass sie praktisch unsichtbar ist für euch oder nur eine verschwommene Lichtspur.

Es ist wie beim Propeller an einem Flugzeug. Wenn der Propeller zum Stillstand kommt, kann man ihn sehen, aber sobald er sich zu drehen beginnt, kann man ihn nicht sehen. Er wird zu einer verschwommenen Spur, wie eine Scheibe. Genauso ist es mit der Beziehung zwischen den Dimensionen für Tiere und Pflanzen. Wenn die Pflanzen und Tiere schneller zu schwingen beginnen, werden diejenigen, die sich in der dritten Dimension befinden, sie nicht mehr sehen. Diejenigen jedoch, die in der vierten Dimension sind, werden sie sehen, weil die Frequenzen zueinander passen.

Virginia: Das erinnert mich an etwas … Viele haben gedacht, von der dritten zur vierten Dimension zu gelangen, sei wirklich eine fantastische Sache, und sie fanden das spannend. Dann begannen einige einflussreiche Leute zu sagen, wir würden die vierte Dimension überspringen und gleich zur fünften aufsteigen. Ich denke nun also, dass dadurch die Erwartung aufgebaut wird, dass die vierte Dimension gar nicht so großartig sei. Ich frage mich, ob ihr das klären oder etwas dazu sagen könntet?

Hathoren: Das ist Semantik. Nun, wir wollen niemandem auf die Füße treten, sagen wir es also folgendermaßen: Es gibt viele verschiedene Anschauungen zu dem, was geschehen wird. Niemand weiß es mit Sicherheit, da dieser Umschwung noch nie zuvor auf diese Weise stattgefunden hat. Unserer Erfahrung und unserem Verständnis nach zu urteilen, würden wir jedoch schätzen, dass die meisten, die ihren Übergang vollziehen, das über die vierte Dimension tun werden. Vielleicht wird sich herausstellen, dass wir damit falsch liegen, aber so erwarten wir es zumindest. Doch wie schon gesagt, niemand weiß es mit Absolutheit zu sagen. Nicht einmal die Erzengel wissen genau, was sich hier weiter ergeben wird.

Virginia: Wie kommt das?

Hathoren: Weil da so rasant derart viel geschieht und weil es gewissermaßen noch nie zuvor da war. Wie schon zuvor gesagt, gibt es hier Wesen aus vielen verschiedenen Dimensionen und Sphären, die die Lage beobachten, eben weil sie so einzigartig ist. Aber lasst uns über die Erwartung der Menschen zum Übergang in höhere Dimensionen eines sagen: Es gibt einige, die wirklich glauben, dass sie durch den Eintritt in die vierte

Dimension ihre Probleme hinter sich lassen werden. Sie haben das Gefühl, dass das die Lösung für all die Zwickmühlen des Lebens sei und dass irgendwie alles auf wundersame Weise verwandelt werden wird, sodass sie sich mit ihren derzeitigen wunden Punkten nicht mehr zu beschäftigen brauchen. Menschen von diesem Schlag können sich auf eine Überraschung gefasst machen! Eure problematischen Punkte bestehen im Bewusstsein fort, ganz gleich, in welche Dimension ihr euch begebt. Es ist einfach so, dass ihr sie dann im Schwingungsfeld dieser Dimension bearbeitet.
Unser Rat an die Menschen in dieser Zeit ist also ganz einfach: Konzentriert euch nicht darauf, auf welche Dimension ihr gelangen werdet, oder auch nur darauf, ob eine Verschiebung der Dimensionen stattfindet. Konzentriert euch auf euer Vermögen, zu lieben und zu verzeihen.
Virginia: Dort, wo man gerade steht?
Hathoren: Ja, dort, wo ihr gerade steht.
Virginia: Nun, das ist gut. Danke. Kommt euch noch etwas zu chaotischen Verhältnissen und Stabilisierung in den Sinn, das ihr gerne erwähnen wollt?
Hathoren: Nur dass die Menschen lernen müssen, sich mit Chaos anzufreunden, denn es wird noch mehr davon geben, bevor sich das System stabilisiert.
Virginia: Mit diesem Kommentar meint ihr Asteroiden, Polverschiebungen und/oder das Wetter?
Hathoren: Alles.
Virginia: Alles? Kennt jemand alle Einzelheiten?
Hathoren: Nein, denn es entwickelt sich ständig weiter. Das Große Universum findet in seiner Entwicklung derart neuartige Ausdrucksformen von Energie und Bewusstsein, dass sogar das höchste Bewusstsein, das dieses Universum geschaffen hat, erstaunt und fasziniert ist.
Virginia: Auch hier wieder danke für diese Informationen!

8

Die Heiligen Elemente

Wir sehen die Erde ganz anders als die meisten Menschen im westlichen Kulturkreis. Unsere Sicht entspricht eher der Sicht der Menschen in alten Zeiten und der eurer Urvölker.
Aus unserer Perspektive ist es nicht so, dass Gott die Erde und das Universum geschaffen hat, sondern vielmehr, dass Gott der physischen Materie des Universums innewohnt. Unserer Auffassung nach gilt: wo du bist, ist Gott. Die Schöpfung ist. Es gibt de facto keinen Ort, wo ihr sein könnt, an dem Gott nicht ist. Ihr seid Teil von Gott/der Schöpfung. Er ist zentral für alles. Die Schöpfung durchströmt noch das kleinste Teilchen Materie und ist darin gegenwärtig. Aus dieser Sicht ist das gesamte physische Universum heiliger Raum. Es ist ein geweihter Tempel. Viele Menschen sind derzeit abgeschnitten von einer bewussten Wahrnehmung der Erde oder haben diese Verbindung gekappt. Das hängt mit einem hypnagogischen Bewusstseinszustand zusammen, der durch die Glaubenssätze eurer Kultur hervorgerufen wird, die darauf bestehen, das die physische Welt alles sei, was es zu erfahren gibt.
Wir würden zu euch sagen, dass die physische Welt nur ein Teil des Erfahrungsspektrums ist, und dass die physische Welt Teil des Göttlichen ist, nicht davon getrennt. Um dieses Bewusstsein zu erleben, müsst ihr es wahrnehmen, indem ihr Zugang zu den subtileren Dimensionen des Bewusstseins selbst erfahrt. Der Zugang zu diesem subtileren Bereich des Bewusstseins, dem Reich der Archetypen, in dem die Heiligen Elemente als lebendiges Bewusstsein schwingen, ermöglicht es einem, ein größeres Bewusstseinskontinuum zu spüren. (Die-

ses Feld der Archetypen meint nicht die gleichen Archetypen wie die, die euer Schweizer Psychiater Carl G. Jung beschrieben hat. Vielmehr meinen wir mit dem Hinweis auf die Archetypen eine »Urkraft«, die sich durch das erstreckt, was ihr »die Unterwelt der Materie« nennen würdet. Das ist eine Analogie zum »Subquantenbereich« – einem theoretischen Ort, wo das Bewusstsein unablässig Materie neu erschafft. Die vier Heiligen Elemente sind Teil dieses unaufhörlich weitergehenden Prozesses.)

In unserer Welt haben wir für jedes dieser vier Heiligen Elemente ein Klangbild. »EL« ist Erde, »KA« ist Feuer; »LEEM« ist Wasser und »OM« ist Raum oder Luft. Diese vier konstituieren ein Schwingungskontinuum. Es ist möglich, die Klangbilder anzustimmen, die diesen Elementen zugeordnet sind, und in die archetypischen Sphären hineinzugelangen, an denen sie existieren. Es ist so, als würden diese Töne die Tür der Wahrnehmung auftun und es euch ermöglichen, in das Resonanzfeld des Bewusstseins hinein zu gelangen, wo das archetypische Reich der Elemente lebendig ist. In dieses Reich einzutreten und dort für eine Weile zu bleiben, ermöglicht euch eine Verschiebung des Bewusstseins und der Wahrnehmung, die so beschaffen ist, dass ihr erfahrt, wie profund die physische Welt ist und welche Stelle sie innerhalb des Bewusstseinskontinuums einnimmt.

Das ist eine sehr wirkungsvolle Übung. Im Grunde geht es darum, das Mantra *»EL-KA-LEEM-OM« mindestens vier Mal und immer in Vierergruppen zu singen*; ihr würdet es also mindestens vier Mal singen. Dann könntet ihr es 16 Mal singen, und so weiter. Es ist eine sehr wirkungsvolle Übung, und wir regen euch an, diesen Gesang 256 Mal zu wiederholen – oder 44 Mal. So habt ihr genug Zeit, dass das Bewusstsein richtig anzukommen und die Verschiebung durch die unterschiedlichen Zustände zu durchleben vermag, sodass es in das archetypische Reich der Elemente eintreten kann. Dort nehmt ihr unmittelbar die Lebendigkeit und das Bewusstseinskontinuum wahr, das sie durch die Erdebene ausdrückt.

Es ist sehr kraftvoll, dieses Singen im Freien zu praktizieren, wo man die Elemente unmittelbar spüren kann. Eine wirkungsvolle Übung ist es auch, seine Aufmerksamkeit auf die Pranaröhre, die Mittelsäule zu richten, die sich durch die Körpermitte zieht, wie zuvor besprochen. Indem ihr eure Aufmerksamkeit auf dieser Pranaröhre ruhen lasst und die Klänge der Elemente singt, könnt ihr regelrecht bewirken, dass der Prana, der sich innerhalb der Röhre bewegt, veredelt wird, dass er durch den Klang lebendiger wird und eine Erweckung der Elemente innerhalb eures eigenen Körpers bewirkt. Das ist etwas, das man unmittelbar erfahren muss, statt darüber zu hören.

Noch etwas, was ihr im Hinblick auf diese Gesänge verstehen solltet, ist, dass sehr oft Material aus dem Unterbewusstsein aufzusteigen beginnt, da das Bewusstsein sich in einen sehr tiefen und profunden Zustand zurückzieht. Man kann jeden Bewusstseinszustand, jede Verfassung des Gewahrseins erleben, von absoluter Langeweile und Mattigkeit bis zu hohen Zuständen voller Ekstase und Seligkeit, darunter auch die Wahrnehmung seiner eigenen »Dämonen«, des eigenen negativen emotionalen Materials. All das kann durch dieses Singen aktiviert werden, also ist es wichtig, zu verstehen, dass alles, was aufsteigt, während ihr singt, mit zum Reinigungsprozess gehört.

Indem jemand den Gesang EL-KA-LEEM-OM singt, würdigt er damit unserer Auffassung nach die Heiligkeit der Elemente, würdigt das Bewusstseinskontinuum von der höchsten Quelle her, die ihr »Gott« nennen mögt, durch seine diversen subtilen Ebenen hindurch bis in die Erde selbst. Hier in der physischen Wirklichkeit, die der dichtesten Ebene der Heiligen Elemente entsprechen würde, bestätigt und würdigt man die Erde als heilig, seinen Körper als heilig und seinen eigenen Ort im Bewusstseinskontinuum, das man Gott nennen mag, als heilig.

Es heißt, dass der Körper der Tempel Gottes sei. Wir stimmen zu, dass euer Körper ein heiliger Tempel ist, denn er ist der Raum, in dem das jeweilige Bewusstsein von Erde, Feuer, Wasser und Luft (Raum) sich euch dienend darbringt.

Wir sehen die Erde als heiligen Raum, als Bild der Heiligen Elemente des archetypischen Reichs des Bewusstseins selbst. Wir sehen die Erde als Gott so nahe wie jedes andere Reich, denn das Kontinuum ist ganz. Ob man sich selbst als dem Göttlichen nahe oder getrennt davon erfährt, hat nichts damit zu tun, ob man sich auf der Erde befindet, ob inkarniert oder nicht. Die eigene Sichtweise, das ist etwas, das im persönlichen Bewusstsein festgehalten wird. Es ist möglich, in inniger Zwiesprache mit dem Göttlichen zu sein, sich vollkommen im Bewusstsein zu Hause zu fühlen und dennoch in einem Körper zu sein. Es ist nicht notwendig, die Erde zu verlassen, um »nach Hause« zu gehen, denn das Zuhause ist ein Bewusstseinszustand, ein Zustand der Verbundenheit, der aus eurem eigenen Innern heraus entsteht.

Wir beobachten derzeit eine gefährliche Situation auf der Erde, insbesondere in technologisch hoch entwickelten Ländern. Diese Situation besteht darin, sich selbst von der Natur und den Elementen zu trennen. Die moderne Kultur hat sich von der Natur und den Elementen isoliert und abgeschottet. Die westliche Gesellschaft hat den biblischen Spruch, der Mensch solle »sich die Natur untertan machen«, in unverantwortlichem Maß auf die Spitze getrieben. Die Menschheit unterdrückt die Natur. Die Menschheit unterdrückt in der modernen Welt nicht nur die Natur und die Elemente, sondern ist ernsthaft von ihnen getrennt und hat dementspre-

chend viel von ihrer Verbindung zum höheren Bewusstseinskontinuum verloren.
Wenn man in der Natur ist, wenn man eine Beziehung zu den Elementen hat, befindet man sich näher an dem Bewusstseinskontinuum, das zum Reich des Archetypischen führt, und von dort ist es nur ein Schritt zum Göttlichen. Ob die Kultur der modernen Welt hierfür wach werden und ihre Lage umkehren wird, ist ungewiss. Aber was euer individuelles Bewusstsein angeht, so steht es euch jederzeit frei, eine Beziehung zu den Elementen einzugehen. Ihr könnt diese Verbindung von eurem eigenen Gewahrsein zum archetypischen Reich der Elemente entstehen lassen. Viele Urvölker sind dazu imstande.
Wir würden euch empfehlen, dass ihr euch regelmäßig in die Natur begebt und Zeit mit den Elementen verbringt, denn sie sind Inbilder der archetypischen Muster. Isoliert euch nicht von der Luft, der Sonne (Feuer) und den anderen Elementen. Heißt sie willkommen. Wisst sie zu schätzen. Lasst es geschehen, dass eure Aufmerksamkeit und euer Bewusstsein sich auf die vier Heiligen Elemente einschwingen. Singt in einem Zustand der Ehrerbietung die Namen der Elemente, und es wird sich euch eine innere Welt eröffnen, die euer Vorstellungsvermögen weit übersteigt. Wenn ihr in diese innere Welt eintretet, die archetypische Welt der Elemente, so werdet ihr einen Ort finden, wo ihr tiefer mit der Natur um euch herum verbunden seid, und ihr werdet die Welt mit neuen Augen sehen. Ihr werdet sehen und klar verstehen, dass die Erde selbst ein heiliger Tempel ist und dass, wo ihr auch hingeht, Gott ist.
So, Virginia, hast du noch Fragen?

Virginia: In diesem Kapitel und noch an anderer Stelle habt ihr davon gesprochen, was die Heiligkeit der Erde bedeutet. Heute möchte ich euch also zu einem Kommentar befragen, an dem ich mich wahrscheinlich aufgehängt habe, aber jedenfalls war mir nicht wohl bei eurer Bemerkung, auf der Erde zu sein habe »nichts damit zu tun, sich Gott nahe zu fühlen.« Ich glaube, mir war etwas defensiv zumute bei dem Wort »nichts«, denn ich spüre, dass es mir (und vielleicht auch anderen Menschen) so geht, dass häufig von Gewalt und Negativität umgeben zu sein und mich dabei innerlich und innerhalb der Gesellschaft ständig von einem Gefühl des Getrenntseins und der Dualität lösen zu müssen, mich tendenziell sehr tiefreichend negativ zu beeinflussen scheint. Irre ich mich diesbezüglich?

Hathoren: Unsere Aussage diente dazu, noch einmal zu wiederholen, dass der schöpferischen Energie nahe zu sein, die ihr Gott nennt, eine Funktion der Resonanz ist und auf jeder Ebene des Universums und in jeder Dimension auftreten kann, ob man sich im All, auf dem Mond, auf der Erde oder in der Großen Leere befindet. Das, was darüber entscheidet, ob man mit Gott in Verbindung ist oder sich in Verbindung fühlt, ist eine innerliche Angelegenheit; von daher muss es hierbei kein Hindernis darstellen, auf der Erde zu sein. Es ist wahr, dass Bewusstsein und Schwingungen des Menschengeschlechts im niederen Bereich, worauf du ja hinweist, für Schwierigkeiten sorgen können, aber wir wollten einfach klarstellen, dass auf der Erde zu sein nicht das Gefühl ausschließt, sich »Gott nahe zu fühlen«. Es ist die innerliche Ausrichtung des Bewusstseins, die zählt.

Virginia: Danke dafür, dass ihr bestätigt, dass sich in einem niederen Bewusstsein der Rasse Mensch zu befinden leicht die Stabilität und Beständigkeit dieses Gefühls der Verbundenheit stören kann.

Hathoren: Ja, es kann schwierig, sehr schwierig sein, sich in einer dreidimensionalen Wirklichkeit aufzuhalten, wenn eure Sinne euch falsch berichten, wer ihr seid. Und mitunter kann es einen Kampf geben zwischen dem, was die physischen

Sinne euch sagen, und dem, was euer Geist euch sagt und wonach er sich sehnt. Wir sind uns also darüber im Klaren, dass die Bedingungen oder Situation einer dreidimensionalen Wirklichkeit nicht einfach sind. Wir wollten euch einfach den Gedanken anbieten, dass es selbst in eurer Dimension möglich ist, mit der Gottheit oder schöpferischen Energie in Kontakt zu sein oder sich ihr nahe zu fühlen.

Virginia: Ja, und ich mache mit einem weiteren Zitat von euch an früherer Stelle weiter: dass »Zuhause ein Bewusstseinszustand« sei – was genau dem entspricht, was wir hier beschreiben. Und dennoch muss ich zugeben, dass ich und viele Lichtarbeiterinnen und -arbeiter, die ich kenne, mitunter schon eine Sehnsucht verspürt haben, woanders zu sein. Es ist wie ein Hunger nach einem liebevolleren Ort. Falls also einige unserer Leserinnen und Leser das auch schon erlebt haben, so hoffte ich, ihr könntet uns eine Richtschnur geben, wie wir mehr an diesem Ort hier zentriert sein können. Wie können wir Klang oder eine andere Ressource dazu einsetzen, wirklich das Gefühl zu bekommen, dass dies der von Liebe erfüllte Ort ist, an dem wir sein wollen, statt in eine andere Dimension oder an einen anderen Ort verschwinden zu wollen, wo weniger Trennung ist?

Hathoren: Du hast etwas energetisch sehr Komplexes gefragt, und dabei etwas sehr Tiefgründiges. Da die Frage beantwortet werden muss, lasst uns unser Bestes tun, auf diesen sehr umfassenden Punkt einzugehen, und zwar in mehreren Teilen. Da ist die Energetik, das Thema, hier präsent zu sein, und dann ist da die Frage der Sicherheit und der emotionalen Schwingung eines Gefühls der Verbundenheit und Liebe.

Einige Individuen haben, um mit der Brutalität dieser Dimension fertig zu werden, einen Zugang zu anderen Bereichen ihres Bewusstseins gesucht und sich mit ihnen identifiziert – Bereichen, die nicht mit der dritten Dimension zusammenhängen.

Bei diesen Menschen ist die Pranaröhre, die sich durch den Kern des Körpers nach unten und in die Erde zieht, buchstäblich ein- und nach oben gezogen, sodass sie nicht mit der Erde in Berührung kommt. Auf diese Weise sind sie energetisch nicht geerdet und können also sozusagen schweben und sich in einer Zone aufhalten, die ihnen sicher vorkommt. Das erste, was also energetisch bei Menschen geschehen muss, die sich in dieser Lage befinden und sich körperlich erden möchten, ist, dass sie die Pranaröhre tief genug in die Erde hinein ausdehnen.

Übrigens urteilen wir nicht darüber, ob euer Bewusstsein hier ist oder nicht hier, während ihr in Fleisch und Blut inkarniert seid. Das Bewusstsein kann anderswo sein. Wir sagen einfach nur, wenn ihr hier sein möchtet und durch eure derzeitige Inkarnation von diesem Übergang oder diesem Portal in die nächste Dimension Gebrauch machen möchtet – der Transformation, die ihr durchlebt –, dann *müsst ihr geerdet sein*. Indem ihr geerdet seid, könnt ihr in eurem Körper, eurem subtilen Nervensystem, euren Instinkten und auf der überbewussten Ebene angemessen auf alles in eurem Leben reagieren. Es mag zwar den Anschein erwecken, dass Sicherheit jenseits oder außerhalb des körperlichen Geerdetseins anzutreffen sei, doch nichts könnte weiter von der Wahrheit entfernt sein. Man muss die Verbindung zur Erde haben. Das kann erfolgen, indem die Pranaröhre wieder in die Erde hinein verlängert wird, sofern sie eingezogen war. Das Allererste ist also, die Energetik eurer Natur zu verstehen.

Der zweite Aspekt hat mit der Schwingung der Liebe und der Sicherheit zu tun. Natürlich hat das menschliche Bewusstsein die Möglichkeit, sich in einen innerlichen Zustand zurückzuziehen, in dem es Liebe und innere Verbundenheit erfährt. Als Menschen habt ihr multidimensionale Bewusstseinsaspekte. Von daher ist es euch möglich, eure Aufmerksamkeit auf eine innere Dimension der Liebe und Sicherheit zu verlagern, während ihr nicht mit der Erde verbunden (d.h. ungeerdet) seid. Dann schwebt man in seiner eigenen Luftblase, um diese Metapher zu gebrauchen. Was wir hoffen ist, dass immer mehr von euch sich dafür entscheiden werden, für ihre Erdung zu sorgen, statt sich lediglich in ihre Innenwelt zurückzuziehen. Indem ihr euch erdet und anderen eure Liebe entgegenbringt, profitieren alle davon, ihr selbst inbegriffen.

Virginia: Danke. Ich glaube, eure Kommentare bringen Klarheit in Muster, über die manche von uns vielleicht das Heiligtum des Friedens gesucht haben. Zuvor habt ihr von der Wichtigkeit der vier Heiligen Elemente gesprochen. Könnt ihr etwas dazu sagen, warum die Vorstellung von vier Heiligen Elementen manchen wie ein Rückschritt in die Primitivität vorkommen mag, und wie man dem entgegen tritt, sofern ratsam?

Hathoren: In gewisser Weise bedeutet es auch, auf Primitives zurückzugreifen, aber es ist nicht so, dass am Primitiven irgendetwas falsch wäre. Das Primitive ist die Wurzel, der das Bewusstsein entspringt, und das menschliche Bewusstsein hat so sehr die Verbindung zu seinen eigenen Wurzeln verloren, dass ihr leicht euren eigenen Planeten verwüsten könntet. Wir empfehlen euch also, bewusster auf eure biologische Verwurzelung und auf eure Verbindung zu anderen Formen von Leben auf diesem Planeten zu achten.

Das fundamentale Verständnis in vielen primitiven Kulturen oder bei vielen Eingeborenenstämmen ist, dass die Natur »lebendig« ist, also ein Bewusstsein hat. Diese Lebendigkeit also als die tiefere archetypische Ebene der vier Elemente Erde, Feuer, Wasser und Luft (Raum) zu beschreiben, kann hilfreich sein, da diese Elemente auf einer feinstofflichen energetischen Ebene tatsächlich existieren! Sie sind wie Archetypen für die Elemente, die ihr der von euch so genannten Periodentafel zuordnen würdet. Wir sagen damit nicht, dass die Elemente der Periodentafel überflüssig sind. Sie beschreiben die physischen Elemente in dieser Dimension. Was wir hier klarstellen ist, dass es im subtileren Bereich, der diese dritte Dimension hält oder nährt, archetypische Sphären gibt, wo die vier Heiligen Elemente »lebendig« sind. Dem modernen Menschen mag dieser Gedanke kurios vorkommen, aber es steckt eine tiefgründige Wahrheit darin.

Die Natur besteht aus vielen miteinander verbundenen Energiefeldern. Diese Felder haben ein Bewusstsein – von daher, dass sie intelligent auf Veränderungen in sich und um sich herum reagieren. Deshalb kann man zum Beispiel Dunst auf der chemischen Ebene lediglich als Wasserdampf sehen, aber das ist nur eine Seite. Manche Arten von Dunst sind in Wirklichkeit bewusste, flüchtige Wesen und man kann, wenn man weiß, wie, tatsächlich mit ihnen kommunizieren. Diese Kommunikation erfolgt übrigens durch die Empfindungsnatur, und nicht durch Sprache.

Virginia: Könnte man anstelle von »primitiv«, das an etwas weniger Wünschenswertes denken lässt, das Wort »elementar« oder etwas anderes, moderner Klingendes verwenden?

Hathoren: Ja. Man könnte einen anderen Begriff verwenden. Denkt jedoch daran, dass wenn ihr als Kultur, als Zivilisation so hoch entwickelt seid, dass ihr Finessen über Finessen habt und dazu Abstraktionen über Abstraktionen, ihr so weit in das Mentale gelangt, dass ihr gar nicht mehr in Verbindung mit der biologischen Wirklichkeit eurer Existenz seid. Was wir sagen ist, dass die *biologische* Ebene eures Daseins die Pfahlwurzel ist, durch die das Bewusstsein strömt und sich auf diesem Gebiet ausdrückt – nicht die mentale. Und das Biologische ist primitiv, elementar.

Vielleicht wäre es hilfreich, sich diese biologische Erfahrung der physischen Geburt als Metapher in Erinnerung zu rufen.

Erinnert euch daran, dass sich im Körper der Frau die Saat für ein Kind befindet, und bevor sie befruchtet wird, birgt diese Saat das Potenzial für ein physisches menschliches Wesen in sich. Begibt man sich in die Eizelle selbst und betrachtet die genetischen Informationen, die in den DNA-Codes enthalten sind, so würde man das sehen, was wir die feinstoffliche Ebene der Biologie nennen. Das ist doch sehr elementar, primitiv und grundlegend, oder?

Wenn ihr feiner werdet und euch in die atomare Matrix hineinbegebt, die das Ganze zusammenhält, und noch feiner – will heißen, noch kleiner – so gelangt ihr in einen Bereich, wo ihr in reines Bewusstsein eintretet – denn Bewusstsein und Materie sind ein und dasselbe. Sie sind einfach unterschiedliche Schwingungsfrequenzen. Im Bewusstsein ist unmittelbar vor diesem Anfangsniveau der atomaren Struktur eine Blaupause für die Genetik enthalten – für das Potenzial eines Menschen in der Zukunft. Das also ist der archetypische Bereich, über den wir zuvor sprachen. Innerhalb dieser Sphäre des Archetypischen finden sich machtvolle Energien, aus denen die atomaren Kräfte werden, die eurer Physik bekannt sind.

Virginia: Ihr sagt also, diese Energien sind eine dimensionale Blaupause?

Hathoren: Ja. Ja. Die Heiligen Elemente sind eine archetypische dimensionale Blaupause für die Entfaltung des Bewusstsein in Materie in Form der Elemente.

Virginia: Ich danke euch. Könnt ihr mit einfachen Worten beschreiben, wie das, was wir bei uns als Wetter bezeichnen, mit diesen vier Heiligen Elementen zusammenhängt und was sich derzeit abspielt?

Hathoren: Wettermuster sind ein komplexes Zusammenspiel zwischen physikalischen Kräften wie etwa Hitze, Temperatur, Feuchtigkeit, Trockenheit und Druck; sie sind also Phänomene, die mit dem subtilen Gebiet der vier Elemente zu tun haben und auch mit der Ebene, wo eine Verbindung mit Bewusstsein und Emotion besteht. Stark vereinfacht ausgedrückt, sind eure Wettermuster ein Abbild eures eigenen emotionalen und mentalen Lebens. Das mag denjenigen, die es absolut aus der Sicht der dritten Dimension betrachten, merkwürdig vorkommen, doch von anderen Dimensionen aus ist ganz klar, dass dann, wenn Tornados und Wirbelstürme hindurchziehen und eine Zunahme an heftigen Wetterbedingungen bewirken, sie ein nach Außen Verlagern des menschlichen Bewusstseins sind, das Schnittstellen mit dem planetaren Bewusstsein und sämtlichen anderen Formen von Bewusstheit auf diesem Planeten aufweist, darunter auch dem von Pflanzen und Tieren. Betrachtet ihr euch die Strömungen heftiger Wetterbedingungen, so nehmen diese zu, und das ist Teil des Chaos, das auftritt, während das gesamte planetare System, darunter die Menschen, auf schnelleren Frequenzen schwingen. Die Emotionen sind dann impulsiver, und das übt einen Einfluss auf das aus, was man die Biosphäre nennen könnte – den Ort, wo Bewusstsein und Biologie einander begegnen.

Virginia: Wie kommt es dann, dass bestimmte Regionen auf dem Planeten dazu neigen, immer wieder dieses Muster von Tornados und Wirbelstürmen aufzuweisen?

Hathoren: Das hängt mit dem Gitternetz des Planeten in diesen bestimmten Regionen zusammen. Wo eine Gegend mehr von einem Element hat als eine andere, wird dieses Element dominieren und Wettermuster erzeugen, die für die Region typisch sind. Wenn ihr euch aber die heutigen Wettermuster betrachtet, so seht ihr, dass manche Tornados in Regionen auftreten, wo man sie ehemals nicht kannte.

Virginia: Es kommt also zu Verschiebungen?

Hathoren: Definitiv kommt es zu Verschiebungen.

Virginia: Dann sagt ihr, dass die Elemente für die Polverschiebungen der Erde verantwortlich sind, die alle so-und-so-vieltausend Jahre bestimmte Zyklen durchlaufen? Und ihr sagt auch, dass die Elemente auf dieses menschliche Chaos reagieren und dass dies wahrscheinlich eine Polverschiebung bewirken könnte?

Hathoren: Nein. Die Polverschiebung ist eine andere Sache. Polverschiebungen entstehen durch ein zyklisches Muster bei einem tiefer gelagerten Bewusstseinsmuster. Was wir sagen ist, dass viele der Wetterstörungen, die erlebt werden, die Folge eines gestörten Bewusstseins auf der Ebene der Menschen sind, während sie mit der Erde umgehen.

Virginia: Da ja offenbar tiefere Zyklen existieren, die die Vorherrschaft über das menschliche Bewusstsein und das Wetter haben – was für Zyklen sind das?

Hathoren: Es sind kosmische Rhythmen.

Virginia: Und wie würden wir sie nennen?

Hathoren: Wir könnten sie vielleicht den Rhythmus der Sonne nennen, den Rhythmus des Erdsterns.

Virginia: So sind also Dinge wie Vulkane, Erdbeben, Tornados und Wirbelstürme Teil höherer Rhythmen?

Hathoren: Ja. So kann es sein. Aber sie sind keine eigenständige Ebene, da sie in Wechselbeziehungen stehen.

Diese Gitter (und wir sprechen hier nicht über das von den Pyramiden etablierte Gitter, sondern über ein anderes, ein früheres Erdbewusstseinsgitter) neigen dazu, festzulegen, wo sich die Berge bilden, wo die Täler entstehen, wo die Meere entstehen. Dann neigen die Landmassen dazu, um diese Gitterlinien herumzuwirbeln. Die Gitterlinien reagieren sensibel auf die größeren kosmischen Rhythmen der Sonne und andere Himmelskräfte. Wenn von daher etwas ausgelöst wird, sagen wir einmal in der Sonne, so kann das einen Resonanzeffekt in den Magnetlinien wie auch den nichtmagnetischen Linien auslösen, die durch verschiedene Zonen verlaufen, wie etwa am Rand des Pazifiks. Dann kann es sein, dass man plötzlich eine Zunahme der Vulkanaktivität erhält. Wir gehen davon aus, dass eure Wissenschaft in Kürze entdecken wird, dass eine viel weitreichendere Beziehung zwischen den Energiebewegungen in der Sonne und dem Geschehen auf der Erde besteht als bislang von ihr erkannt.

Virginia: Als vor ein paar Jahren die Kometen auf Jupiter auftrafen, was passierte da wirklich?

Hathoren: Das war de facto ein anderer Rhythmus, eine andere Ebene, die intergalaktische Ebene. Der Komet kam tief aus dem All. Die Fragmente des Kometen zerbrachen in Teile und kollidierten mit dem Jupiter. Auf der energetischen Ebene erhielt Jupiter somit eine Akupunkturbehandlung, durch die Energiekaskaden freigesetzt wurden, die sich auf euch hier auf diesem Planeten auswirkten. Kein physischer Schaden, nur energetische Auswirkungen. Es gab keine wirkliche von der Wissenschaft als solche bestimmbare Störung, die durch den Zusammenstoß des Kometen mit Jupiter hervorgerufen wurde. Energetisch jedoch passierte eine ganze Menge infolge dieser Kollision. Auf vielen subtilen Ebenen waren Menschen davon berührt, unter anderem auf der emotionalen.

Virginia: Sollen wir also verstehen, dass die Komplexität von all dem es uns, während wir in einem menschlichen Körper sind, sehr schwer macht, die Sache zu begreifen?

Hathoren: Ja.

Virginia: Was ratet ihr uns dann also, wenn wir versuchen, ein gewisses Gefühl der Sicherheit und Stabilität zu bewahren, während wir diese Dinge durchmachen, die wir noch nicht verstehen können?

Hathoren: Liebt mehr. Verzeiht mehr. Und versteht, dass Liebe nicht nur lindert, sondern wirklich eine energetische Kraft ist, die euch zum schnellsten und tiefsten Raum der Stabilität führen wird. Wenn ihr also imstande seid, in diesen Schwingungszustand der Liebe und des Annehmens einzutreten, wenn ihr imstande seid, zu verzeihen, so seid ihr in einer Position, die *energetisch durch nichts verschoben werden kann.* Was auch um euch herum geschieht, es wird euch nicht irritieren, da ihr euch im Grundton befindet, der Grundoktave, die das Universum trägt und zusammenhält. Von daher steht ihr buchstäblich über den Dingen und seid nicht von ihnen berührt. Unser Rat in diesen Zeiten der Störungen lautet also, mehr zu lieben und mehr zu verzeihen. Beginnt damit, euch selbst nach besten Kräften zu lieben und euch zu verzeihen, und dehnt dies dann aus. Wir bitten euch, die Übungen auszuprobieren, die euch helfen sollen, Meister eurer selbst zu werden, und unsere Informationen über den Klang als Hilfe bei diesem Prozess einzusetzen.

Virginia: Könntet ihr noch ein wenig mehr über die Himmelsgöttin Hathor sagen und darüber, ob sie als Vorstellung in irgendeiner Weise mit den Heiligen Elementen zu tun hat?

Hathoren: Eine indirekte Verbindung besteht da schon, ja. Es herrschte das Verständnis, dass die Höchste Quelle, das Mysterium, sich durch die Vier Elemente ausdrückte, und die Luft war das Element, das man am meisten mit dem Göttlichen in Verbindung brachte. Ihr müsst verstehen, dass es so, wie das primitive Bewusstsein diese Wirklichkeit betrachtete – als erdgebunden und mit einer dreidimensionalen Wirklichkeit umgehend – den Anschein erweckte, als kämen die Götter »von oben«, vom Himmel, also wurde das Göttliche mit dem Himmel in Verbindung gebracht.

Hathor war in ihrer ersten Manifestation die Himmelsgöttin. Erst später brachten sie die Ägypter dann mit Fruchtbarkeit in Verbindung. Von daher durchlief die erste Göttin des ägyptischen Pantheons (vor der Zeit der Pharaonen) in den Köpfen der Menschen eine Metamorphose. Zuerst stand sie mit dem Element Luft (dem Himmel) in Zusammenhang, und während dieser Zeitperiode wurde sie als Manifestation göttlicher

Liebe und Ekstase gesehen. Dann brachte man sie mit Fruchtbarkeit und der Erde in Verbindung. In der letztgenannten Manifestation geschah es dann auch, dass man sie mit Sex und Freude verknüpfte. Liebe und Ekstase brachte man des weiteren auch mit ihr in Verbindung. Die Arbeit der Priesterinnen in den Hathortempeln war zweifacher Natur. Sie wurden oft um Einflussnahme auf die Fruchtbarkeit gebeten und darum, auf den guten Verlauf von Geburten hinzuwirken. Das war das äußere Wirken des Tempels. Das esoterische (verborgene) Wirken des Tempels war der Einsatz von Alchemie, wozu das Aufsteigenlassen der sexuellen Energie von Initianden zu den höheren Energiezentren des Körpers gehörte. Die Priesterinnen waren in dieser esoterischen Wissenschaft sehr bewandert, und vieles am *Tantra* hat hier seine Wurzeln.

Nun, wir möchten euch gerne folgenden Gedanken überlassen: Euer Körper ist der heiligste aller Tempel, denn dort finden sich Himmel und Erde zusammen. Euer Leben ist ein Geschenk, das aus den Vier Elementen geboren wurde. Ohne sie würde das Universum nicht existieren. Sie reagieren auf eure Liebe. Schickt ihnen eure Dankbarkeit und empfangt ihre Botschaft. Mit jedem Atemzug, den ihr tut, und mit jedem Pulsschlag eures Herzens spricht die Schöpfung durch sie zu euch. Seid still und hört ihr zu.

9

Der Dreh- und Angelpunkt

Wir möchten auf etwas zu sprechen kommen, das wir als einen der günstigsten Momente für eure Evolution und die Beschleunigung des Wachstums in der Menschheitsgeschichte sehen. Es hat mit der zunehmenden Geschwindigkeit der Ereignisse in dieser Dimension zu tun, sodass ihr, wie zuvor bereits gesagt, mehr und mehr in immer weniger »Uhren«-Zeit wahrnehmen werdet. Dies erzeugt starke emotionale und sensorische Reaktionen und wird sie auch noch weiterhin erzeugen. Die Empfindungen und Emotionen, die ihr in dieser Periode größerer Intensität erfahrt, wollen als Schatz betrachtet werden, statt sie zu meiden, denn sie sind eure neuzeitlichen Initiationen in ein höheres Bewusstsein. Ihr braucht heute nicht in eine Mysterienschule aufgenommen zu werden, um eure diversen Schulungen und Initiationen zu erhalten, wie es früher bei den Menschen in Ägypten der Fall war.

Dort zogen sich im Altertum Tempel den Nil entlang, nach Schwierigkeitsgraden geordnet, und die Initianden suchten diese Tempel auf, um sich dort unterweisen zu lassen. Jeder Tempel stellte sie vor eine neue Situation, die sie zu meistern hatten, die Tempelinitiationen waren Teil ihres Entwicklungsprozesses. Nun braucht ihr jedoch nicht nach Ägypten oder anderswohin zu gehen, um eure Initiationen zu erfahren. Die Widrigkeiten und Prüfungen, denen ihr euch in eurem physischen Körper, in euren Beziehungen, bei eurer Arbeit und euren spirituellen Bestrebungen stellen müsst, sind eure modernen initiatorischen Prüfungen für ein höheres Bewusstsein. Indem ihr sie so seht, könnt ihr die schwierigen

Erfahrungen eures Lebens als das erleben, was sie sind – Initiationen –, statt als etwas, dem es aus dem Weg zu gehen gilt oder dem man zum Opfer fällt. Viele Menschen schreien auf: »Warum gerade ich?«, und sie geben Gott die Schuld an ihren negativen Lebensumständen, da sie nicht verstehen, welche Rolle ihr eigenes Bewusstsein dabei spielt, wie sich ihr Leben entwickelt.

Wir haben dieses Kapitel mit »Der Dreh- und Angelpunkt« überschrieben, da die Metapher des Dreh- und Angelpunkts passt, wenn es darum geht, das Bewusstsein auf der dreidimensionalen Ebene zu verstehen. Der Dreh- und Angelpunkt ist wie der Hebelstützpunkt bei einer Wippe, die man oft auf Spielplätzen sieht. Zwei Kinder sitzen sich an den gegenüberliegenden Enden eines schmalen Bretts gegenüber, das in der Mitte (am Drehpunkt) aufliegt, und die Kinder stoßen sich abwechselnd vom Boden ab und zwingen so das andere Ende der Wippe (und das dort sitzende Kind) hinunter. Der Drehpunkt der Wippe ist ja der Punkt, an dem das Brett der Wippe befestigt ist und sich bewegt. Solange Bewegung im Spiel ist, wirkt die Kraft der Polaritäten (die Auf-/Abbewegung) auf den Drehpunkt ein. Das ist ein wunderschönes Bild für das Bewusstsein selbst – denn wenn das Bewusstsein von seinem ruhenden Punkt der Non-Dualität in Dualität übergeht, kommen einander entgegenwirkende Kräfte ins Spiel. Wie bei der Wippe verhält es sich in eurer von Polaritäten geprägten Welt so, dass immer dann, wenn etwas emporstrebt, etwas anderes dafür hinabmuss und so weiter.

In eurem Leben als Menschen auf diesem Planeten durchlebt ihr aktuell eine rasante Beschleunigung vieler multidimensionaler Kräfte – physischer, mentaler, emotionaler, kultureller, sozialer, spiritueller, globaler Art – und viele davon treten gleichzeitig auf. Der Dreh- und Angelpunkt liegt für euch Menschen dort, wo diese multidimensionalen Kräfte im derzeitigen Moment aufeinander einwirken. Wer schon einmal auf einer Wippe gesessen hat, weiß, dass es beim Wippen einen Punkt gibt, an dem die gegenüberliegenden Enden der Wippe im Gleichgewicht sind, das heißt, die Wippe steht parallel zum Boden, und alle Bewegung kommt zum Stillstand. In diesem Moment sind die Dualitäten perfekt ausgewogen, und am Drehpunkt herrscht Neutralität im Hinblick auf Reibung oder Aktivität. Sobald sich die Dualitäten jedoch wieder in Bewegung setzen (ein Ende geht nach oben, während das andere nach unten wandert), so kommt es am Drehpunkt zu verstärkter Aktivität und Reibung.

Als Menschen erfahrt ihr diese Reibung als zunehmenden Druck durch die emotionale oder Gefühlsnatur – sodass sich, wenn die Ereignisse intensiver werden, auch eure Gefühle im aktuellen Augenblick intensivieren. Der Punkt, um den herum sich diese Gefühle intensivieren, ist euer Dreh- und Angelpunkt. Hier befindet sich das *Initiationsportal.* Hier ist die Tür zur beschleunigten Evolution eurer Seele und zu einem höheren Bewusstsein. Der Drehpunkt eures Lebens, von einem Moment zu nächsten, von einem Augenblick zum nächsten, wird von euch im hochheiligen Tempel eures physischen Körpers erlebt. Wie ihr mit eurer Erfahrung umgeht, das ist eure Entscheidung als Individuen. Seht ihr euer Leben und diesen Planeten jedoch nicht als heiligen Ort, seht ihr dieses Leben nicht als Initiationsprozess, so verfallt ihr vielleicht auf Schuldzuweisungen, Herabsetzungen oder Vermeidungsverhalten. Es gibt so viele Wege, dem aktuellen Moment im eigenen Leben auszuweichen. Wenn ihr euch jedoch auf das Verständnis ausrichtet, dass die Ereignisse und Erfahrungen eures Lebens euer Initiationsprozess sind, so wird euch, was auch immer geschieht, heilig sein, selbst wenn es schwierig ist. Der Initiationsprozess ist im Grunde übersät von Schwierigkeiten, Tests und Widrigkeiten. Denn genau daran wächst die Seele. Die Meisterung einer bestimmen Ebene oder eines bestimmten Gebiets eurer Person beschert der Seele Meisterschaft. Im Grunde arbeitet ihr euch durch den emotionalen, mentalen und spirituellen »Inhalt« eures eigenen Bewusstseins hindurch. Und das erfahrt ihr durch die Ereignisse in eurem Leben, insbesondere durch die Gedanken, Gefühle und Emotionen, die diese Ereignisse in euch wachrufen. Ehrt ihr den Dreh- und Angelpunkt (den aktuellen Augenblick in eurem Leben) als diese Mitte, diesen Dreh- und Angelpunkt eures eigenen Bewusstseins, dann seid ihr darauf vorbereitet, eine völlig andere Beziehung zu euren eigenen Erfahrungen zu bekommen. Haltet eure Erfahrungen und Empfindungsreaktionen in Ehren, denn sie sind der Sinn, der Kontext und der Zweck eures Lebens.

Genau in diesem Augenblick benutzt ihr die Erfahrungen eures Lebens, wie sie auch beschaffen sein mögen, als Halt für euren Fuß, während ihr den Berg eures eigenen Bewusstseins erklimmt.

Unserer Auffassung nach gibt es hier noch ein Element hinzuzufügen, nämlich die Meisterung der eigenen Energie. Euch ist vielleicht aufgefallen, dass ihr dann, wenn eure emotionalen Reaktionen stark sind oder wenn es zu Dingen kommt, die euch überwältigen, weniger gut effektiv mit ihnen umgehen könnt – weniger gut in der Lage seid, mit ihnen fertig zu werden und für euch selbst die richtigen Entscheidungen zu treffen – und weniger gut fähig, diesen Anlass als Treibstoff für die Transformation eures eigenen Bewusstseins einzusetzen. Was wir oft beobachten konnten ist, dass Menschen, wenn für sie Momente kommen, wo sie sich massiv überfordert fühlen und in einen Zustand der Besinnungslosigkeit hineingleiten, ein bewusstes Wahrnehmen des aktuellen Moments (des Dreh- und Angelpunkts ihrer Erfahrung) zu umgehen versuchen, indem sie davon abschweifen, schlafen, sich überarbeiten oder die ganze Sache auf andere Weise wahrzunehmen vermeiden, wie etwa durch Drogen, Essen oder Alkohol. Bei einigen von euch kann sogar Meditation eine subtile Form eines solchen Vermeidungsverhaltens sein. Die Hilfsmittel, die wir euch hier an die Hand geben, sollen euch helfen, eure Energie zu meistern, sodass ihr dann, wenn ihr in eine solche Erfahrung an einem Dreh- und Angelpunkt hineingelangt und die Intensität des Augenblicks zunimmt, eure Energie hinreichend meistert, um euch positiv auszurichten.

Ihr werdet dann sowohl das Bewusstsein haben, was da geschieht, als auch in der Lage sein, eure Energiefelder zu meistern, sodass ihr in diesem Moment die für euch richtigen Entscheidungen treffen könnt. Diese beiden Aspekte zusammengenommen erzeugen einen mächtigen Wirbel, der es euch erlaubt, schnell auf höhere Ebenen des Bewusstseins zu gelangen. Dazu muss jedoch beides gegeben sein. Ihr müsst die Erfahrungen in eurem Leben verstehen, wertschätzen und ehren. Dann müsst ihr eure gefühlsmäßigen Reaktionen im Initiationsprozess dazu einsetzen, die Meisterschaft über eure Energie zu erlangen, die euch stabilisiert und euch in die Lage versetzt, diese Wachstumsmöglichkeiten nutzen zu können.

Es hat eine gewisse Ironie und etwas Paradoxes, dass das Bewusstsein rund um ein und dasselbe Ereignis Himmel oder Hölle erschaffen kann. Die Reaktionen, die ihr als Antwort auf diverse Ereignisse durchlebt, mögen letztlich sehr wenig mit den Ereignissen selbst zu tun haben. Das ist das initiatorische Bewusstsein: zu dem Verständnis zu gelangen, dass geschehen kann, was will – immer seid *ihr* diejenigen, die ihre emotionalen oder Gefühlsreaktionen erschaffen, und ihr seid für sie verantwortlich.

Es gibt emotionale Verfassungen, die ihr als die reinste Hölle zu erleben neigt, eine Art Fegefeuer, in dem ihr von den Dämonen eurer eigenen Anhaftungen gequält werdet – Ängste, Schmerzen, Wut und Traurigkeit. Und es gibt eine emotionale Verfassung, in der ihr euch zufrieden, in eurer Mitte, geliebt und erfüllt fühlt. Erkennt einfach, dass diese beiden polaren Zustände, Himmel und Hölle, in *euch* sind, in eurem eigenen Bewusstsein, in eurem eigenen Sein. Sie sind physisch im Raum auf keinen Ort begrenzt. Sie sind in euch. Sie sind polare Gegensätze, die aufeinander einwirken, einander in Bewegung setzen und Impulse geben. Der Dreh- und Angelpunkt dessen, wie ihr das Leben erfahrt, ist dieser Punkt, wo die Gegensätze auf der Kippe stehen. Wenn ihr dieses Verständnis erlangt und die Energie meistert, die in euch fließt, werdet ihr die Polaritäten in eurem eigenen Innern besser ausbalancieren können.

Um das Bild des Dreh- und Angelpunkts noch weiter auszuschöpfen, würden wir sagen, dass jene Ereignisse, die sich im Äußeren abzuspielen scheinen, in Wirklichkeit Katalysatoren sind, die in euch Reaktionen hervorrufen. Die Ereignisse als solche sind im Grunde leer. Sie sind jedoch Auslöser, die bewirken, dass etwas im Innern eures eigenen Bewusstseins reagiert. Während ihr den Initiationsprozess eures Lebens durchlauft, wird es in euch zu Empfindungen oder emotionalen Reaktionen auf unzählige Dinge kommen, viele von ihnen eine Herausforderung. Das ist eure Natur als Menschen. Aber wenn ihr diese emotionalen Empfindungsreaktionen wach und voller Mitgefühl für euch selbst durchlebt – sozusagen mit liebevollem Blick in euch hineinschaut – so findet ihr in euch selbst die Polaritäten, die euer Leid hervorrufen. Diese Polaritäten werden von euren Überzeugungen und Entscheidungen in der tiefsten Tiefe eures eigenen Bewusstseins beherrscht.

Der Zweck und die Natur der Initiation ist, einen Spiegel zu erschaffen, der für die Seele ihre eigenen Entscheidungen reflektiert, sodass sie diese klar sehen und verstehen kann. Die Initiationsprozesse des Lebens, das ihr heute führt, sowie die

Menschen und Situationen, die euch begegnen, halten euch allesamt einen Spiegel vor. Wenn ihr dementsprechend etwas Schwieriges erlebt, und ihr seht euch nicht an, welche Reaktion auf den Anlass ihr dabei innerlich erlebt, so verpasst ihr eine enorme Chance, die ein umfassenderes Bewusstsein und größere Klarheit eröffnet. Das ist die Macht des Dreh- und Angelpunkts. Es ist ein heiliger Moment. Jeder Moment in eurem Erleben ist heilig, und wenn ihr euch in Situationen wiederfindet, die schwierig und eine Herausforderung sind, so wisst, dass sich euch eine weitere initiatorische Chance eröffnet. Dadurch wird dies ein Anlass zur Freude, eine Zeit für ein waches Bewusstsein, Klarheit und Mitgefühl sich selbst gegenüber. Wenn ihr die Hilfsmittel meistert, die wir euch gegeben haben und noch geben werden, so wird sich euer Energiekörper so harmonisch ausrichten, dass ihr diese initiatorischen Erfahrungen auf eine konstruktive und kreative Weise nutzen könnt. Und so wird die Seele Fortschritte machen.

Wir möchten euch nun eine Geschichte erzählen, eine Legende, die in unserer Kultur existiert und von einem Menschen handelt, der in einer weiter zurückliegenden historischen Epoche lebte, die ihr das alte Ägypten nennt. In gewisser Weise symbolisiert diese Geschichte das, was Menschen derzeit auf der Erde erfahren.

Offenbar war da ein Initiand, der zum Tempel der Hathor kam (Hathor, die Göttin der Liebe und Freude) und verzweifelt den Zustand der Liebe und Freude erfahren wollte. Aber er wollte auf der höchsten Stufe mit dem Initiationsprozess beginnen, ohne die niedriger angesiedelten Tempel der Unterwelt zu durchschreiten. Jedes Mal, wenn der Initiand hoffnungsvoll zum Hathortempel der Liebe und Freude kam, wurde er mit der Bemerkung davon geschickt: »Du bist noch nicht so weit. Du musst in die Unterwelt.«

Dieser Mensch, der äußerst geschickt war, schlüpfte sogar

in verschiedene Verkleidungen, um sich einmal als Frau, ein andermal als Krüppel, Weiser oder sogar als Bettler auszugeben. Und dennoch war er stets die gleiche Person und wurde davongeschickt. Aber er kehrte immer wieder zum Tempel Hathors zurück und ersuchte um Initiation in die Mysterien, ohne jedoch bereit zu sein, sich dafür zuerst in die untergeordneten Tempel zu begeben. Jedes Mal, wenn er in seiner Verkleidung erschien, wurde er in die Unterwelt zurückgeschickt, weigerte sich jedoch, diese zu betreten und mit dem Initiationsprozess zu beginnen, der ihm schließlich eingebracht hätte, wonach es sein Herz verlangte. Der Punkt an dieser Erzählung ist: *Man kommt an seiner eigenen Unterwelt nicht vorbei. Ihr müsst in die Katakombe eures eigenen Unterbewusstseins hinabsteigen, bevor ihr die höheren spirituellen Mysterien anstrebt.*

Seht ihr, je höher im Bewusstsein ihr gelangt, desto tiefer müsst ihr als Ausgleich dazu auch hinabtauchen. Wenn ihr bewusstseinsmäßig zu hoch aufsteigt, ohne ein Gleichgewicht für die in euch verborgenen Tiefen zu schaffen, unter anderem für euer eigenes Unterbewusstsein, so seid ihr nicht in der Balance und eine potenzielle Gefahr. Und warum? Weil ihr dann ohne ein Bewusstsein für die zentralen Anteile von euch selbst agiert, die sich in eurer eigenen Unterwelt befinden – die Seiten an euch, die keine Entwicklung durchlebt haben, wie etwa euer Ärger, euer Hass, eure Eifersucht, eure Wutgefühle, eure Phantasien, ja sogar eure Todeswünsche. Diese Dinge, die ihr aus eurem Bewusstsein herauszuhalten versucht, sind Teil eurer menschlichen Natur, und *eure Aufgabe als Menschen ist die, alle Ebenen eurer Erfahrung in dieser Dimension zu integrieren und zu heilen!*

Eine Ebene dieser Erfahrung, die nach Heilung verlangt, hat mit dem zu tun, was ihr als Dunkelheit bezeichnet – wir nennen es Unbewusstheit. Die Dunkelheit ist Unbewusstheit. Die Aufgabe der Evolution, so wie wir sie sehen, ist die, das

Bewusstsein so zu erweitern, dass es alles zu umfassen beginnt und in euer gesamtes Sein integriert wird. Die Prozesse, die Umstände, die Ereignisse, die sich derzeit auf eurem Planeten abspielen, sind ihrem Wesen nach so intensiv, dass sie jene Gefühle und Überzeugungen aktivieren, die in eurer Unterwelt angesiedelt sind. Der Dreh- und Angelpunkt eurer Erfahrung, die Intensität der Erfahrungen des Lebens von einem Augenblick zum nächsten sind die Initiationsportale, die es euch erlauben, schrittweise ein waches Bewusstsein zu erlangen und eure eigenen Tiefen zu verstehen. Zweifelt nie daran, dass eure Natur zu dieser Aufgabe zutiefst fähig ist, denn euer Bewusstsein umfasst das Licht, die himmlischen Sphären eures eigenen Seins, wie auch die dunklen, dämonischen Welten eures eigenen Seins. Diese beiden Polaritäten mitfühlend, bewusst und liebevoll zu nehmen und zu halten, bedeutet, sie auszubalancieren und die Dunkelheit durch die Kraft und das Licht des Bewusstseins zu heilen. Das ist, wie wir es sehen, die Aufgabe der Evolution im Hinblick auf diese Ebene und eure Dimension. Eure Erde ist in Entwicklung begriffen, steigt zu einem höheren Niveau der Wahrnehmung, der Schwingung und des Bewusstseins auf, und ebenso, Freunde der Erde, verhält es sich mit euch.

Hast du jetzt noch Fragen an uns, Virginia?

Virginia: Nochmals meine Grüße an euch. Meine erste Frage für heute, angeregt durch Informationen in diesem Kapitel, aber auch anderswo, betrifft euren Rat zu dem, was Menschen heute »Psychologie« nennen. Könntet ihr etwas über die derzeitige Wirksamkeit des Einsatzes von Psychologie zu Heilzwecken sagen? Was empfehlt ihr außerdem unseren Beratern und Psychologen zu tun, um Energien als Teil der Prozesse in ihrem persönlichen und beruflichen Umfeld zu verstehen und anzuwenden?

Hathoren: Die Psychologie, die momentan auf der Erde praktiziert wird, ist außerordentlich begrenzt. Ihre Ergebnisse sind sehr begrenzt, und das Verständnis der meisten Psychologinnen und Psychologen ist für unser Verständnis und aus unserer Sicht betrachtet sehr begrenzt. Die Psychologie zielt größtenteils darauf ab, Menschen dazu zu bekommen, sich so an ihre Gesellschaft anzupassen, dass das Individuum so wenig Schwierigkeiten wie möglich bekommt. Die grundlegende Vision, das grundlegende Ziel, ist also einfach das der Anpassung. Und diese Anpassung erfolgt an eine Gesellschaft, die in wesentlichen Zügen das menschliche Potenzial unterdrückt. Der Mensch hat, was seinen Selbstausdruck und sein emotionales und geistiges Erleben angeht ein weitaus größeres Potenzial, als von den meisten psychologischen Richtungen wahrgenommen. Viele psychologische Strömungen befassen sich mit Bewusstseinsbereichen, die auf Sprache basieren, was viel Reden erfordert, und richten sich sehr wenig darauf aus, fundamentale *energetische* Probleme zu lösen.

Seht ihr – alles, was im Körper und den feinstofflichen Feldern als Verzerrung, als Schmerz oder als Trauma festgehalten wird, hat eine energetische Komponente. Von daher kann man reden und reden, und doch wird sich nichts Grundlegendes ändern, da die Energetik nicht mit einbezogen wurde. Wir würden also sagen, wenn Individuen, die auf diesem Gebiet tätig sind, sich und ihr Repertoire erweitern möchten, um effektiver in ihrer Heilarbeit zu werden, so sollten sie die Energetik der Emotion und der geistigen Verfassungen in ihre Methodik einbeziehen – sodass sie mit ihren Klienten direkt die Emotionen und die Energetik dieser Emotionen angehen können.

Wird auf die Energetik einer Situation eingegangen, so löst sich das Trauma, das Unbehagen, und Nervensystem und Verhalten erreichen wieder einen Zustand der Balance und Ausgeglichenheit. Das wiederum erhöht das individuelle Wohlbefinden. Und von diesem stabilen Fundament aus kann man dann die höheren mystischen, spirituellen Bewusstseinszustände erreichen, die größere Effektivität für den im Aufstieg begriffenen Menschen mit sich bringen. Ohne den emotionalen Zustand und seine energetischen Komponenten anzugehen, umgeht man schlichtweg das Problem.

Noch schlimmer ist der Einsatz von Medikamenten zur Unterdrückung der Energien. Da es möglich ist, das Gehirn chemisch so zu verändern, dass emotionale Probleme tatsächlich unterdrückt werden, wird die betreffende Person von dem Medikament abhängig, das einen Schwebezustand, quasi den Zustand eines durch die Chemie hervorgebrachten Gleichgewichts hervorruft. Sobald das Medikament jedoch abgesetzt wird, rutscht die Person ins Chaos zurück, da die ursprünglichen Energien fortbestehen – es ist also keine Lösung. Es macht die Sache nur noch schlimmer. Es besteht eine Beziehung zwischen der Chemie des Gehirns und der Energetik von Emotion und Gedankenformen und Überzeugungen, doch die diesbezügliche Wissenschaft steckt auf der Erde noch in den Kinderschuhen. Die Methoden, die ihr nun einsetzt, um die Gehirnchemie mit Medikamenten unter Kontrolle zu bringen, sind so, als würde man mit Kanonen auf Spatzen schießen. Man muss feinsinniger dabei vorgehen, sachter und dezenter.

Virginia: Danke. Könntet ihr etwas zu älteren Praktiken wie etwa der Elektroschocktherapie sagen, bei der Strom und andere Hilfsmittel verwendet wurden?

Hathoren: Derartiges ist schlichtweg verheerend für das Energiefeld einer Person, ihr Nervensystem, und es erzeugt Spalten und Risse in ihrem feinstofflichen Körper. Da der ätherische Körper dadurch geschädigt wird, insbesondere das *Ka,* der Pranaleib, ist Elektroschocktherapie eine sehr, sehr schlechte

Wahl. Mitunter gibt es eine Gelegenheit, wo sie effektiv ist bei der Unterdrückung bestimmter Emotionen, wenn alles andere versagt hat. Aber in der Psychologie eurer Tage versteht man nicht wirklich, warum Elektroschocktherapie manchmal funktioniert. Man hat beobachtet, dass sie gelegentlich tatsächlich hilft. Oft jedoch bewirkt sie, dass die behandelte Person danach ohne Erinnerungsvermögen ist und andere Probleme in ihrem energetischen Feld hat, die nicht festgestellt werden, da die Beobachter nicht sensibel genug sind, um zu spüren, was mit der Aura geschehen ist. Der Grund dafür, dass eine Elektroschocktherapie überhaupt funktioniert, ist der, dass es dann, wenn es eine Bolusinjektion oder ein Ansteigen von Energie in das Gehirn und seine biochemischen Stoffe gibt, so ist, als sei etwas explodiert, und das Gehirn pendelt sich danach auf eine andere Art Gleichgewicht ein als zuvor. Mitunter ist dieses Gleichgewicht besser, und manchmal ist es schlechter, aber es ist allemal eine sehr armselige, ungeschickte und rohe Methode, die Chemie des Gehirns und seine Aktivität zu ändern.

Virginia: Danke. Seht ihr denn dann überhaupt irgendeinen Sinn im Einsatz elektromagnetischer Energien bei der emotionalen Heilung?

Hathoren: Ja, und das wird in den nächsten Jahrzehnten deutlicher werden. Man wird viel stärker auf Klang zurückgreifen, um emotionale und mentale Probleme zu behandeln, und auch auf Elektromagnetik, und natürlich wird man den diesbezüglichen Einsatz von Magneten zunehmend besser verstehen.

Virginia: Ihr habt das Wohlbefinden erwähnt. Wie kommt es, dass ein schlechter Gesundheitszustand des physischen Körpers sich auf unsere Bemühungen auswirkt, diese beiden inneren Polaritäten ins Gleichgewicht zu bringen, von denen ihr hier im Kapitel »Der Dreh- und Angelpunkt« sprecht?

Hathoren: Wenn die Vitalität des *Ka* nicht stark genug ist, so kann man energetische Polaritäten nicht ausbalancieren, und genauso wenig kann man in vollem Umfang von den Initiationsmöglichkeiten in seinem eigenen Leben Gebrauch machen. Ist man matt und erschöpft, so kann man sich einfach nicht konzentrieren; es ist unmöglich. Man muss schlafen oder sich ausruhen, um neue Energie zu tanken, bevor man sich wieder konzentrieren kann.

Virginia: Wenn es dann also zu einem chronisch-degenerativen Zustand kommt, wie ihn viele Menschen auf diesem Planeten erleben, insbesondere in den hochgradig technisierten Ländern, welchen Rat oder welche Empfehlungen habt ihr da für uns, wie wir am besten diese inneren Polaritäten ausbalancieren?

Hathoren: Das ist ein umfassendes Thema, und in der Praxis würde man die Maßnahmen auf den einzelnen Menschen zuschneiden, statt globale, generelle Informationen weiterzugeben. Wir werden jedoch hier einige grobe Pauschalangaben einbauen, weil wir uns ja bemühen wollen, deine Frage zu beantworten. Wie schon zuvor gesagt, sinkt derzeit die Vitalität des Planeten durch einen Verlust an Mineralien und eine Abnahme des Sauerstoffs. Was ihr also auf der biologischen Ebene tun könnt ist, euren Mineralien- und Sauerstoffspiegel zu erhöhen. Diese Erhöhung wird bei vielen Symptomen Abhilfe schaffen, die Menschen derzeit an sich erleben. Neulich haben eure Wissenschaftler etwas entdeckt, das als kolloidale Mineralien bezeichnet wird und sich in dieser Hinsicht als sehr hilfreich erwiesen hat.

Zudem gibt es Produkte und Substanzen, durch die sich die Sauerstoffversorgung eures Körpers verbessert. Mehr lebendige Nahrung zu sich zu nehmen, wird den ganzen Prozess unterstützen, insbesondere, wenn ihr Sprossen und die noch nicht ausgewachsenen Blätter von jungem, zartem Blattgemüse esst. Sie enthalten sehr große Anteile an komplexen Proteinen und Mineralien, die euch bei diesem Prozess unterstützen. Mehr lebendige Nahrung mit intakten Enzymen zu sich zu nehmen, trägt also zur besseren Mineralisierung bei und erhöht die Sauerstoffaufnahme. Dazu muss eure Erde natürlich gesund und unverseucht sein, und das Gleiche gilt für das Wasser.

Auf der physischen Ebene sind dies ein paar Dinge, die euch enorm helfen werden. Aber es ist ein synergetischer Prozess, zu tun, was ihr könnt, um eure Vitalität zu erhöhen, einschließlich einer Klärung und Höherentwicklung eurer Überzeugungen und eures Miteinanders mit anderen. Wenn ihr das *Ka,* die Lebenskraft, stärkt, so werden auch andere Aspekte eures Bewusstseins gestärkt. Ihr habt dann mehr Konzentration, ihr habt mehr Energie und Durchhaltevermögen.

Auf der emotionalen Ebene gibt es noch einen weiteren Aspekt zu bedenken. Denkt daran, dass die Gedankenformen und emotionalen Bewegungen der Energie, die im planetaren Massenbewusstsein zustande kommen, tendenziell Lebenskraft herabsetzen, Lebenskraft herausziehen. Wenn ihr also Sensibilität für die Lebenskraft entwickelt, müsst ihr euch eure Energie bewahren. Eure Lebensenergie ist kostbar, und ihr verschenkt sie nicht einfach an jeden x-beliebigen. Ihr bewahrt sie euch, damit sie euch selbst und Menschen, die euch nahe stehen, förderlich sein kann. Ihr vergeudet die Energie also nicht und macht nicht die negativen emotionalen Muster oder die emotionale Bedürftigkeit anderer zu eurer Sache. Und warum? Weil das zu den Dingen gehört, die schneller als irgendetwas sonst Lebenskraft versickern lassen. So wie wir die Erde erleben, beobachten wir oft einen Missbrauch von Emotionen und einen Missbrauch von emotionaler Bedürftigkeit.

Wie schon zuvor erwähnt, ist dieser Planet eine Schule für Emotionen; er ist also ein hochgradig emotionaler Ort, wo es

Emotionen in Hülle und Fülle gibt. Und dies wird nur noch zunehmen, wenn der Planet, und dieses gesamte Gebiet des Sonnensystems, immer schneller schwingt. Wer also seine eigene Energie weggibt, um sich »um andere zu kümmern«, wird merken, wie seine Energie bald erschöpft ist. Die Erschöpfung der Energie entspringt direkt eurem *Ka*. Wenn ihr sensibler für Energie im Allgemeinen und eure eigene Energie im Besonderen werdet, könnt ihr es spüren, wenn jemand an eurer Energie zehrt oder wenn ihr Energie weggebt. Ihr werdet euch matt und ausgelaugt fühlen.

Virginia: Ist das also eine Warnung an uns alle?

Hathoren: Mit Sicherheit. Es ist ganz besonders eine Warnung an all diejenigen unter euch Menschen, die *sich um das emotionale Wohlergehen anderer kümmern*. Man kann sich emotional so sehr aus vollen Zügen um einen anderen Menschen kümmern, dass nichts mehr für einen selbst übrig bleibt, und das ist keine spirituelle Erleuchtung oder Errungenschaft. Es ist einfach ein Missbrauch von Energie. Es mag von einem Ort des Mitgefühls herrühren, daher, dem anderen helfen zu wollen, aber wenn ihr ausgelaugt werdet bei diesem Prozess, habt ihr euch selbst Schaden zugefügt, eurem *Ka,* eurer eigenen Vitalität, und das ist nicht gut.

Virginia: Einverstanden. Und wir wissen diese Botschaft zu schätzen. Was nun eure Erklärung zum Dreh- und Angelpunkt angeht, so ist es meiner Erfahrung nach so, dass viele der jungen Leute heute noch nie auf einer Wippe auf dem Spielplatz gesessen haben. Meine Frage lautet also, ob es noch einen anderen Vergleich gibt, den wir verwenden können, um zu erklären, was es mit dem Dreh- und Angelpunkt auf sich hat?

Hathoren: Wir würden sagen, wer noch nicht erlebt hat, wie es ist, auf einer Wippe zu sitzen, sollte es auf jeden Fall ausprobieren! Wir können jedoch einen Vergleich aus der Computerwelt anbieten. Der Joystick ist ja ein Hilfsmittel, das viele benutzen, wenn sie Computerspiele spielen. Wer schon einmal ein Computerspiel gespielt hat, wird genau wissen, was wir meinen. Zieht man den Joystick nach links, so macht das kleine Bild oder die Figur auf dem Bildschirm irgend etwas, und zieht man ihn nach rechts, macht sie das Gegenteil. Ihr habt also zwei Polaritäten: nach links habt ihr die eine Handlung, nach rechts eine andere, und es wird dabei das gleiche Prinzip angewendet. Ihr könnt zwischen links und rechts vor und zurück pendeln und habt so zwei gegensätzliche Handlungsoptionen.

Virginia: Ja. Danke für das Beispiel. Hat es denn schon jemals eine Zivilisation oder Kultur hier auf der Erde gegeben, die tatsächlich ein Gleichgewicht am Dreh- und Angelpunkt erreichte?

Hathoren: Ja, so etwas hat es gegeben. Man muss sich jedoch darüber im Klaren sein, dass wir es, wenn wir uns mit Zivilisationen befassen, mit Individuen zu tun haben, und innerhalb der Bevölkerung einer Zivilisation habt ihr vielleicht hunderttausend, die eine Stellung erreicht haben, die dem Gleichgewicht am Dreh- und Angelpunkt entspricht, und drei Millionen, bei denen das nicht der Fall ist. Ein generelles Prinzip würde jedoch lauten, dass dann, wenn niemand in einer bestimmten Kultur einen Hebeldrehpunkt erreicht hat, an dem die beiden Seiten im Gleichgewicht sind, diese ganze Kultur per definitionem in Chaos versinken würde. Es muss also Klarheit darüber bestehen, dass der Dreh- und Angelpunkt etwas ist, das von Individuen erreicht wird, nicht von der Zivilisation. Nur wenn genug Individuen zusammengekommen sind, die innerhalb einer kulturellen Strömung ihr Gleichgewicht erlangt haben, kommt die Zivilisation zu einem ausbalancierten Dreh- und Angelpunkt. Eine generelle Stimmung der Stabilität fand sich im Goldenen Zeitalter Ägyptens, im Goldenen Zeitalter Griechenlands, in Lemurien, und sogar Atlantis hatte ein gewisses Niveau und Gleichgewicht erreicht, bevor man dort zu kopflastig wurde.

Virginia: War das in Ägypten zur Zeit von Thot?

Hathoren: Ja, es war in der Zeit von Thot.

Virginia: Heißt das also, dass die Hathor-Zivilisation, von der ihr ja sagt, sie sei aufgestiegen, gar nicht gleichzeitig entstand? Oder lasst mich einfach nur fragen, wie ihr eure derzeitige aufgestiegene Zivilisation erklärt, wenn es darum geht, dass ihr ja irgendwann eine Art von ausbalanciertem Dreh- und Angelpunkt erreicht haben müsst?

Hathoren: Das ist eine höchst faszinierende Frage, die uns noch nie jemand gestellt hat, obwohl sie sehr naheliegend scheint. Wir würden nicht sagen, dass wir gleichzeitig in den aufgestiegenen Zustand gelangten, obwohl es dem nahe kam. In dem Moment, in dem wir durch das Sirius-Portal in diese Dimension eintraten, waren wir bereits eine aufgestiegene Zivilisation. Wir kamen als Aufgestiegene Meister hier her. Der Grund, warum wir gebeten wurden, bei diesem Aufstiegsprozess mitzuwirken, war der, das wir auf unserem Planeten auf ähnliche Weise auf eine höhere Ebene gelangt waren, wenn auch nicht exakt genauso, wie es derzeit auf der Erde geschieht. Es gab also eine sehr starke Resonanz, da wir etwas Ähnliches hinter uns hatten.

Virginia: … in eurem eigenen Universum?

Hathoren: Ja, wie erwähnt, war dieses Universum jenseits des Sirius, der ein Portal zu dieser Dimension darstellt. Tatsache ist, dass wir uns in einer anderen Dimension, einem anderen Universum befanden, bevor wir hierher kamen.

Virginia: Die Erfahrung, die ihr gemacht habt, indem ihr eure eigene emotionale Natur zu meistern lerntet – das war also der Grund für euren Aufstieg, eure Akkreditierung?

Hathoren: Ja. Ja, unsere Referenzen. Wir gelten als Meister der Liebe und des Klangs, und der Grund dafür, dass wir Meister der Liebe sind, ist der, dass wir den Emotionalkörper ins Gleichgewicht gebracht und uns im Großen Mysterium verankert haben. Es entspricht dem Potenzial aller Menschen, in Liebe verankert und im Gleichgewicht zu sein, denn Liebe ist die höchste kohärente Emotion, die Menschen hervorbringen können. Sie ist ein wunderbarer Fokus und wunderbarer Balancepunkt im menschlichen Emotionalkörper. Was sich nun abspielt, ist, dass infolge der unterschiedlichen Gedankenformen, Überzeugungen und Sichtweisen der mehreren Milliarden Menschen eine Vielzahl von Emotionen ausgespielt werden. Dies ruft alle erdenklichen emotionalen Reaktionen hervor.

Nichtsdestoweniger geht es für euch, was die menschliche Evolution angeht, in Richtung Liebe – euer Potenzial, kontinuierlich auf allen Bewusstseinsebenen die Emotion der Liebe zu erfahren. Das ist etwas, was wir erlangt haben, deshalb haben wir uns auf euch ausgerichtet, und deshalb beobachten euch derzeit Wesen aus anderen Sphären im ganzen Universum. Sie können eure Situation und eure emotionalen Reaktionen beobachten, obwohl manche der Wesen, die euch zusehen, selbst keine Empfindungen und Gefühle haben. Sie sehnen sich danach, das zu haben. Es ist für sie etwas, das ihnen fehlt, und das Komische ist, dass viele Menschen genau dem aus dem Weg gehen, was diese Wesen wünschenswert finden, nämlich Empfindungen und Gefühle.

Virginia: Habt ihr eine Erklärung dafür, warum die Erde eine Schule ist, in der man die Emotion Liebe erlernt?

Hathoren: Nun, das geht auf die Anfänge zurück und hat mit der Entwicklung der Erde und ihrer Position zur physischen Sonne zu tun. Hier auf der Erde ermöglichte die Entwicklung der Vegetation und des Sauerstoffs, der von ihr abgegeben wird, wie ihr ja wisst, die Entstehung von Leben. Und es besteht eine zentrale Beziehung zwischen Emotion und Sauerstoff, wie eure Atemarbeit, die von den Yogis *Pranayama* genannt wurde, beweist. Das Atmen zu ändern, um Emotionen ins Lot zu bringen, gründet auf genau diesem Verständnis, dass Sauerstoff und Lebenskraft, *Prana,* eine unmittelbare Beziehung zu Emotionen aufweisen. Ihr habt also einen Planeten, der ein Umfeld hervorgebracht hat, das hochgradig förderlich für das Erleben von Emotionen ist, was viele intergalaktische Kulturen und Zivilisationen recht früh erkannten. Es sprach sich von daher herum, und Seelen inkarnierten sich freiwillig, um diese Chance erleben zu können.

Virginia: Das ist sehr interessant. Ich habe geahnt, dass ihr uns hierzu mehr Klarheit verschaffen würdet. Fällt euch noch etwas ein, das ihr gerne hinzufügen würdet?

Hathoren: Nein, nicht zum Dreh- und Angelpunkt.

Virginia: Dann danken wir euch.

10

Klang als Schlüssel

Alle Dinge im manifesten Universum sind ihrem Wesen nach Schwingung. Eure Wissenschaft ist noch dabei, diese Wahrheit zu entdecken: dass alles, was existiert, auf Schwingung basiert, dass alle Dinge Klang oder Schwingung sowie eine Form aufweisen, und dass alle Formen und Schwingungen wechselseitig austauschbar sind. Es besteht eine direkte Beziehung zwischen der Form von etwas und seiner Schwingungsfrequenz. Aus unserer Perspektive seid ihr komplexe miteinander verwobene Energiefelder, darunter auch Licht und Klang. Die einzelnen Zellen, aus denen sich die Organe und Systeme eures Körpers zusammensetzen, geben Klangschwingungen ab (Frequenzen), die komplex sind und eine Verbindung zu anderen Zellen aufnehmen, was zellulare Resonanzen hervorruft. Tatsache ist: *Das gesamte Universum eures Körpers ist eine wandelnde Sinfonie.* Das ist keine Metapher, denn ihr seid ein strahlendes Oval aus einer Kaskade von Energie, das eine multiple Kaskade von Klangresonanzen erzeugt. Euer Körper ist zum Beispiel ein stehendes Wellenmuster, das durch viele Kräfte entsteht, und diese diversen stehenden Wellen, aus denen sich euer Körper zusammensetzt, weisen eine Resonanz zur Erde auf – und werden von daher von der Resonanz der Umschichtungen beeinflusst, die eure Erde durchmacht.

Derzeit durchlebt die Erde eine wichtige Übergangsperiode, in der sich ihre eigenen Resonanzen und Schwingungen ändern und einem neuen Zustand des Gleichgewichts entgegen gehen. Von daher befinden sich die Resonanzfelder eures Körpers im Übergang zu einem neuen Niveau der Balance von der subatomaren über die atomare bis zur zellularen Ebene hinauf und beeinflussen eure Organe und Systeme. Dies erzeugt in biologischer Hinsicht innerlich immensen Stress, der als physische Prüfungen zum Ausdruck kommt, die mitunter die Form von Erkrankungen annehmen und mitunter die von Müdigkeit oder Unruhe. Auf emotionalem Gebiet äußert er sich in Form von emotionaler Instabilität.

Emotionen haben ebenfalls Klang und Schwingung, denn sie sind eigentlich ein Phänomen, das sich auf vielen Ebenen abspielt, bestimmte neurologische Abläufe im Gehirn inbegriffen. Die hormonellen Reaktionen in eurem Körper hängen ebenfalls mit Veränderungen der Emotionen zusammen. Emotionen bewirken Veränderungen im Atemmuster und beim Sauerstoffgehalt des Blutes sowie Veränderungen in der chemischen Zusammensetzung des Blutes. All diese Veränderungen erzeugen eine bestimmte Harmonik. Diese Schwingungsveränderungen lassen sich nachweisen, und eure Wissenschaft steht kurz vor dieser Entdeckung. Ihr werdet bald herausfinden, dass alle Emotionen eine bestimmte Klang- oder Schwingungshandschrift tragen. Von daher wird man dazu gelangen, sämtliche Emotionen als etwas ganz Ähnliches wie musikalische Akkorde zu sehen, von denen einige melodisch und beruhigend sind, andere hingegen nervtötend und eine Kakaphonie.

Zutreffend ist auch, dass der Klang oder die Handschrift der Emotion in Resonanzfeldern in bestimmten Regionen eures Körpers gespeichert wird. Damit meinen wir, dass eine Emotion wie Ärger und seine Klanghandschrift eine bestimmte Qualität aufweisen wird – ein bestimmtes Timbre, eine bestimmte Tonhöhe, eine bestimmte Intensität. Diese Klanghandschrift wird *in einer fest umrissenen Körperregion* aus den Zellen, der zellularen Resonanz des Körpers aufsteigen. Viele Menschen spüren ihren Ärger im oberen Brustkorbbereich sowie an der

Peripherie der Arme. Traurigkeit wird oft in der Herzgegend erfahren sowie in den Augen oder um diese herum. *Jede Emotion oder emotionale Reaktion hat also einen Ursprungsort innerhalb der innerzellularen resonanten Zonen des Körpers.* Und diese emotionalen Reaktionen oder Muster haben spezifische Auswirkungen im Hinblick auf Chemie und elektromagnetische Feldmuster des Körpers.

Die Unterdrückung von Emotionen ist also nicht gesund. Das »In-Sich-Hineinfressen« von Emotionen, um es in euren Worten auszudrücken, bewirkt eine regelrechte Gegenreaktion innerhalb der Biochemie des Körpers. Da wir euch in erster Linie als Energiekörper oder leuchtende Eiformen sehen, von denen eine Kaskade von Klang- und Schwingungsresonanzen ausgeht, fällt uns auf, dass dann, wenn ihr Emotionen vorsätzlich unterdrückt, die Klanghandschrift tiefer in die Zellstruktur des Körpers hineinwandert. Wandert genug Resonanz dort hinunter und wird immer wieder unterdrückt, sodass diese Emotion oder Energie tief in den Zellen festgehalten wird, so kann das regelrecht negative Auswirkungen haben. Euer physischer Körper wird Symptome hervorrufen, die mit diesen nicht ausgelebten Emotionen zusammenhängen. So zum Beispiel kann Wut infolge einer wiederholten Unterdrückung emotionaler Energie in körperliche Symptome umgesetzt werden.

Bei unseren Ausführungen zu diesem zentralen Thema werden wir drei Bereiche oder Ebenen erläutern, die etwas mit Klang oder Schwingung zu tun haben. Der erste, den wir zu erkunden begonnen haben, hat mit Emotionen zu tun, der Handschrift von Emotionen und dem *Ausdruck von Emotionen durch Klang als positiv wirksames Phänomen*, als nützliche Technik, wenn ihr so wollt. Der zweite Bereich hängt mit dem Einsatz von Klang zum Zweck der Aktivierung bestimmter Bewusstseinszustände zusammen, und als Drittes möchten wir beschreiben, *wie Klang oder Schwingung als Möglichkeit genutzt werden können, gezielt Einfluss auf innerkörperliche Vorgänge zu nehmen.*

Damit ihr Emotionen besser versteht, empfehlen wir euch, euch selbst als komplexe, von Resonanz geprägte Energie- und Schwingungsfelder zu begreifen und dabei die Tatsache zu würdigen, dass Emotionen Klangsignaturen haben, die man stimmlich als Seufzer, Gebrüll, Geschrei, Lachen oder sogar einfach nur als Laute zum Ausdruck bringen kann. Dann könnt ihr eurem Bewusstsein den Raum geben, jene Zonen eures Körpers in sich zu umfangen, wo eure Emotionen festgehalten werden, sodass ihr sie leichter loslassen könnt. Wir werden für den Fall, dass euch dieser Prozess nicht vertraut ist, eine Reihe von Experimenten vorschlagen, durch die ihr euch stärker auf diese Wahrheit und die Methode einschwingen könnt, wie ihr zulasst, dass Emotionen durch Klänge ausgedrückt und ausgeräumt werden können. Erinnert euch als Vorbereitung für die nächste Übung an eine Emotion, die ihr regelmäßig an euch erlebt, sei es Ärger, Traurigkeit oder Freude.

Übungen für werdende Meister 5

Lasst die Erinnerung an eine bestimmte Emotion und die mit ihr verbundene Empfindungsreaktion zu. Entspannt euch dann, während ihr die Emotion spürt oder euch an sie erinnert, und lasst euer Bewusstsein dabei das weite interzellulare Universum eures physischen Körpers von Kopf bis Fuß umgeben. Konzentriert euch nun auf die Zonen in eurem Körper, wo ihr diese Emotion erlebt. Sie mag subtil sein, aber dennoch wird es irgendwo in eurem Körper als Resonanz eine Schwingung geben, die die Antwort auf die Emotion darstellt. Lasst zu, dass euer Bewusstsein in diese Zone eures Körpers hineinwandern kann, wo die Emotion wohnt, und atmet dann einmal tief durch, wobei ihr euch gestattet, beim Ausatmen den Laut oder Ton von euch zu geben, der zu der Emotion gehört.

Das ist kein rationaler Denkprozess. Es ist ein vollkommen spontaner, intuitiver, biologischer, physischer Vorgang. Es ist etwas, das ihr ganz natürlich tut, aber manchen Menschen fällt dieser natürliche Vorgang aufgrund dessen, was man ihnen beigebracht hat und wie sie aufgewachsen sind, schwer. Kinder lassen einen spontanen Ausdruck ihrer Gefühle zu, indem sie das, was sie fühlen, durch Weinen, Lachen, Schreien oder andere Laute spontan zeigen, bis sie erfahren haben, dass sie das nicht dürfen und still sein müssen. Der natürliche biologische Impuls ist jedoch der, als Reaktion auf eine besonders starke Emotion Laute von sich zu geben. Für manche unter euch Erwachsenen ist es also sehr wichtig, euch wieder anzutrainieren, das zu tun, was der Organismus des Menschen von Natur aus tut – was sie als Kinder getan haben, bevor man sie konditionierte, still zu sein. Nun wollen wir es euch nicht nahe legen, wieder zum Säuglingsdasein zurückzukehren oder auf eine Weise kindisch zu werden, die störend oder chaotisch ist, aber wir schlagen euch vor, dass ihr euch diesen Aspekt eures natürlichen biologischen Erbes wieder zu eigen macht.

Man kann so einiges zur Wahrung des sozialen Friedens sagen; treibt man sie jedoch zu weit, so wird der Körper den Preis zahlen für die Unterdrückung emotionaler Energie, die an die Stelle des äußeren Ausdrucks tritt. Emotionale Energie kann durch die Stimmbänder bereinigt werden, durch Körperbewegungen oder beides, statt in die interzellularen Resonanzfelder verbannt zu werden, wo sie eine Art von ungesunder zellularer Spannung erzeugt. Stress beginnt, weil die zellularen Felder diese unterdrückte Emotion sowohl als Klang als auch als

Schwingung in sich halten und andere biologische Faktoren ins Spiel bringen, wie etwa die chemischen Veränderungen, die auftreten, wenn man Emotionen knebelt. Stress zu verhindern oder sich von ihm zu lösen, ist ganz einfach, wenn man erst einmal von dem Verfahren weiß, und ihr könnt die Methode anwenden, um negative Emotionen, die tagtäglich aufsteigen, rasch auszuräumen, damit euer energetischer Körper gesund bleibt.

Wenn ihr zum Beispiel, wie wir gesagt haben, etwas erlebt, dass in euch eine emotionale Reaktion hervorruft, könnt ihr mit eurer Aufmerksamkeit gezielt zu der Zone eures Körpers wandern, wo ihr diese emotionale Reaktion verspürt, statt sie zu ignorieren oder zu leugnen. Ihr könnt sogar zulassen, in Berührung mit dem Klang zu kommen, der sich ganz natürlich ausdrücken will, und es dann wagen, den entsprechenden Ton oder den entsprechenden Laut zu produzieren. Ja, lasst die Laute, die zu dieser Emotion gehören, an die Oberfläche treten. Es mag ein Lachen, Grunzen, Stöhnen, Weinen sein; es mag ein Rufen oder sogar ein Schreien sein. Es mögen Töne aus der Tonleiter sein, ein ganz bestimmter Ton, der angestimmt wird, oder andere Klangformen dieser Art. Was es auch ist, lasst zu, dass es sich in seiner ursprünglichen Unschuld ausdrücken kann, ohne es dazu zu zwingen, irgendetwas Bestimmtes zu sein. Das wird regelrecht emotionale Energie aus eurem Feld hinausräumen.

Wir empfehlen euch, diese Klangtechnik regelmäßig einzusetzen, um emotionale Energien zu bereinigen und euer Gleichgewicht herzustellen. Ihr könnt mit diesem Ausdruck von Lauten und Tönen vielleicht in Privaträumen beginnen, wo niemand euch hören oder stören wird. Aber ihr könnt die Töne auch leise geschehen lassen, wann immer sich eine gute Gelegenheit bietet. Das wichtigste dabei ist, euch selbst dazu zu ermutigen, die Emotionen bewusst wahrzunehmen, die ihr durchlebt, und zuzulassen, dass die Klanghandschrift dieser Emotion durch eure Stimme zum Vorschein kommt. Produziert diesen Klang oder diese Geräusche, bis ihr Erleichterung und Klarheit verspürt. Das ist die Technik. Sie ist ganz einfach, und sie funktioniert.

Die zweite Ebene dieses Materials, das wir mit euch besprechen möchten, betrifft den Klang als Mittel, bestimmte Bewusstseinszustände zu aktivieren oder Zugang zu ihnen zu erlangen. Aus energetischer Sicht verfügt jeder Bewusstseinszustand über seine eigene energetische Handschrift, darunter Klanghandschriften innerhalb der einzelnen feinstofflichen Körper und ihre Beziehungen untereinander. Wenn man dann unterschiedliche Bewusstseinszustände durchlebt – sei es Wachen, Schlafen oder die sogenannten Suprazustände des Bewusstseins (d.h. spirituelle Zustände wie *Samadhi* oder andere Meditationszustände) –, so gibt es auch hier spezifische Klang- oder Schwingungshandschriften. Es ist möglich, Klang dazu einzusetzen, Zugang zu diesen unterschiedlichen Bewusstseinszuständen zu erlangen. Es ist eine uralte Wissenschaft, die sich in vielen verschiedenen Traditionen auf eurem Planeten zurückverfolgen lässt, bei denen präzise festgelegte Laute (mitunter auch Mantras genannt) als Schlüssel verwendet wurden, um bestimmte Ebenen der Wahrnehmung und des Bewusstseins zu erschließen.

Da Klang eine uralte Wissenschaft aus derart vielen unterschiedlichen kulturellen Traditionen und Zeiten darstellt, würde es den Rahmen unserer Darstellung sprengen, auf dieser aufzubauen oder Kommentare zu diesem extrem umfassenden und komplexen Gebiet abzugeben. Wir können euch jedoch einige simple Anregungen geben, wie ihr den Klang einsetzen könnt, um Zugang zu verschiedenen Bewusstseinszuständen zu bekommen, da das ähnlich funktioniert wie beim Ausräumen von Emotionen.

Übungen für werdende Meister 6

Erteilt euch nun selbst die Erlaubnis, innezuhalten und ein tiefes Gefühl des Friedens zu empfinden. [... Pause ...] Gestattet euch einfach, den Ton oder Laut zu machen, der das Gefühl des Friedens in euren Augen am besten zum Ausdruck bringt.
Was für einen Ton oder Laut habt ihr hervorgebracht? Wiederholt ihn nun, und merkt ihn euch für den zukünftigen Gebrauch. Wenn ihr unter Stress steht, könnt ihr einfach diesen friedvollen Ton oder Laut hervorbringen und euer Bewusstsein wieder auf Frieden richten.
Immer wenn ihr in eurem Alltag nützliche Bewusstseinszustände erfahrt, die ihr besonders hilfreich findet, lasst lediglich zu, dass eure Aufmerksamkeit sich auf die Wahrnehmung dieses Bewusstseinszustands richtet, und erlaubt, dass aus diesem Zustand ein Ton oder Geräusch, oder auch mehrere, auftauchen. Lauscht auf die Töne, die ihr hervorbringt. Die Töne, die ihr in diesem Bewusstseinszustand von euch gebt, werden die Klanghandschrift selbst spiegeln. Das macht es euch möglich, jederzeit wenn ihr es wollt, wieder Zugang zu diesem ganz bestimmten Bewusstseinszustand zu erlangen.

Es gibt also zwei Elemente, die euch den Zugang zu bestimmten Bewusstseinszuständen ermöglichen werden, und sie sind eine Kombination des *gefühlsmäßigen Erlebens* eines Zustands und seiner *Klanghandschrift*. Würdet ihr meditieren und einen tiefen Zustand innigen Friedens und inniger Stille erreichen, so könntet ihr in diesem Augenblick die Intention haben, dieses Gefühl in euch zu integrieren und dann zulassen, dass durch eure Stimme ein Ton oder mehrere Töne hervorgebracht werden. Den Geräuschen oder Tönen zu lauschen, die ihr hervorbringt, während dieses Gefühl in eurem Bewusstsein ist, ist ein wirksames Mittel, diese Erfahrungen im Gedächtnis zu verankern, sodass ihr sie in der Zukunft jederzeit wieder präsent haben könnt. Beides zusammengenommen ist außerordentlich wirksam, da alle Gefühle auch Klanghandschriften tragen und ihr lediglich zwei Elemente einer essenziellen, fundamentalen Beziehung in euer Bewusstsein rückt.

Es ist wunderbar stärkend, einen positiven Zustand, den ihr in der Vergangenheit erlebt habt, in den aktuellen Augenblick zurückzubringen. Wenn ihr also während der ursprünglichen Erfahrung ein Bewusstsein der Empfindungsreaktion in euch selbst zulassen könnt, zusammen mit der Klangsignatur, so könnt ihr diesen Bewusstseinszustand einfach dadurch, dass ihr euch wieder an ihn erinnert und die Töne hervorbringt, von Neuem erstehen lassen. Das ist eine ganz einfache Technik, und wie die erste funktioniert sie außergewöhnlich gut. Was diese Tätigkeit jedoch erfordert, ist eine Wertschätzung und meisterliche Beherrschung eurer selbst als komplexe Resonanz- und Schwingungsfelder, die sich als Empfindungen, Emotionen und Klang ausdrücken. Die passende Kombination herauszufinden und auszudrücken, die dem von euch gewünschten Effekt oder dem Ergebnis entspricht, mit dem ihr euch näher befassen und das ihr erfahren wollt, ist ein Schritt weiter in Sachen erweitertes Bewusstsein.

Die dritte Weise, wie Klang ein wertvoller Bewusstseinsschlüssel sein kann, hängt mit dem Vermögen von Tönen oder Schwingungen zusammen, sich auf körperliche Vorgänge auszuwirken, insbesondere auf physische Prozesse innerhalb des Körpers, die der Heilung dienen. Es ist in der Tat möglich, physische Prozesse in eurem eigenen Körper oder dem Körper eines anderen Menschen durch die Töne zu beeinflussen, die ihr als Antwort auf die Intention in eurem Bewusstsein hervorbringt.

Klangschwingungen können tatsächlich die Resonanzfelder innerhalb interzellularer Prozesse bis zur genetischen Ebene hinab beeinflussen, sogar bis in die atomare und subatomare Ebene hinein. Der Schlüssel ist der rechte Einsatz von Intention, Bewusstsein und Klang. Das ist die Triade, die es euch ermöglichen wird, tatsächlich die physische Materie mittels des Bewusstseins zu beeinflussen, das sich durch Klang ausdrückt. Das ist ein weites Gebiet, und es besteht kein Raum dafür, in der kurzen Zeitspanne, die uns hier zur Verfügung steht, darauf einzugehen. Es ist jedoch möglich, bei eurer Arbeit auf diesem Gebiet mit dem anzufangen, was wir euch bereits gegeben haben. Bei der Beschäftigung mit diesem Bereich werden für euch neue Erkenntnisse dazu kommen.

Es ist im Grundsatz wichtig, sich daran zu erinnern, dass alle Materie, unabhängig von der Form, die sie annimmt, ihrem Wesen nach im Kern Schwingung ist. Durch Einsatz der richtigen Schwingungen ist es von daher möglich, diese Form als Antwort zum Schwingen oder Vibrieren zu bringen. Mit Hilfe der Aufmerksamkeit ist es unter Zuhilfenahme der Intention und des Klangs eurer eigenen Stimme möglich, jede Ebene der manifesten Wirklichkeit zu beeinflussen. Das ist ein Geburtsrecht von euch, doch meistert ihr es erst, nachdem ihr eurer Bewusstsein genug erweitert habt, um so starke, klare Intentionen zu erzeugen, dass die Klänge, die ihr entstehen lasst, hinreichend präzise sind. Kommen diese Schwingungen zusammen, so habt ihr eine mächtige Kraft, die buchstäblich auf jeder Ebene den physischen Zustand verändern kann, so unglaublich das manchen auch vorkommen mag. Es ist unser Wunsch, alle Menschen anzuregen, diese grundlegenden Eigenschaften des Klangeinsatzes und der Klangheilung zu verstehen und in ihren Alltag zu integrieren.

So, Virginia, hast du Fragen an uns?

Virginia: Wir haben hier viele Menschen, die uns sagen, sie würden es nicht spüren, wo in ihrem Körper eine Emotion festgehalten wird. Sie aufzufordern, einen Ton oder Laut hervorzubringen, um eine Emotion auszudrücken, die sie gar nicht lokalisieren können, ist von daher eine ziemliche Aufgabe. Was gibt es hierzu von eurer Seite anzumerken oder was könnt ihr ihnen raten?

Hathoren: Diese Menschen würden davon profitieren, sich körperlicher Empfindungen bewusst zu werden. Was hier geschieht, ist ja lediglich, dass das Bewusstsein, das sich einer Sache ganz detailliert bewusst sein kann, etwas anderes, das sich abspielt, absolut gar nicht wahrnehmen muss. Ihr atmet zwar jetzt, aber ihr seid euch dessen vielleicht nicht unbedingt bewusst. Es geschehen im Körper also durchaus Dinge, ohne dass sie uns bewusst sind. Wenn ihr nicht in der Lage seid, die subtilen Empfindungen der Emotion zu erfahren, so beginnt einfach euer Bewusstsein darin zu schulen, ganz gezielt den Körper wahrzunehmen, sodass die Empfindung deutlich wird. Hier folgen mehrere Anregungen von uns.

Eine wäre die, dass die entsprechende Person einmal tief einatmet, dann ausatmet, und dann den Atem draußen bleiben lässt. Richtet eure Aufmerksamkeit auf die Lungen und spürt, wie sich eine Empfindung aufbaut, während sich die Lungen danach sehnen, den nächsten Atemzug zu tun. Es entsteht eine Spannung in den Lungen und im gesamten Brustkorb. Diese Spannung wird immer mehr zunehmen, bis die Lungen schließlich den notwendigen ersten Atemzug tun. Wir würden euch vorschlagen, diesen Atemzug so lange hinauszuzögern, bis ihr wirklich nicht länger die Luft anhalten könnt. Tut den Atemzug dann und spürt, wie der Atem in die Lungen einströmt. Spürt die Erleichterung, die die Lungen und der Brustkorbbereich verspüren, wenn der Atem einströmt. Tut das mehrere Male. Praktiziert es, wenn ihr möchtet, als regelmäßige kleine Übung, um Anspannung bewusst wahrzunehmen, denn die Polarität der körperlichen Empfindungen drückt sich auf unterschiedlichen Ebenen als Anspannung oder Entspannung aus. Eine Emotion im Körper wird also als Anspannung oder Entspannung erlebt. Es wird auch noch weitere Qualitäten geben, und wenn sich jemand der subtilen physischen Empfindungen bewusst wird, wird sich der Sitz der Emotion im Körper offenbaren.

Virginia: Was empfehlt ihr Menschen, denen es sehr peinlich ist oder die sich davor fürchten, solche einzigartigen Laute von sich zu geben – vor allem, wenn sie sich nicht für musikalisch oder stimmlich begabt halten?

Hathoren: Sie müssen verstehen, dass Töne zuzulassen oder hervorzubringen nichts mit musikalischen Fähigkeiten, einer schönen Stimme oder irgendetwas dieser Art zu tun hat. Es ist der organisierte Ausdruck von Energie durch die Stimme, der viele positive Auswirkungen hat. Das Stimmzentrum im Halschakra dazu zu verwenden, Energie auszudrücken und ins Gleichgewicht zu bringen, bringt einen Nutzen, der die Peinlichkeit bei weitem wettmacht. Wenn Menschen das Gefühl haben, keine Töne hervorbringen zu können, wenn sie mit anderen zusammen sind, so schlagen wir ihnen vor, sich irgendwohin zurückzuziehen, wo sie allein sind. Viele sind beim Autofahren allein, und das ist ein hervorragend geeigneter Ort, um Töne zu machen – oder in einem Raum, wo sie unbeobachtet sind. Aber wir würden sagen, dass sie so lange üben sollten, bis sie mit dem Klang ihrer eigenen Stimme gut zurechtkommen.

Peinlich berührt zu sein, wenn es um das Geräuschemachen geht, ist im Wesentlichen ein emotionales Problem – ein energetischer Block –, denn der Fluss der kreativen Energie, wenn er ins Halschakra hinaufwandert, will durch Worte und das Vermögen, durch das Wort schöpferisch tätig zu werden, zum Ausdruck gebracht werden. Hält man sich aus Peinlichkeit zurück, Töne zu produzieren, liegt das wahrscheinlich an zurückliegenden Erfahrungen damit, »mundtot« gemacht, unterdrückt oder ins Unrecht gesetzt worden zu sein, wenn man etwas ausdrückte. Es kann ein ganzes Muster sein, das damit zusammenhängt, seine eigene Wahrheit, seine Energie, auszudrücken. Diese Art von emotionaler Blockade muss aufgelöst werden, denn wenn man nicht gewillt ist, mit seinen Stimmbändern Töne zu produzieren, entscheidet man sich damit, die eigene Energie in ein Korsett zu zwängen.

Virginia: Ist das mit dem Stottern verwandt?

Hathoren: Ja, es gibt da eine direkte Beziehung.

Virginia: Auch hier handelt es sich also um eine Unterdrückung von etwas oder ein Sich-Zurückhalten?

Hathoren: Ja.

Virginia: Soweit ich weiß, hören Stotterer, wenn sie in einem Chor mitsingen oder die Rolle eines anderen spielen, auf zu stottern.

Hathoren: Richtig. Es ist eine emotionale Blockade, die innerhalb der Sprachmuster des Gehirns gespeichert ist. Sobald Sprachmuster ins Spiel kommen und die betreffende Person sie zum Ausdruck bringen muss, wird emotional etwas ausgelöst. Da die tieferen Teile des Gehirns nicht in der Lage sind, das Signal zu verarbeiten, kommt es zum Stottern. Es ist im Kern ein emotionaler Block. Wird die Emotion gelöst, so kommen Nervensystem und Gehirn wieder ins Gleichgewicht, und das Stottern ist kein Problem.

Virginia: Dann könnte es also in der Zukunft Hoffnung geben für einige Stotterer?

Hathoren: Wir würden aus der Warte tieferer Verständnisebenen sagen, dass die meisten Menschen Stotterer sind. Nicht, indem ihr laut stottert, wo andere es hören können, sondern indem ihr mit eurer Wahrheit hinter dem Berg haltet und sie nicht klar aussprecht. Das ist für uns eine Form des Stotterns, und es ist eine emotionale Blockade.

Virginia: Interessant. Nun wird in diesem Kapitel ein Begriff verwendet, den ich wirklich klarstellen möchte. Könntet ihr einmal ganz genau sagen, was mit »Klanghandschrift« gemeint ist?

Hathoren: Ja. Die Handschrift eines Klangs ist das Gleiche wie eine Signatur auf Papier. Wenn ihr zum Beispiel bei eurer Bank einen Scheck unterschreibt, und die Unterschrift deckt sich mit der hinterlegten, so passen sie zueinander, und das Konto steht euch wie von Zauberhand offen. Ihr könnt euch jedoch sogar korrekt ausweisen können, aber eure Unterschrift passt nicht zur hinterlegten, und die Bankangestellten gewähren euch keinen Zugriff auf das Konto, ihr könnt nichts abheben. Das Gleiche gilt für Klanghandschriften oder -signaturen. Alle Emotionen, alle Gedankenformen, Überzeugungen und Energien haben ein Klangmuster, das eine bestimmte Schwingungsfrequenz oder gleich mehrere enthält. Verleiht ein einzelner Mensch diesen Schwingungen oder Klangmustern Ausdruck – manchmal auch mechanistisch –, sodass die Handschrift des Klangs der Ausgangsunterschrift entspricht, so erhält man eine Resonanz. Dann taucht diese Emotion oder Gedankenform im Bewusstsein auf.

Um es genauer zu beschreiben: Es hat zum Beispiel die Traurigkeit eine Klanghandschrift, die von den meisten Menschen erkannt würde: das Weinen. Der Akt des Tränenvergießens, der Laut des Weinens, wird universell als die Klanghandschrift für Traurigkeit, Trauer oder Verlust erkannt, die dann auftritt, wenn diese Emotion sich als Klangmuster ausdrückt. Unterdrückt jemand jedoch seine Traurigkeit, statt sie im entsprechenden Augenblick zu erfahren, so rollt sich der Klang oder die Schwingung energetisch innerhalb des Feldes zusammen und schlummert dort, bis für ihn eine Gelegenheit kommt, sich auszudrücken. Beim erstbesten Anlass rollt sich dann plötzlich die Traurigkeit auseinander, windet sich in einer Spirale nach draußen, und man merkt, dass man mit einem Mal weinen muss. Ihr könnt darauf kommen, dass wohl so etwas passiert sein muss, wenn ihr merkt, dass ihr bei relativ unpassenden Gelegenheiten zu weinen beginnt, etwa wenn ihr etwas im Fernsehen oder Kino seht, das euch berührt. In solchen Momenten wisst ihr, dass die Tiefe des Gefühls weit über das hinausgeht, was bei dem, was ihr da vor euch seht, angemessen wäre. Alles, was dabei geschieht ist, dass der Anblick eine Resonanz erzeugt hat, die aktuelle Gefühlshandschrift hat sich mit der Ausgangshandschrift gedeckt, und nun rollt sich das Gefühl auseinander, es »ent-spiralt« sich und drückt sich aus. So ähnlich werden sich alle unterdrückten Emotionen energetisch im Energiefeld zusammenrollen und dann, wenn ihnen Ausdruck verliehen wird, auseinander rollen.

Wenn die Energien auf eurem Planeten zunehmen, werden in euch selbst und anderen mehr Emotionen ausgelöst, und oft werdet ihr nicht wissen, woher sie kommen oder was sie ausgelöst hat. Oft wisst ihr vielleicht gar nicht, was mit ihnen anfangen! Unser Vorschlag ist, dass ihr euch, wenn eine Emotion aufsteigt, einen geeigneten Ort sucht, den Klang der Emotion zulasst und sie durch euch hindurchwandern lasst. Wenn euch nach Weinen ist, weint, sodass ihr die Energie geklärt habt, dieses Zentrum geklärt habt, das Feld dieser unterdrückten Emotion geklärt habt. Das ermöglicht es euch, energetisch stärker im Gleichgewicht zu sein als zuvor. Wenn eine Emotion aufsteigt, wisst, dass in ihr ein Ton oder Laut ist. Ihr könnt ihn produzieren und euch selbst gestatten, zu fühlen, was auch immer da sein mag – selbst wenn ihr nicht wisst, was es ist –, und dann habt ihr euch selbst bei der Klärung unterstützt. Bei diesem Prozess werdet ihr meistens wenigstens ansatzweise verstehen, worum es bei der Emotion geht.

Virginia: Lasst sehen ... Gibt es so etwas wie eine kombinierte Klanghandschrift, oder gibt es davon nur einzelne? Oder sprechen wir hier von einer Vielzahl von Klanghandschriften, die wir alle auf unsere eigene Weise ausdrücken?

Hathoren: Jeder von uns gibt Dingen Ausdruck. Wir drücken unsere Emotionen auch durch eine emotionale Klanghandschrift aus. Alle Wesen, ob menschliche oder andere, müssen Emotionen als Klang oder Schwingung ausdrücken.

Virginia: Kann man uns an unserer Klanghandschriftenkombination unterscheiden? Ich bin nicht sicher, ob ich die richtige Frage stelle.

Hathoren: Nun, ja. Sagen wir es so: Würdest du gleichzeitig zwei Menschen begegnen, wüsstest aber nicht, wer sie sind – und einer davon wäre ein Aufgestiegener Meister und einer ein Mörder – so bräuchtest du nichts über diese beiden zu wissen, um etwas sehr Unterschiedliches zu spüren, das von den beiden ausgeht. Diese Energiefrequenz wird innerhalb der emotionalen Klanghandschrift ihres jeweiligen Feldes festgehalten. Bei dem Aufgestiegenen Meister werden alle Emotionen im Gleichgewicht sein, sodass die Klanghandschrift die eines vollkommenen Friedens und äußerster Ruhe wäre. Die andere Person hätte aufgrund dieser negativen Emotionen und widerstreitenden Klanghandschriften so viel Aufgewühltheit in sich, dass sie in einem aufgewühlten Zustand wäre.

Virginia: Es ist also die Kombination oder Summe all dieser Emotionen zusammengenommen, an der sich erkennen lässt, wer wir sind. Wurde hiervon je in einer Mysterienschule Gebrauch gemacht?

Hathoren: Oh ja.

Virginia: Könntet ihr rasch etwas dazu sagen?

Hathoren: Wenn sich die Initianden einfanden, um sich vor der nächsten Initiationsphase oder dem nächsten Initiationsritual prüfen zu lassen, tasteten die Priester und Priesterinnen auf genau diese Weise ab. Man untersuchte sie eingehend auf ihre Klanghandschriften, ihr emotionales Gleichgewicht, um herauszuspüren, wo sie im Gleichgewicht waren und wo nicht. Waren sie hinreichend im Gleichgewicht, so erlaubte man den Initianden, zur nächsten Stufe fortzuschreiten. Waren sie nicht genug im Gleichgewicht, so schickte man sie zurück, um an sich zu arbeiten, denn es wäre gefährlich gewesen, sich ohne Gleichgewicht in eine Initiationsphase zu begeben.

Virginia: Erwirbt die Menschheit nun durch die Beseitigung negativer Emotionen eine höhere Klanghandschrift, die eine Beförderung in höhere Sphären erlaubt?

Hathoren: Absolut, ja. Wir würden sagen, vom Geist her ist das, was du gesagt hast, wahr – doch um genau zu sein: Negative Emotionen werden nicht beseitigt, sondern umwandelt.

Virginia: Danke. Bitte mehr dazu.

Hathoren: Viele Menschen sind der Überzeugung, dass negative Emotionen auszumerzen seien, und das trifft nicht wirklich zu, da sie ein Ausdruck der grundlegenden Sicht sind, die das Individuum von der Wirklichkeit hat. Was wirklich geschehen muss, ist dass die Emotion umgewandelt wird, sodass das System ins Gleichgewicht kommt und es nichts auszumerzen gibt. Die Energie, die zuvor feststeckte, ist jetzt frei und trägt zur Entwicklung des Individuums bei, statt es zu bremsen. Mit Energie muss man immer etwas anfangen. Man beseitigt sie nicht einfach.

Virginia: Was die Klanghandschriften angeht, wie hängen diese mit der Resonanz von Klängen und der Verschiebung der Resonanz zusammen?

Hathoren: Wie verwendest du den Begriff »Resonanz« hier?

Virginia: Ihr habt an früherer Stelle angedeutet, dass die Resonanzfelder sich beim Transit durch eine Ebene befinden, deren Durchquerung enorme biologische Belastungen mit sich bringt. Und dass wir die Resonanz des Klangs verstehen müssten. Ihr habt von der multiplen Kaskade der Klangresonanzen gesprochen, wobei ihr uns als leuchtendes Oval seht ...

Hathoren: In diesem Zusammenhang bestehen die Resonanzen zwischen den Organen des Körpers. Jedes Organ – nun, gehen wir auf eine subtilere Ebene – jede Zelle des Körpers verfügt über ein Resonanzfeld. Selbst die Atome, die molekularen Strukturen, aus denen die Zellen zusammengesetzt sind, haben ihre eigene Resonanz. Aber wenn ihr auf die Ebene der Zellen kommt, stoßt ihr mit einem Mal auf sehr komplexe Obertöne und Resonanzen, und wenn ihr Millionen und Abermillionen Zellen zusammenbringt, um Gewebe und Organe zu erschaffen, so habt ihr in der Tat hochgradig komplexe Klangmatrices.

Eine Resonanz ist zum Beispiel das Herz in Relation zu den Nieren. Diese fundamental wichtige Resonanz sorgt für das Gleichgewicht in der Verbindung zwischen diesen Organen– und wir reden hier von einer energetischen Verbindung, nicht von einer funktionalen, da die Medizin sagen würde, dass es sich um zwei sehr verschiedene Funktionen handelt. Von einem energetischen Standpunkt aus betrachtet hängt das Herz jedoch vom Funktionieren der Nieren ab. Die Chinesen sehen das ganz klar, wie ihr Verständnis zeigt. Wenn also die Nieren stark sind, kann das Herz stark sein. Wenn die Nieren schwach sind, ist oft das Herz schwach. Die fundamentale Resonanz eines gesunden Körpers sorgt für ein Gleichgewicht, und so hat jedes der Organe ein mit Resonanz reagierendes Energiefeld, das in einer, wenn ihr so wollt, harmonischen Beziehung zu allen anderen Organen steht. Gesund zu sein, bedeutet buchstäblich, zu harmonieren. Von daher müssen die Resonanzen, die Klänge und Frequenzen, die von all den unterschiedlichen Organen ausgesendet werden, in einer harmonischen Beziehung zueinander stehen, damit der Mensch gesund wird und gesund bleibt. Krankheit tritt dann auf, wenn etwas aus dem harmonischen Gefüge herausfällt.

Was derzeit auf dem Planeten geschieht, ist eine enorme Herausforderung für alle biologischen Organismen, da mit zunehmender planetarer Schwingungsfrequenz buchstäblich alles eine beschleunigte Schwingung aufweist, bis hin zur atomaren oder gar molekularen Ebene. Die Zellen und das Gewebe, woraus diese Organe bestehen, werden also in Unruhe versetzt, und aufgrund emotionaler Dinge, die es zu bewältigen heißt, werden einige Organe den Übergang auf eine höhere Ebene schneller vollziehen als andere.

So speichert zum Beispiel die Leber, ganz allgemein betrachtet, unterdrückten Ärger. In den Nieren wird oft unterdrückte Angst festgehalten. In den Lungen sitzt oft unterdrückte Trauer, und es gibt daneben auch noch andere Organe/Emotionen. Wenn der gesamte Organismus seine Schwingungsfrequenz erhöht, halten die unausgedrückten Emotionen, die in verschiedenen Organen festgehalten werden, diese Organe auf einem niedrigeren Schwingungsniveau fest, während der Rest des Organismus schneller zu schwingen beginnt. Kommt es zu einem schwingungsmäßigen Ungleichgewicht zwischen diversen Organen, nimmt eine Disharmonie zwischen den harmonischen Resonanzen des Körpers ihren Anfang. Es gibt noch einen anderen Grund, warum Menschen eine Explosion von Emotionen erleben, die sehr heftig sind, sehr tief reichen und sehr rasant kommen. Nämlich, dass die Organe, die diese Emotionen festhalten, sie buchstäblich ablassen, um mit der veränderten Schwingung Schritt zu halten.

Virginia: Die Resonanzverschiebungen, die die Erde durchläuft, sind für uns Menschen also eine zusätzliche Belastung?

Hathoren: Ja.

Virginia: Ich danke euch vielmals. Könntet ihr etwas dazu sagen, wie Klang von vorherigen Erdzivilisationen missbraucht wurde? Wir haben es zum Beispiel so verstanden, dass in Atlantis ein solcher Missbrauch passiert sein mag. Habt ihr hierzu etwas Klärendes zu sagen?

Hathoren: Klang wurde in vielen Zivilisationen missbraucht, aber als man in Sachen Klang ein hohes Niveau oder großes Können erreichte, war er in der Tat sehr zerstörerisch! In Atlantis arbeitete man mit freier Energie, und Klang war ein zentraler Bestandteil hiervon. Da man dort so kopflastig wurde in seiner Ausrichtung und die Verbindung zu den eigenen biologischen Wurzeln verlor – wir kommen hier erneut auf diesen Punkt –, gerieten die Menschen in Atlantis sehr aus dem Gleichgewicht und vernichteten sich selbst.

In Ägypten kam es dann erneut zu einem Missbrauch von Klang, der sich im Zeitalter der Pharaonen ereignete, beim Übergang von Heliopolis zur Ära von Memphis. Dieser Missbrauch erfolgte auf Seiten der Priesterschaft, und das trug mit zum Niedergang Ägyptens bei.

In vielen Kulturen kommt es zum Missbrauch von Klang, und er wird zu einem Werkzeug der Kriegsführung. Obwohl die Bevölkerung im allgemeinen nichts davon weiß, ist der Klang mittlerweile eine militärische Waffe. Sofern eure globale Zivilisation also nicht wieder zur Vernunft kommt und die Erde und alles Leben ehrt, könnte eure Zivilisation etwas heraufbeschwören, das den Geschehnissen auf Atlantis gleicht.

Virginia: Noch eine Frage zum Emotionalkörper. Die Gestalt, die unter dem Namen Jesus Christus bekannt ist, sagte mir einmal, dass wir ständig unsere Liebe auf der emotionalen Ebene verlieren, was diese fortlaufenden Qualen verursacht, von denen unsere spirituellen Lehrer uns zu heilen suchen. Habt ihr hierzu noch Anmerkungen oder Beispiele, was wir tun könnten, um durch diese Schranke der emotionalen Begrenztheit und Qual auf der funktionalen Ebene hindurchzukommen?

Hathoren: Das ist eine weitere sehr komplexe Frage, und eine sehr tiefgründige obendrein, die man in Ägypten im Rahmen eines Systems zu stellen und zu beantworten suchte, das unter dem Namen »Alchemie« bekannt ist. Um hier etwas außerordentlich Komplexes auf die einfachsten Grundbegriffe zu reduzieren, würden wir sagen, dass eure emotionale Reaktion auf eine beliebige Situation die Folge eurer Sicht dieser Situation ist. Spürt und erlebt ihr eine Situation mit den Augen der Dualität – im alchemistischen System der Ägypter ausgedrückt als die Schlange Apophis, die Schlange der Dualität – so verstrickt ihr euch in den Kampf der Sinne in dieser drittdimensionalen Wirklichkeit. Hierbei deutet ihr ein Ereignis als etwas Gutes oder Schlechtes, Positives oder Negatives; wenn ihr es als schlecht interpretiert, versinkt ihr in Depressionen oder Wut oder wie auch immer das gängige Muster bei euch dann aussieht.

Erfahrt ihr eine Situation durch das, was auch das linke Auge des Horus genannt wird, durch die Intuition – oder durch das Auge von Thot, auch bekannt als das Auge der Weisheit, dessen Funktion »Tehuti« genannt wird – so spürt ihr etwas, das jenseits des Physischen ist. Da alles, was in der physischen Dimension auftritt, seinem Wesen nach Illusion ist, stellt sich eure Freiheit dann ein, wenn ihr die Wahrheit hinter der Illusion seht. Oft erfährt man die physische Wirklichkeit, aber auf der emotionalen Ebene spürt man durch das intuitive Auge des Horus oder das Auge von Thot die Weisheit, etwas jenseits des Physischen. Diese Fähigkeit, die Wahrheit hinter der Illusion zu spüren, wird im alchemistischen System der Ägypter »Maat« genannt.

Und diese Wahrheit hinter der Illusion ist der Boden, aus dem alles sprießt und ist in ihrer Essenz immer friedvoll und ruhig, auf ewig unveränderlich, mitfühlend, wohlwollend und liebevoll. Maat ist also der fundamentale Aspekt, der alles zusammenhält. Nutzt man die eigene Funktion der intuitiven Ausrichtung auf die höheren Aspekte und kultiviert alles, was im Leben geschieht, mittels der intuitiven Funktion und nimmt es durch diese Brille wahr, so erfolgt eine Erdung in der grundlegenden Liebe und dem Gleichgewicht aller Dinge. Dann wird man von der Schlange Apophis, der Schlange der Dualität, nicht aus der Bahn geworfen.

Virginia: Es geht also auch hier wieder darum, das Urteilen aufzugeben, im Guten wie im Schlechten?

Hathoren: Ja, gut und schlecht sind Vorstellungen, die der Verstand geschaffen hat. Das Leben in seiner unendlichen Komplexität ist nicht »schwarz oder weiß«.

Virginia: Genau wie unsere Religionen raten, gehört das Be- und Verurteilen also zu den Stolpersteinen, auf die wir immer wieder stoßen?

Hathoren: Ja, und wir wollen an dieser Stelle sehr genau sein. Wir sagen nicht, dass ihr den Verstand Verstand sein lassen solltet. Der Verstand ist bei der Weiterentwicklung des Bewusstseins ganz entscheidend! Wir sagen, ihr solltet euch nicht von der Konditionierung des Verstandes dazu verführen lassen, Dinge als scheinbare Wirklichkeit anzunehmen. Denn aus der Warte höherer Dimensionen ist das, was sich auf einer niedrigeren Ebene abspielt, nur ein Teilchen des Puzzles. Es gibt etwas weitaus Immenseres und Größeres, das für Wirkungen sorgt. Seid also in Berührung mit dieser Quelle hinter allen!

Virginia: Nun frage ich mich, was euch an erfolgreichem menschlichen Tun aus energetischer Sicht aufgefallen ist – bei denen von uns, die sich zumindest um ein Erwachen bemühen – wenn es darum geht, ein höheres Bewusstsein zu aktivieren oder Zugang zu ihm zu finden. Und was können wir sonst noch tun, um unser Fortkommen zu beschleunigen?

Hathoren: Aus energetischer Perspektive würden wir sagen, dass diese Eigenschaft des höheren Bewusstseins zu kultivieren – diese Emotion namens Liebe – die eigene intuitive Anbindung an die Wahrheit verstärkt. Je mehr man also liebt und je mehr man in der Lage ist, sich selbst und denen um sich herum zu verzeihen, desto weniger erliegt man Apophis, der Illusion. Was euch befreit ist, wofür ihr euch entscheidet, und das ist der Schlüssel: *Ihr werdet durch euch selbst befreit.* Wie neulich gesagt: je mehr Liebe ihr in eurem Innern erzeugen könnt, für euch selbst und andere, desto größer die Heilung. Die Liebe lässt ein Feld der Harmonie entstehen, das sich tatsächlich in einer Kaskade in die Zellen des Körpers und andere bewusste Ebenen unseres Seins ergießt. Diese Liebe, das ist *die* Sache, die viele anstreben, und sie ist sehr positiv und hochgradig wirksam. Macht um alles in der Welt weiter damit. Liebe war die grundlegende Lehre von Sananda, den ihr Jesus nennt, und sie ist auch die grundlegende Lehre Buddhas. Buddhas Weg führte durch das Bewusstsein der Dualität namens *Samsara,* Illusion, hindurch, und durch die Verbindung mit dem, was dahinter lag – Liebe, Mitgefühl und Achtsamkeit.

Virginia: Ihr seht also gewisse Fortschritte auf Seiten der Menschheit?

Hathoren: Ja. Was hierbei jedoch klar sein muss ist, dass der Fortschritt durch den einzelnen Menschen zustande kommt, der dann seine Energie an andere Individuen abstrahlt, was einen wasserfallartigen Effekt hat, sodass mehr und mehr Menschen erwachen. Der Zweck des Erwachens als Prozess ist, mehr und mehr Menschen mit einzubeziehen ... Und genau das geschieht derzeit. Wenn ihr natürlich die Ereignisse auf der Welt mit den Augen eurer Presse, der Zeitungen, der Nachrichten in Radio und Fernsehen betrachtet, so bekommt ihr keine Berichterstattung über die eigentlichen Neuigkeiten. Ihr bekommt einen Bericht über die Wahrnehmungsweise, die grundlegend ist für diese dualistische Welt. Ihr erhaltet keinen Bericht über die wirklichen Geschehnisse, nämlich eine außerordentliche Renaissance der menschlichen Emotion und Kreativität, die sich auf individueller Ebene ausdrückt. Es ist auch Teil von immens viel im Fluss befindlichem Chaos, das besteht, während dieses System Erde den Übergang auf eine neue Ebene vollzieht. In den Nachrichten wird also über Katastrophen und die schrecklichen Dinge berichtet, die eintreten, aber nicht oft über die – meist nicht einmal zur Kenntnis genommenen – Wunder der Heilung in emotionaler und sonstiger Hinsicht, die sich derzeit bei einzelnen Menschen auf diesem Planeten stattfinden.

Virginia: Aber natürlich nicht auf der Ebene, wo es am meisten nutzen würde.

Hathoren: Nein.

Virginia: Habt ihr noch weitere Gedanken, bevor wir dieses Kapitel schließen?

Hathoren: Im Klang eurer Stimme findet ihr die Schlüssel zu unzähligen Welten.

11

Das Schicksal ändern

Wir wollen auf die Frage des Schicksals eingehen, da hierzu eine Menge Missverständnisse kursieren. Euer Schicksal ist nicht festgelegt. Es ist nichts, was bis ins Letzte vorherbestimmt ist. Es gibt Aspekte eures Schicksals, die an euch herantreten und die als Muster vorab angelegt sind, aber die Muster sind nicht auf Dauer festgelegt. Diese Aspekte der Bestimmung oder des Schicksals sind wahrscheinliche Möglichkeiten und *lassen sich ändern.* Betrachtet ihr euer Leben als Spirale, die sich nach oben bewegt (Aufstieg) oder nach unten (Abwärtsentwicklung), so könnt ihr das Leben entweder als Steigerung oder Minderung der Schwingung eurer Energie betrachten. Das Bewusstsein bewegt sich auf und ab. Es kann schwanken wie die zuvor erwähnte Wippe. Die menschliche Erfahrung ist so beschaffen, dass man auf sehr hohe Bewusstseinsebenen und sehr hohe Ebenen der Meisterschaft hinaufschweben, und gleichzeitig auch eine Spirale abwärts auf niedere Bewusstseinsebenen vollziehen kann.

Die Frage nach eurem Schicksal und danach, es zu ändern, hängt von eurem Bewusstsein, eurer eigenen Entscheidung und eurer Schwingung ab. Ihr müsst bewusst genug sein, um zu erkennen, dass ihr die Wahl habt. Wenn ihr die Methoden praktiziert, die wir euch in diesem Buch gegeben haben, so werdet ihr merken, dass euer Bewusstsein auf eine höhere Stufe gelangt, sodass ihr mit ziemlicher Leidenschaft erkennt, dass ihr bei allem die Wahl habt. Nachdem ihr euer Bewusstsein auf die Ebene erhoben habt, wo ihr erkennt, dass ihr nicht nur ein Bauer auf dem Schachbrett oder ein Opfer in eurem

Leben seid – sondern Wahlmöglichkeiten habt – so wird die Zukunft frei und offen für Veränderungen sowie durch sie formbar. Diese Wahrnehmungsverlagerung ist der Schlüssel dazu, euer sogenanntes Schicksal zu ändern.

Wenn ihr akzeptieren könnt, dass die äußerlichen Muster, die in eurem Leben zutage treten, Ausdruck vorbestehender Muster sind, die im Bewusstsein gespeichert sind, so erwartet euch Freiheit. In diesen Mustern tragen die Überzeugungen Früchte, die ihr selbst, eure Eltern und Familie, eure Lehrer, euer soziales Umfeld und viele andere in eurer Gesellschaft euch eingepflanzt haben. Manche Überzeugungen mögen zwar felsenfest verankert sein, dennoch lassen sie sich ändern, und nur ihr könnt die Überzeugungen ändern, die ihr in euch tragt.

Menschen neigen dazu, sich schwierige Situationen anzusehen und sich selbst leid zu tun, weil eine Situation sich nicht so entwickelt, wie sie es sich wünschen würden. Das ist aus unserer Sicht eine vergeudete Chance, denn wenn etwas nicht so läuft, wie ihr möchtet, und ihr erlebt eine heftige emotionale Reaktion, so kann die Kraft dieser Unzufriedenheit konstruktiv eingesetzt werden.

Was sich hier tun ließe ist, die Ereignisse und Vorfälle, die tatsächlich eintreten, voll und bewusst wahrzunehmen – achtet auf eure emotionalen Reaktionen darauf – und euch in Erinnerung zu rufen, dass ihr in dieser Sache eine Wahl habt. Ob ihr in der Lage seid, die *äußerliche Situation* zu verändern oder nicht, eure *innerliche Reaktion* darauf könnt ihr auf jeden Fall ändern. Indem ihr eure innerliche Reaktion darauf ändert, erzeugt ihr den ausbalancierten Dreh- und Angelpunkt, auf dem euer weiteres Schicksal sich entfalten und verändern wird.

Nehmen wir ein spezifisches Beispiel von den Tausenden, die sich in eurem Alltag finden ließen. Sagen wir einmal, rein hypothetisch, du bist eine Beziehung mit jemandem eingegangen, an dem dir sehr viel liegt, aber diese Person erwidert deine Gefühle nicht. Tatsache ist, dass sie dich sogar zurückweist und nicht mit dir zusammen sein will, obwohl du mit ihr zusammen sein willst. Das schmerzt, weil du an der Person hängst und dir das Zusammensein mit ihr wichtig ist. So entsteht also die Resonanz, sich zurückgewiesen zu fühlen, minderwertig, enttäuscht – die Liste lässt sich fortsetzen. In dem Moment jedoch, wo du erkennst, dass die andere Person dich meidet, könntest du, statt die Schuld bei ihr oder dir selbst zu suchen, einfach in der bewussten Wahrnehmung der Fülle dieses Erlebnisses bleiben, und der Schmerz würde gelindert. Bewusst ihren Rückzug von dir wahrzunehmen, deine emotionalen Reaktionen, die Wahrheit, dass du Wahlmöglichkeiten hast in dieser Sache, macht es dir möglich, dich dafür zu entscheiden, diese Situation anders zu erleben – auf viele verschiedene Weisen.

Wie du ein Ereignis zu erleben beschließt, entscheidet darüber, wie sich das Schicksal von diesem Ereignis an weiterentwickelt. Tatsache ist, dass Reaktionen in dir selbst zu einem Ausdruck innerer Mechanismen werden, die sich äußerlich zu manifestieren beginnen. Die Saat deiner Zukunft wird von dir in jedem Moment, in jeder Reaktion gesät, ob du dir dessen bewusst bist oder nicht. Es ist einfach so, dass du *mit* dem entsprechenden Bewusstsein positiv auf das Ergebnis einwirken und das Schicksal zum Guten beeinflussen kannst. Dann ist, um bei unserem Beispiel zu bleiben, diese hypothetische Person, die dich zurückgewiesen hat, und deine Reaktion auf diese Zurückweisung zweierlei. Du hast eine große Bandbreite an Möglichkeiten, wie du die Zurückweisung erlebst. Wir beobachten jedoch bei Menschen die Neigung, neue Ereignisse auf der Grundlage früherer Erlebnisse zu erfahren. Ihr habt zum Beispiel vielleicht ein Muster, das besagt, dass ihr Ablehnung, Enttäuschung, Schuldzuweisungen erwartet. Diese Muster würden dann tendenziell eure negativen Gedanken und emotionalen Reaktionen bis zum Erbrechen immer wieder neu erzeugen. Zum Glück gibt es noch einen anderen Weg!

Wie schon gesagt, existieren viele Weisen, wie ihr ein Ereignis oder eine Erfahrung in eurem Leben erleben könnt. Wir schlagen euch ernsthaft vor, als Reaktion das in Betracht zu ziehen, was wir den *»höchsten Ausdruck der Wahlmöglichkeiten«* nennen. Damit meinen wir, diese innere Ausrichtung oder Haltung in eurem Innern zu erkunden, die euch bei eurem sich entfaltenden Schicksal das höchste Niveau an Bewusstsein, das höchstmögliche Niveau an Wahlmöglichkeiten und das höchstmögliche Niveau an Schwingungsresonanz ermöglicht. Die höchste Wahl hat mit dem zu tun, was ihr in eurer Sprache als Praktizieren von Mitgefühl bezeichnen würdet. Es ist das Verständnis, dass gleich, was euch widerfährt, ihr dennoch die Haltung des Mitgefühls einnehmen könnt, die wiederum die Resonanz des Annehmenkönnens aufweist – Annehmen der Reaktion der anderen Person oder Gruppe – und Annehmen eurer eigenen Reaktion. Im Mitgefühl kommt ihr von einem Verständnis, dass alle sich im jeweiligen Moment nach bestem Vermögen entwickeln. Es ist das Verständnis, dass Menschen Entscheidungen treffen, die für sie selbst die besten zu sein scheinen oder solche, die einem wie sehr schlechte Entscheidungen vorkommen. Diese Entscheidungen jedoch unterliegen ihrem freien Willen, genauso wie ihr euren freien Willen habt. In diesen Momenten der Enttäuschung, Traurigkeit, Wut, Schuldsuche oder was auch immer in euch aufsteigt, erlaubt euch eine Haltung des Mitgefühls, einen Umschwung im Hinblick auf diese emotionalen Reaktionen, und ihr könnt zu einer Haltung des Annehmens gelangen.

Dann geschieht etwas ganz Bemerkenswertes. Wenn ihr eure eigenen negativen Reaktionen auf Dinge, die sich in eurem Leben ereignen, mit einer gesunden Akzeptanz bestehen lasst, so beginnt eine Veränderung, und sie verlieren an Energie. Ihr werdet wieder klar denken können, wenn ihr euch erinnert, dass ihr durchaus mehrere Möglichkeiten habt! Indem ihr euch selbst und andere mitfühlend umfangt, erhöht ihr euer eigenes Schwingungsfeld, was der nächste Schlüssel zu einer Veränderung des Schicksals ist.

Mitgefühl ist eine Tür, durch die man die Hand hindurchstrecken und sich in diese erhabenen Zustände der Schwingungsresonanz hineinbegeben kann, und von der aus das eigene Schicksal auf eine höchst tiefreichende und herrliche Weise geändert wird. Auch hier ist der Schlüssel zu all dem etwas, das sich in jedem Augenblick eures Lebens zeigt, in jedem einzelnen Moment, in jedem einzelnen Miteinander. Jeder Augenblick ist eine Wahl eurerseits, wie ihr auf etwas außerhalb eurer selbst oder in euch selbst reagieren wollt. Wenn ihr auf eure eigenen emotionalen Reaktionen »anspringt«, um einen Ausdruck aus eurer Sprache zu gebrauchen, so springt ihr damit auf die Fortsetzung eines Schicksalsmusters an, das euch vielleicht nicht dienlich ist. Viele Berater und Psychologen haben euch das erklärt, und ebenso all die großen spirituellen Meister und Lehrer. Dennoch kann eine Wiederholung nicht schaden. Wenn ihr für jedes Ereignis im Leben, das ihr durchmacht, waches Bewusstsein, Akzeptanz und Mitgefühl wählt, so lohnt es euch diese Entscheidung mit Weisheit und Frieden.

Erkennt, dass alle Wesen in Entwicklung begriffen sind und für sich selbst jeweils die beste Wahl treffen, die ihnen gerade möglich ist. Die Entscheidung mancher Menschen mag für euch oder sie selbst schmerzhaft sein, genauso wie manche eurer eigenen Entscheidungen für euch oder die anderen schmerzhaft sein mögen. Doch indem ihr das Leben in diesem Paradoxon des Mitgefühls und der Annahme lasst, macht ihr es möglich, dass diese heftigen emotionalen Reaktionen sich schneller auflösen und glätten und so Bewusstseinsklarheit nach sich ziehen. Da nichts fest oder statisch ist – sondern sich ständig verändert – verlagert eure neue Wahrnehmungsweise eure Schwingung auf ein höheres Schwingungsfeld und gibt euch so Zugang zur Entfaltung der höheren Bestimmung, die ihr sucht.

Hier also die drei Schlüssel zur Entfaltung des Schicksals und Veränderung des Schicksals:

- Bewusste Wahrnehmung
- Entscheidungsfreiheit
- Schwingung

In euren christlichen Schriften wird ein Ausspruch Jesu zitiert, der in etwa lautet: »Wer hat, dem werde gegeben; wer nicht hat, dem werde genommen.« Worauf Jesus hier anspielt, ist das universelle Gesetz der Schwingung. Wenn ihr möchtet, dass sich etwas Bestimmtes entwickelt, wenn ihr im Rahmen eures Schicksals etwas Bestimmtes erleben möchtet, so müsst ihr es in einer Schwingung eures eigenen Bewusstseins verweilen lassen. Ihr müsst es fühlen können, damit es zum Ausdruck kommen kann. Wenn ihr das Gefühl oder die Schwingung davon nicht habt, kann es sich nicht ausdrücken.

Wenn ihr liebevolle Beziehungen wollt, so müsst ihr diese Schwingung liebevoller Beziehungen in eurem eigenen Bewusstsein verweilen lassen, und dann werdet ihr, durch das Gesetz der magnetischen Anziehungskraft, liebevolle Menschen anziehen. Wenn ihr im Moment keine liebevollen Beziehungen habt, sondern statt dessen Frustration, Wut, Trennung und Isolation erfahrt, so müsst ihr euch zu Eigen machen und akzeptieren: ja, ihr tragt eine negative Schwingung in euch und zieht infolgedessen aufgrund des Gesetzes des Magnetismus genau das an. Ihr müsst also euer Denken und eure emotionalen Fehlwahrnehmungen ändern, um eure

Schwingung zu ändern. Die Schwingung ist ein Schlüssel zur Veränderung des eigenen Schicksals – der letzte Schlüssel, der die Türen zu einer großartigeren Wahrnehmung der Dinge, einem großartigeren Leben, großartigerem Lohn aufschließt. Die Macht dazu liegt in eurer Hand, und es gibt, wie schon von uns gesagt, drei Aspekte eines höheren Bewusstseins zu lernen. Ihr müsst euch bewusst bleiben, dass ihr in allen Lebensumständen die Wahl habt! Es gibt in der Tat bestimmte Bewusstseinszustände, in denen man sich dieser Wahlmöglichkeit nicht bewusst ist, einfach das Gefühl hat, keinerlei Wahl zu haben, ja sogar ohne Hoffnung zu sein. Wir würden sagen, dass einige von euch, die dieses Material lesen, sich vielleicht in einer Situation befinden, die für euer Empfinden völlig hoffnungslos ist, wo ihr keinen Ausweg ergründen oder euch vorstellen könnt. Seid euch jedoch ganz klar im Hinblick auf Folgendes: *Die Schlüssel zur Veränderung eurer zukünftigen äußeren Wirklichkeit rühren von der Wahl, die ihr in eurem eigenen Innern trefft.* Gleich, wie verzweifelt eure Lage ist, ihr könnt innerlich eure Ausrichtung ändern und die Saat für ein neues Schicksalsmuster säen, das sich so gewiss entfalten wird, wie die Sonne aufgeht! Der erste Schlüssel ist also der, sich der Entscheidungsmöglichkeit bewusst zu sein, und der zweite ist der, tatsächlich seine Entscheidung zu treffen.

Die Menschen haben mitunter Probleme damit, ihre Entscheidungen zu treffen. Wir beobachten viele, die lieber mit einer Jammermiene herumlaufen, sich in Negativität verlieren und anderen oder sich selbst oder ihrer Vergangenheit die Schuld geben für das, was ihnen widerfährt, statt die Entscheidung zu treffen, sich aus all dem hinaus zu begeben. Das ist einfach Ausdruck eines physikalischen Gesetzes mit Namen »Trägheitsgesetz«, das sich durch eure persönliche Energie als Lethargie ausdrückt, der Widerstand dagegen, sich in Bewegung zu setzen. Wir würden euch sagen, wenn ihr nicht gewillt seid, euch weiterzubewegen, so seid ihr nicht im Strom des Lebens – denn das Leben ist ständig in Bewegung und ändert sich unentwegt. Seid ihr euch erst einmal eurer Möglichkeiten zu wählen bewusst geworden, so müsst ihr tatsächlich innerlich entscheiden, wie ihr ein Ereignis oder ein Erlebnis, das sich in eurem Leben einstellt, bewertet.

Unserer Erfahrung nach ist die fruchtbarste Wahl, die man hierbei treffen kann das, was wir zuvor als »höchsten Ausdruck der Wahlmöglichkeiten« erwähnt haben und was durch die Haltung des Mitgefühls zustande kommt. Sowohl euch selbst als auch der anderen Person mit einer Haltung der Akzeptanz zu begegnen, gleich, was sich in euren Gedanken und Gefühlen abspielen mag, setzt im Bewusstsein eine Resonanz in Gang, ein Schwingungsfeld, das andere berühren und sie ändern kann. Mit Sicherheit wird es jedenfalls euch selbst verändern! Wenn ihr dieses Mitgefühl und dieses Annehmenkönnen in euch bewahrt, werden sich schließlich die emotionalen Energien glätten, und das bewusste Gewahrsein und die Eindeutigkeit eures Vermögens, euch positiv zu entscheiden, wird zum Vorschein kommen. Dann seid ihr in eine andere Schwingungsresonanz eingetreten, das, was man als »die Haltung aufgestiegener Wesen« bezeichnen könnte. Und damit habt ihr euren dritten Schlüssel! Diese Haltung aufgestiegener Wesen, die Haltung der Akzeptanz und Vergebung gegenüber euch selbst und allen anderen trägt eine wirklich hohe Schwingung, die andere Entscheidungen und Ergebnisse ermöglicht, als ihr sie auf niedrigeren Schwingungsebenen erzielen könntet.

Da die Gesetze des Universums überpersönlich und exakt sind, gestalten die Entscheidungen, die ihr alltäglich in jedem einzelnen Augenblick trefft, die Schablone für euer zukünftiges Schicksal. Die Saat, die ihr in höheren Bewusstseins- und Gefühlszuständen sät, wird euer Leben und euer sich weiter-

entwickelndes Bewusstsein unterstützen. Diese Saat des Aufstiegs auf höhere Ebenen kann mit unzähligen Ergebnissen, wechselnden Umständen und sogar unterschiedlichen Schicksalen einhergehen.
Wir möchten euch noch einmal erinnern, Freunde auf der Erde: *ihr haltet in euren eigenen Händen,* bildlich gesprochen, drei Schlüssel zu eurer Freiheit, eurem Aufstieg und eurer eigenen Evolution, als da wären:

- das Bewusstsein, dass ihr immer die Entscheidung habt;
- die Fähigkeit, Energie in eure Entscheidungen zu geben;
- das Potenzial, beständig eine neue und höhere Schwingung zu erzielen.

Ihr seid diejenigen, bei denen die Entscheidung liegt. Und kein anderer kann euch solche Entscheidungen abnehmen, gleich, wie schwierig eure Situation sein mag. Indem ihr jedoch euer Herz der Liebe öffnet, könnt ihr immer innerlich eine höhere Wahl treffen, die zu Frieden führt. Ihr mögt zwar vielleicht nicht in der Lage sein, in jedem Augenblick eure äußeren Lebensumstände zu beeinflussen, aber ihr könnt eure innerliche Ausrichtung ändern, was euch die neue Perspektive schenken wird, die spannende Entscheidungsoptionen und ein mit mehr Meisterschaft verbundenes menschliches Schicksal hervorbringen.
Wir sehen, dass ihr in euch alle Schwingungen tragt, von den allerniedrigsten bis zu den höchsten und erhabensten. Ihr könnt Dämonisches und Bestialisches ausdrücken – in euch kann das Himmlische und das Engelhafte zum Ausdruck kommen – und alles dazwischen. Das ist eure Natur; spirituelle Meisterschaft ist das Gewahrsein und Verständnis, dass eure Wahl darüber entscheidet, was sich für euch entfaltet.
Und nun eine Pause für deine Fragen hierzu, Virginia.

Virginia: Wir führen auf diesem Planeten viele Debatten über den Grad an Kontrolle, den wir Menschen über unser Leben haben, insbesondere über äußere Ereignisse und das, was wir unser eigenes persönliches Schicksal nennen. In diesem Kapitel habt ihr konstatiert: »Euer Schicksal ist nicht festgelegt«, was die Frage nach dem Karma aufwirft. Gibt es Karma? Wenn ja, was ist Karma? Beginnen wir einmal damit.

Hathoren: Als wir sagten, dass euer Schicksal nicht festgelegt sei, meinten wir, dass der Ablauf eines Lebens in gewisser Hinsicht vorherbestimmt ist, die Richtung, die es nimmt. Ihr könnt das jedoch ändern, indem ihr eure emotionalen, Gedanken- und Empfindungsmuster ändert.

Es gibt Karma. Das Karma ist einfach Ausdruck der Ergebnisse von Handlungen, die im Universum erfolgen. Sämtliche Handlungen ziehen Reaktionen oder Konsequenzen nach sich, und so hat alles, was man tut, eine Wirkung. Karmische Ergebnisse und Wirkungen sind dann sehr positiv, wenn sie die Frucht mitfühlender und liebevoller Handlungen sind. Oder sie können ziemlich genau das Gegenteil hiervon sein. Karma bedeutet von daher einfach, die Auswirkungen der eigenen Gedanken und Handlungen zu erfahren, mit positiven oder negativen Ergebnissen. Glücklicherweise kann eine negative karmische Schuld, die umgewandelt, angegangen werden will, dies auf der äußeren Ebene über Ereignisse und Dinge bewerkstelligen, die »aus heiterem Himmel« geschehen mögen. Oder Derartiges kann energetisch auf der subtilen Ebene behandelt und einfach umgewandelt werden. Darum geht es bei Alchemie und Yoga. Vor allem die Umwandlung, die Veränderung, das Ausräumen von negativem Karma auf energetischem Wege in der feinstofflichen Dimension ist etwas, was wir euch nahe legen möchten. Dann braucht ihr es nicht im Rahmen eurer äußeren Angelegenheiten zu bearbeiten. Es gibt also das Karma. Niemand ist von den Folgen seiner Handlungen befreit. Alle müssen sich der Konsequenzen dessen gewahr sein, was sie in diesem oder anderen Leben tun und sich ihnen stellen.

Das Schicksal, das sich vor jemandem entfaltet – also seine Zukunft –, ist jedoch das Ergebnis der Saat, die gerade jetzt in diesem Moment gesät wird. Was ein Mensch zu fühlen entscheidet und was er im Hinblick auf seine Reaktion auf Ereignisse seines Leben zu erfahren entscheidet, bringt Verantwortung mit sich. Einfach ausgedrückt, was ein Mensch im Hinblick auf seine Handlungen zu tun entscheidet, ist eine Saat, aus der sich entsprechend des überpersönlichen Gesetzes des Universums in der Zukunft karmische Konsequenzen ergeben werden. So dass man buchstäblich genau in diesem Moment seine eigene Zukunft gestaltet. Es ist nicht so, dass das Schicksal etwas ist, das passiv auf euch wartet. Vielmehr wird es in jedem Augenblick eures Lebens geschaffen, in jedem Augenblick, in dem ihr eine Entscheidung trefft.

Virginia: Danke. Genauso wie wir über unser persönliches Karma nachsinnen, über unser Schicksal und dergleichen mehr, sinnen wir über das Schicksal von Nationen nach. Nehmen wir vor allem einmal die Vereinigten Staaten. Was seht ihr heute als wahrscheinliche Entwicklung für die Vereinigten Staaten an und vielleicht auch für ihre Beziehungen zu anderen Nationen auf der ganzen Welt?

Hathoren: Die karmischen Auswirkungen für Zivilisationen operieren nach dem gleichen Gesetz wie bei Individuen. Nur dass sie massiver und mehr Variablen im Spiel sind, da hier ja so viele Menschen involviert sind. Das Schicksal der Vereinigten Staaten ist also ganz genauso wie beim Individuum nichts, was irgendwo in der Zukunft lauert. Es ist etwas, das von den Bürgerinnen und Bürgern in jedem Augenblick geschaffen und geprägt wird durch die Entscheidungen, die dort als Kultur, als Gesellschaft fallen.

Es gibt rote Fäden, die sich durch die aktuelle Kultur ziehen und die Frucht früherer Handlungen als Land sind. Obwohl die Vereinigten Staaten mit einer Vision entstanden, die einen sehr hohen Zweck verfolgte, mit einem sehr hohen Maß an Integrität und mit der Freiheit des Individuums im Blick, was in großem Umfang in die Welt ausgestrahlt ist und sie erhoben hat, so brachte dies auch viel Negatives mit sich. Negatives in Form von Gier und Gewalttätigkeit sowie einer dominierenden und unterdrückerischen Einwirkung auf Kulturen oder Situationen auf der Welt. Die Erdgeschichte zeigt, dass eine Kultur oder Zivilisation diese Position nicht unbegrenzt aufrechterhalten kann.
Etwas von dem, was sich heute als Störung in der Kultur, ja sogar als Zusammenbruch der Gesellschaft zeigt, geht teilweise auf die Zunahme höherer Schwingungen zurück. Aber es ist auch eine Folge der karmischen Saat, der Schulden, die von den derzeitigen Generationen für karmisch negative Entscheidungen in der Vergangenheit zurückgezahlt werden. Entscheidungen und Handlungen, die als Kultur, als Gesellschaft erfolgten, da dieses Land durch die diversen Perioden der Gewalt und Unterdrückung anderer Völker, die es hinter sich hat, von seiner Idee her nach einem Ausgleich verlangt. Da diese negativen Dinge Wiedergutmachung und Heilung brauchen und es eine liebevollere Einstellung zu erlangen gilt, spielt sich ein sehr komplexes Phänomen ab. Die Vereinigten Staaten begleichen ihre karmischen Schulden, wie alle Gesellschaften, doch das Schicksal für dieses bestimmte Land wird man noch sehen, da es auf den alltäglichen Entscheidungen seiner Bürger basiert. Ihr erschafft ein Vermächtnis für eure Kinder und Kindeskinder und so weiter, die mit den Konsequenzen der jetzt getroffenen Entscheidungen umgehen müssen.

Virginia: Für wie wahrscheinlich haltet ihr dann eine mitfühlendere und harmonischere Beziehung zwischen allen großen Nationen?

Hathoren: Jede Nation befindet sich von ihrer Gesinnung her genau dort, wo sich das Bewusstsein der Gattung Mensch befindet. Nationen operieren ganz ähnlich wie Individuen: territorial, besitzergreifend, auf ihre eigenen Interessen bedacht. Es herrscht im Bewusstsein der Gattung Mensch bislang noch nicht das Verständnis, dass man gut für sich selbst sorgen und dabei gleichzeitig sensibel für die Bedürfnisse anderer sein kann. Von daher sind die Länder in unterschiedlichen Entwicklungsstadien, und es besteht kein solides, von Herzen empfundenes internationales Verständnis. Jene Länder, die anderen gegenüber wohlwollend sind, was ihre Ressourcen anbelangt, drücken naheliegenderweise ein höheres Ideal aus als jene, die Ressourcen haben und anderen nichts davon abgeben.

Die Lage im Hinblick auf die ehemalige Sowjetunion ist brisant, da kein Gleichgewicht besteht. Es bestehen polare Gegensätze zwischen jenen Facetten des Bewusstseins, die um die Freiheit des Individuums kämpfen und größeren Ausdruck der Persönlichkeit zulassen wollen, und den Kräften, die das *Individuum* unterdrücken und die Gesellschaft wieder in hohem Maße staatlicher Kontrolle unterziehen wollen. Eine ähnliche Lage könnte sich in China entwickeln.

Da es miteinander im Krieg befindliche Elemente im Bewusstsein gibt, die in vielen der Nationen dieser Welt noch nicht bearbeitet oder geläutert worden sind, könnte man sagen, dass die Kriege in absehbarer Zukunft kein Ende finden werden. Was wir aus unserer Warte jedoch sagen können ist, dass in jeder Gesellschaft auf diesem ganzen Planeten einzelne Menschen aufwachen und erkennen, dass bestimmte Dinge nicht toleriert werden dürfen – dass sie bestimmte Dinge einfach nicht weiterhin so tun können wie zuvor – und da zu diesen

Menschen, die da aufwachen, auch solche mit Macht und Einfluss gehören, werdet ihr erleben, wie Gesellschaften sich wandeln. Es fängt bereits an, aber derzeit ist es bildlich gesprochen ein Tauziehen zwischen vielen Kräften und Splittergruppen auf allen Ebenen der Gesellschaft in der gesamten Welt.

Virginia: Um diesen Gedanken weiter fortzuführen – habt ihr etwas dazu anzumerken, wie man in diesen Gesellschaften so Einfluss nehmen kann, dass sie ein besseres Los erwartet? Was können wir als das Volk innerhalb dieser Gesellschaften tun?

Hathoren: Gesellschaften sind ein ungewöhnliches Konstrukt oder Gebilde, und wenn Personen auf die Gesellschaft einwirken wollen, so ist es bislang immer fast ein festgeschriebenes Gesetz gewesen, dass das gesellschaftliche Niveau, auf dem ihr agiert, bestimmt, welche Wirkung euer Tun hat. Von daher haben diejenigen, die über Einfluss verfügen und sich in Macht- und Entscheidungspositionen befinden, einen größeren Einfluss auf die Maschinerie der Gesellschaft gehabt, auf die Institutionen. Individuen, die über Weitblick und persönliche Macht verfügen und nicht Teil dieser Struktur oder des Mechanismus der Institutionen sind, können aber dennoch immensen Einfluss haben – eben durch ihren Weitblick und ihre Macht. Wenn sie hochgradig sichtbar werden, entwickelt sich eine soziale Aufgabe, und genau das ist erforderlich.

Für den Durchschnittsmenschen, der das Gefühl hat, nichts ändern zu können, da er nicht zu den Entscheidungsträgern gehört, würden wir sagen, dass er eine Machtstellung innehat, wenn er wirklich im Hinblick auf Bewusstsein, Schwingung und Resonanz seine eigene Natur versteht. Da der Mensch eine bestimmte Frequenz oder Schwingung aufrechterhält – einen emotionalen Ton oder eine emotionale Handschrift des Friedens oder der Liebe, der Liebe in der Fürsorge für diejenigen, die ihn umgeben –, wird er ein Schwingungsfeld begründen, das ansteckend ist. Dann werden auch andere, die wach werden, das Gleiche zu tun beginnen. Und wenn es von euch genug Individuen gibt, die eine Schwingung aufrechterhalten – sei es Angst oder sei es Liebe –, so habt ihr auf die jeweilige Gesellschaft gewaltigen Einfluss. Und somit läuft es auf die Tatsache hinaus, dass das Individuum, so paradox das scheinen mag, den Schlüssel dazu in der Hand hält, die Gesellschaft einfach durch eine positive Beziehung zu sich selbst und anderen zu verändern.

Virginia: Genauso wie es ja persönliche und nationale karmische Muster gibt, könntet ihr da auch etwas zu den Schicksalen in unserem Sonnensystem und an Orten jenseits unseres Sonnensystems sagen? Welches Karma arbeiten wir dort ab, und wie läuft es mit all dem für uns?

Hathoren: Das ist eine sehr vielschichtige Frage, da auf diesem Planeten so viele Strömungen oder Erblinien präsent sind, und nicht alle, die hier physisch auf diesem Planeten sind, sind Menschen, obwohl sie wie Menschen aussehen. Das ist eine merkwürdige Geschichte, wenn man es sich überlegt. Im Hinblick auf die karmischen Gesetze des Universums, die überpersönlicher Natur sind, müssen alle Zivilisationen – ob galaktischer oder terrestrischer Art – ihr Karma abarbeiten. Es werden also in diesem Sonnensystem, dieser Galaxie und diesem Universum die diversesten Ebenen von Karma abgearbeitet. Es ist so komplex, dass es uns fast lieber wäre, hierzu nichts zu sagen, da es zu viel Zeit in Anspruch nähme und dem einzelnen Menschen nicht viel nutzen würde. Wir können jedoch sagen, dass das, was sich derzeit auf diesem Planeten tut, absolut einzigartig ist in der intergalaktischen Geschichte. Es ist noch nie zuvor in genau der Form aufgetaucht, in der es hier und jetzt zustande kommt. Von daher werden, während dieser Planet auf eine höhere Frequenz gelangt und alle Wesen auf ihm durch dieses höhere Portal gehen, in äußerst rasantem Tempo karmische Schulden zurückgezahlt!

Die Beobachter von anderen Dimensionen sehen sich also interessiert diese Situation an und möchten wissen, wie schnell hier Karma ausbalanciert wird und wie sachte oder gewaltsam dieser Ausgleich vonstatten geht. Die Lage ist für die Beobachter, die erkennen, dass das Gesetz des Karma ein festgelegtes, überpersönliches Gesetz des Universums ist, außerordentlich interessant. Und wo kann man seine Muster besser in Erfahrung bringen als hier auf der Erde, wo auf so vielen Ebenen eine Brutstätte von Aktivitäten anzutreffen ist, einhergehend mit einer rasanten Begleichung und Erlösung von Karma. Wenn Karma aus dem Weg geräumt wird, kann sich das Schicksal ändern, und so ist in dieser Hinsicht die Erde derzeit ein Punkt, an dem sich intensive karmische Aktivität konzentriert.

Virginia: Da ihr ja auf den Umschwung der Menschheit auf ein höheres Bewusstsein eingegangen seid, könntet ihr da auch etwas dazu sagen, ob mit der Verschiebung des Erdbewusstseins auf eine höhere Frequenz der Planet physisch in der gleichen Position innerhalb des Sonnensystems bleiben wird? Oder wird es, wie manche angedeutet haben, eine Bewegung aus seiner aktuellen physischen Position hinaus geben?

Hathoren: Niemand weiß mit Sicherheit zu sagen, was geschehen wird. Deshalb wird das Ganze ja von so vielen Seiten beobachtet. Es gibt natürlich Theorien von unseren Wissenschaftlern sowie von Wissenschaftlern aus anderen Kulturen und Zivilisationen, die tatsächlich zusammenkamen und ausgiebig hierüber diskutierten. Es gibt im Moment zwei dominierende Theorien. Eine lautet, dass die Erde buchstäblich ihren physischen Standort innerhalb des Universums auslagern wird. Und die andere Theorie lautet, dass sie physisch an der gleichen Stelle bleiben wird, sich dann schwingungsmäßig jedoch auf einer anderen Dimension befindet. Das ist die Theorie, zu der unsere Gruppe tendiert. Das gesamte Sonnensystem, das Universum und alle Galaxien innerhalb des Universums bewegen sich jedoch derzeit auf einen zentralen Punkt innerhalb des Universums zu, sodass es in diesem Sinne schon direkt jetzt zu enormer Bewegung kommt. Da die Bewegung jetzt auftritt, werdet ihr eine Beschleunigung dieser Bewegung in den Galaxien beobachten. Was die Beziehung der Erde innerhalb des Sonnensystems angeht, so ist uns derzeit noch nicht klar, was geschehen wird. Es gibt zu viele Variablen dabei.

Virginia: Ihr wisst ja, dass wir in der Geschichte unserer Erde Prophezeiungen aus der biblischen Offenbarung des Johannes haben sowie von den Hopi-Indianern und vielen anderen historischen Quellen und lebenden Individuen, die von bestimmten Schicksalsfaktoren sprechen, die zum Tragen kommen werden. Könntet ihr etwas zum Begriff »Prophezeiung« sagen und dazu, ob Prophezeiungen hier auf unserem Planeten von Wert waren oder derzeit sind?

Hathoren: Die Gabe der Prophezeiung ist eine Fähigkeit des Bewusstseins, die Zukunft vorherzusagen, und zwar basierend auf einem Verständnis dessen, was sich energetisch im Moment ereignet. Es ist also, als würde man einen Plan für den Gang des Schicksals entwerfen, der auf dem Verständnis basiert, dass es zu Veränderungen kommen kann. Die Gefahr bei einer Prophezeiung ist die, dass sie von vielen Menschen, die sie erhalten, als Tatsache aufgefasst wird, statt als etwas *Wahrscheinliches.* Von daher erzeugen die Vorhersagen und Prophezeiungen von Katastrophen auf der Erde bei vielen einzelnen Menschen enorme Ängste, da sie die Prophezeiung als Tatsache auslegen, und diese Vorstellung ist falsch.

Prophezeiungen sind etwas *wahrscheinlich* Eintretendes. Sie bedeuten, dass man sich einen Begriff davon machen kann, was geschehen könnte, wenn die Ereignisse weiterhin den gleichen Gang nehmen wie bisher. Sagen wir zum Beispiel, jemand trägt einen schlecht sitzenden Schuh und läuft weiter mit diesem Schuh herum, bis ihn oder sie der Fuß schmerzt und wund ist, so könnte man die Prophezeiung wagen, dass sich diese Person eine Blase zuziehen wird. Deutet man das als Fakt, bei dem es keine andere Wahl gibt, so wird man als die betreffende Person nicht den Schuh ausziehen. Man könnte sich dann sagen, die Blase sei vorherbestimmt gewesen und man hätte in dieser Angelegenheit »keine andere Wahl« gehabt.

Leider können wir etwas Ähnliches unter Menschen erleben, die Katastrophen für die Erde vorhersagen. Aus unserer Sicht, unserem Verständnis nach, ist nichts in Sachen Erdveränderungen absolut. Es gibt Dinge, die wahrscheinlich sind und eintreten können oder nicht, je nachdem, was mit dem menschlichen Bewusstsein und dem Bewusstsein der Erde geschieht. Versteht Prophezeiungen nicht als Tatsachen, wenn ihr sie hört, sondern als etwas Wahrscheinliches. Es stimmt, dass es zu Erdveränderungen kommt, da die Erde sich weiterentwickelt, und genauso entwickelt ihr euch weiter. Doch die Erdveränderungen müssen nicht so verheerend sein wie laut vielen Berichten.

Die eigentliche Funktion der Prophezeiung ist die, Gesellschaft und Individuum davor zu warnen, dass ihnen etwas Bestimmtes wahrscheinlich bevorsteht. Der Prophet deutet auf das künftige Schicksal und sagt: »Das ist die Richtung, in die wir uns bewegen. Wollen wir dem eingeschlagenen Weg weiter folgen?« Das ist die tatsächliche Funktion der Prophezeiung. Nicht die, zu sagen, dass das, was wir in der prophetischen Vision sehen, genau so eintreten wird und dass es da keine andere Wahl gibt. Das wäre nach unserem Verständnis ein Irrtum.

Virginia: Bei uns wird derzeit viel über Zeit debattiert, darüber, wie Zeit sich messen lässt, über das Schnellerlaufen der Zeit, den Maya-Kalender und die Vorstellungen, die hinter ihm standen und dergleichen mehr. Wie hängt die Messung der Zeit mit Schicksal zusammen?

Hathoren: Da hast du ein sehr umfassendes Thema angesprochen. Und es mag eine ziemliche Weile dauern, das zu erklären, aber wir werden versuchen, uns kurz zu fassen. Es hängt mit der Sprache zusammen, so merkwürdig es auch scheint. Wenn ihr etwas erlebt und dieses Erlebnis mit Hilfe der Sprache beschreibt, so könnt ihr das Erlebte besser begreifen – es festhalten. Und Sprache erleichtert das Wiedererkennen eines Erlebnisses. Man kann natürlich auch ohne Worte etwas erleben, aber *die Sprache ermöglicht es dem Bewusstsein, ein Erlebnis zu kennzeichnen.* Zum Beispiel versucht ihr euch an etwas zu erinnern, was früher einmal geschehen ist – sagen wir einmal, ihr steckt ein Buch in eine Schublade, verlasst das Haus und geht irgendwo hin, am anderen Ende der Stadt. Dann merkt ihr, dass ihr das Buch braucht, also ruft ihr euren Partner oder eure Partnerin zu Hause an, sagt ihm oder ihr, dass ihr das Buch in die zweite Schublade gesteckt habt und bittet darum, eine bestimmte Seite vorgelesen zu bekommen. Die Sprache hat euch hierbei geholfen, miteinander zu kommunizieren, also erleichtert die Sprache die Erfahrung (solange, bis ihr wieder telepathische Fähigkeiten entwickelt). Es wäre derzeit sehr schwierig, die betreffende Person zu dem Buch hin zu dirigieren, wenn euch keine Sprache zur Verfügung stünde. Die Sprache legt also einen Pfad durch die Erfahrung hindurch fest, und das ist auch die Funktion der Sprache, wenn auch gleichzeitig ihre Begrenztheit, wie wir ergänzen könnten. Die Zeit ist ein ähnlicher Vorgang. Sie ist eigentlich ein Fließen, aber sie ist viel komplexer als das, was von eurer Gesellschaft, eurer Kultur linear gemessen wird. Da die Zeit in Wirklichkeit spiralförmig verläuft und nicht linear, ist sie ihrem Wesen nach multidimensional, nicht dreidimensional. Bitte macht euch klar, dass sobald ihr ein lineares Maß für die

Zeit verwendet, oder überhaupt irgendein Messsystem, etwas geschaffen habt, das sich auf die Wahrnehmung auswirkt. Nun – es gibt drei bestimmte Eigenschaften oder Ebenen der Zeit, über die wir sprechen möchten.

Die erste Eigenschaft wäre die *biologische* Zeit – die organische Zeit, die Rhythmen eures Körpers, der Rhythmus eures Atems, der Rhythmus eures Pulsschlags, der Rhythmus des Windes, die Rhythmen der Wassermassen auf dieser Erde – das alles hinge mit den Erdrhythmen und den biologischen Rhythmen eures Körpers zusammen, die organisch sind. Ihr habt außerdem auch die Uhr, die erfunden wurde, um die Zeit in einer Sequenz von Abschnitten und Teilen messen zu können, sodass ganze menschliche Gesellschaften ihr Leben nach einer mechanistischen Zeitmessung ausrichten, statt nach ihrer biologischen Weisheit. Das erzeugt beim einzelnen Menschen enormen Stress, was gar nicht voll und ganz erkannt wird. Sein Leben nach der Uhr auszurichten, um sich nahtlos so einfügen zu können, wie es für die Gesellschaft bequem ist, mag euch auf einer gewissen Ebene dienlich sein, auf der biologischen Ebene jedoch ist es ein starker Belastungsfaktor, da es euch von eurer biologischen Weisheit abschneidet!

Die Zeit biologisch zu messen, nach den Rhythmen der Natur, bringt uns zur zweiten Ebene der Zeit, die mit dem Mond in Verbindung steht. Die *lunare Zeitabfolge* – die dreizehn Vollmonde, die innerhalb rund eines Jahres auftreten – sind ein organischeres, ein richtigeres Zeitmaß als der aktuell gültige gregorianische Kalender, der von vielen Gesellschaften auf der Welt benutzt wird – insbesondere bei denen des Westens. Der zwölfmonatige gregorianische Kalender entstand, um die Verbindung des Menschen zu dem am Mond orientierten, organischen Zeitgefühl zu kappen. Die Schöpfer des Kalenders nahmen es sehr genau mit dem, was sie da taten. Es war reiner »Schwindel«, um es im Straßenjargon eures Planeten auszudrücken. Es zerstört die Verbindung! Es war eine Möglichkeit, das menschliche Bewusstsein aus dem Wahrnehmen der Erde als Große Mutter herauszureißen und es an etwas anzubinden, das abstrakter Natur war. Misst man also die Zeit mit Hilfe des gregorianischen Kalenders, so ist man buchstäblich nicht mehr im Gleichtakt mit dem wahren Fluss der Zeit. Es ist ein willkürliche Art, sie zu messen. Sie wurde sozusagen aus dem Zylinder gezaubert. Sie ist nicht organisch. In ihr spiegeln sich weder die Rhythmen des Körpers, noch spiegelt sie die Rhythmen der Erde. Ein Zeitgefühl, das der Wahrheit näher käme, wäre also die Rückkehr zu den Mondphasen.

Das dritte Zeitgefühl schließlich ist *intergalaktisch,* nämlich das Fließen und die Beziehungen der Galaxien untereinander im Verhältnis zur großen Zentralsonne und deren jeweilige Beziehungen zu eurer Sonne, dem Stern dieses Sonnensystems. Das ist eine weitere Ebene der Zeit, über die ihr sehr wenig wisst. Ihr habt also drei Ebenen der wirklichen Zeit: (1) *biologische*, (2) *lunare* und (3) *intergalaktische* Zeit.

Man kann die Zeit in Sequenzen messen – mechanistisch – und scheinbar eine Kontrolle über die Erde zu haben beginnen, da man tatsächlich bewirken kann, dass das Auftreten von allem Erdenklichen sich nach der Zeit richtet. Und das ist wahr, da man durch das Bewusstsein einen weiteren Zeitstrom erzeugen kann. Aber was wir euch sagen würden ist: Wenn ihr euch einer zutreffenden Schilderung der Zeit annähern möchtet, die mit dem Universum harmoniert, so lenkt eure Aufmerksamkeit von der Uhr und dem bei euch benutzten Kalender weg und auf euren Körper, auf den Mond und die Sonne.

Virginia: Kann der Maya-Kalender das für uns leisten?

Hathoren: Mit dem Maya-Kalender lassen sich die Mondphasen sowie die intergalaktischen Phasen verfolgen. Er verfolgt nicht die Weisheit des Körpers. Die Weisheit des Körpers ist eine organische, biologische Zeitmessung, die im einzelnen Menschen stattfindet. Doch ja, für die Mondphasen und die intergalaktische Zeit ist der Maya-Kalender die exakteste Beschreibungshilfe, die in eurem Besitz ist.

Virginia: Wie nutzen wir dann also angesichts der Trennung in der derzeitigen Gesellschaft am besten die Zeit?

Hathoren: Wenn ihr nicht gerade »Aussteiger« werden wollt, so werdet ihr ein Gleichgewicht herstellen müssen. Wenn ihr euch an die Gesellschaft anpassen müsst – und bei den meisten Individuen ist es so –, dann kann es sein, dass ihr der Uhr eure Achtung erweisen und zu einer verabredeten Stunde wie versprochen an einem bestimmten Ort sein müsst. Doch achtet, während ihr euch nach der Uhr richtet, auf euren eigenen Körper. Vielleicht ist es dann, wenn alle anderen essen, für euch gerade nicht Essenszeit. Vielleicht ist für euch die Zeit gekommen, euch auszuruhen, zu lesen oder einen Spaziergang zu machen und dann später etwas zu essen.

Es bestehen enorme Unterschiede im Hinblick auf den individuellen Rhythmus. Ihr müsst also sehr sensibel für eure eigenen Rhythmen werden und darauf achten, eure Entscheidungen auf der Grundlage der Weisheit eures Körpers zu fällen, während ihr gleichzeitig die Uhr und den gregorianischen Kalender beachtet. Wir würden euch einfach anregen, dass ihr die Mondphasen zu beachten beginnt und diesen Fluss der Zeit von einem Neumond zum nächsten zu spüren beginnt. Wenn ihr in zwei Welten leben könnt, so könnt ihr in der Gesellschaft existieren und Dinge gemäß dieser Messweise zur Kenntnis nehmen und verfolgen, und gleichzeitig diese tieferen natürlichen Rhythmen wahrnehmen und euer Leben nach ihnen ausrichten.

Virginia: Ihr habt zuvor einmal gesagt, es gäbe heilige geometrische Muster. Könntet ihr auf diese geometrischen Muster eingehen, von denen wir oft sprechen, etwa auf die »Blume des

Lebens« und diverses mathematisches Wissen sowie auf Rituale? Seht ihr es so, dass diese einen Einfluss auf das Schicksal gehabt haben oder unser jetziges Schicksal bestimmen?

Hathoren: Die Blume des Lebens ist ein grundlegendes Muster, nach dem das Universum aufgebaut ist, es sind also sogar die molekularen und atomaren Raster hiernach ausgerichtet; von daher ist sie die Plattform, auf der sich die Bestimmung von allem entfaltet. Sie ist die Blaupause. Ohne sie gäbe es keine Manifestation. Aber heißt deine Frage: »Hat die bewusste Zurkenntnisnahme dieses Musters einen Einfluss auf das Schicksal gehabt?«

Virginia: Ja.

Hathoren: Wenn mehr Menschen die hermetische Wahrheit »Wie oben, so unten« erkennen – dass alles mit allem verbunden ist –, so beginnt man aus dem Miasma der Auffassung herauszukommen, dass die Dinge dem Zufall überlassen seien. Zu erkennen, dass die Dinge miteinander verbunden sind und dass es eine Intelligenz gibt, die sie zusammenhält, ist Weisheit. Wenn man wach wird für diese Wahrheit, verändert sich das Schicksal, da man bestimmte Dinge, die man tat, während man noch schlief, nicht mehr tun kann. Von daher: Ja, es verfolgt den Zweck, aufzuwachen und auf individueller und kollektiver Ebene Schicksale zu ändern.

Virginia: Könntet ihr bitte etwas zu einer eventuellen vorherigen Zivilisation auf dem Planeten sagen, die ihre Bestimmung wirklich verstand und hiermit Hohes erreichte?

Hathoren: Lemurien konnte das längere Zeit. Auf Atlantis tat man es für eine Weile, bis es dort zu einer Fehlwahrnehmung kam und in die Dualität als seine eigene Wirklichkeit einstieg – bis die Menschen dort so kopfbetont wurden, dass sie das Gegengewicht, die Liebe, verloren. Natürlich stellte die hohe Bestimmung des Goldenen Zeitalters in Ägypten und in Griechenland insgesamt eine außerordentliche Blüte und

Vorwärtsbewegung im menschlichen Bewusstsein dar. Es gab auch Kulturen in Afrika, für die ihr keine Namen habt, da eure Geschichte sie nicht kennzeichnet.

Wie bereits festgestellt, standen wir schon zuvor in Beziehung zu vielen frühen Zivilisationen. Aufgrund unserer intensiven Verbindung zu dieser Blütezeit Ägyptens wissen wir, welch eine kraftvolle Saat im Hinblick auf Einfluss und Errungenschaften damals erlangt wurde; insbesondere durch die Mysterienschulen und den facettenreichen Einsatz der Kraftstäbe.

Virginia: Kraftstäbe? Könntet ihr diesen Begriff erklären?

Hathoren: [... Pausieren, um diese Frage unter sich zu besprechen ...] Bitte entschuldige die Verzögerung, aber wir haben uns überlegt, wie viel wir zu diesem Thema sagen sollen, da eine angemessene Antwort ziemlich lang wäre. Wir gehen davon aus, dass das Kapitel dadurch zu lang würde und fragen, ob du möchtest, dass wir fortfahren oder nicht?

Virginia: Um nichts Wichtiges auszulassen, warum bringen wir dieses Kapitel nicht jetzt zum Abschluss und gehen dann weiter auf das Thema mit den Kraftstäben ein?

Hathoren: Einverstanden. Beschließen wir also unsere Bemerkungen damit, euch ein letztes Mal daran zu erinnern, dass euer Schicksal nicht vollkommen vorherbestimmt ist, sondern den potenziellen wahrscheinlichen Entwicklungen des höheren Bewusstseins überlassen ist. Durch dieses erhöhte Bewusstsein, eure positiven Entscheidungen und eure liebevolle Schwingungsfrequenz befindet ihr euch auf einer expandierenden Reise kosmischen Ausmaßes.

Indem ihr die Übungen einsetzt, die wir euch für euer Wachstum und eure Heilung empfohlen haben, werdet ihr einen Einfluss auf weit mehr als euer eigenes Leben und die Fortschritte der Erde haben. Ihr werdet dazu beitragen, so vielen anderen Wesen, die ihr derzeit noch gar nicht kennt, Licht und Hoffnung zu bringen.

12

Kraftstäbe

Der Begriff »Kraftstäbe« kann sich auf viererlei Dinge beziehen, von denen das erste der Einsatz tatsächlicher Metallstäbe war, die von den alten Ägyptern in ihren Tempeln und Mysterienschulen eingesetzt wurden. Ihr werdet auf manchen der Hieroglyphenbilder Stäbe sehen, die wiederum einen weiteren Stab aufweisen, der eingerollt ist. Mitunter befindet sich am Ende der Stange ein *Ankh*. Diese Stäbe wurden dazu eingesetzt, Chakras (Energiezentren oder -wirbel) im Körper des Initianden oder der Initiandin zu aktivieren. Die Stäbe wurden dann entlang des Rückens der Initianden platziert und angeschlagen, wodurch sie einen Ton abgaben, der ganz ähnlich war wie der einer Stimmgabel, wodurch als Resonanz entsprechende Klangmuster erzeugt wurden, die in die Wirbelsäule hineingingen und die Chakras aktivierten. Diese Stäbe waren von unterschiedlicher Länge, und wenn sie auf eine spezielle Weise eingesetzt wurden, in einer besonderen Abfolge, bewirkten sie, dass die Lebenskraft, *Sekhem* – die Kraft des Bewusstseins, wie sie sich im Physischen ausdrückt –, aufstieg. Diese Lebenskraft stieg dann die Wirbelsäule hinauf und aktivierte dabei diverse Chakras und Zentren. Und so wurden die Kraftstäbe dazu eingesetzt, den Initianden zu helfen, in diese höheren Bewusstseinssphären einzutreten und diese Welten dann zu erkunden.

Die zweite Bedeutung der Kraftstäbe hängt mit den tatsächlichen Energieströmungen zusammen, die im menschlichen Körper existieren. Das zentrale Verständnis dessen hat mit der sogenannten Pranaröhre oder Zentralsäule zu tun: dem röhrenartigen Gebilde, mit dem ihr in vorherigen Übungen gearbeitet habt. Diese Pranaröhre ist ein hoch wirksamer Konzentrationspunkt für die eigene Evolution, und es gibt spezielle Energieströmungen, die von jedem der Chakras zu den anderen Chakras innerhalb dieser Röhre verlaufen. Zum Beispiel könntet ihr eine Wanderung von Energie oder eine energetische Beziehung vom Sexualzentrum zum Herz- oder Machtzentrum haben. Wird der Energiefluss oder der Stab aktiviert, der das zweite Chakra (Sexualzentrum) mit dem Machtzentrum verbindet, so drückt sich Sex als Mittel zum Erlangen von Macht aus. Würde man jedoch Sexualität über das Herz ausdrücken, was einem höheren Frequenzbereich entspricht, so würden der Stab oder die Verbindungsströme zwischen dem Sexualzentrum und dem Herzen aktiviert ... und so weiter die Wirbelsäule hinauf.

Insofern bezeichnet »Kraftstäbe« auch die energetischen Beziehungen zwischen unterschiedlichen Frequenzbereichen unserer eigenen Erfahrung. Während also die Kraftstäbe im erstgenannten Sinne von jemandem, der sich darauf versteht, die Stäbe so einzusetzen, dass diese Energien in Bewegung kommen, physisch im Äußeren aktiviert werden, so gehören zu dem Begriff in dem Sinn, den wir als zweites erklärt haben, Energiesysteme innerhalb eurer eigenen Domäne der freien Entscheidung und Intuition. Wenn ihr von daher mit der höchstmöglichen Intention agiert, so aktiviert ihr diese Kraftstäbe, die euch mit den höheren Zentren (Chakras) verbinden. Das ist eine Möglichkeit, wie ihr euch »booten« könnt, um einen Computerausdruck zu verwenden, und euch durch eure Intention auf eine höhere Bewusstseinsebene heben könnt.

Zum Beispiel könnt ihr, wenn ihr eine sexuelle Beziehung habt, die von einem Ort der Liebe kommt, und nicht lediglich von einem Ort der Macht, den Frequenzbereich anheben, sodass Sex ein Weg, ein Mittel sein kann, höhere Frequenzbereiche eures eigenen Bewusstseins zu berühren. Wenn ihr euch in den sexuellen Selbstausdruck mit dem Wunsch nach Klarheit und einer Verbindung mit den höchsten Seiten eures eigenen Wesens hineinbegebt, so werdet ihr euer Kronchakra aktivieren, es mit dem Sexualzentrum in Verbindung bringen, und dann braucht ihr euch nicht für das eine oder das andere entscheiden. Vielmehr könnt ihr mehrere Energieströme gleichzeitig fließen lassen. Der Punkt hierbei ist, dass ihr durch die Kraft eurer Intention und freien Entscheidungen – und dadurch, wie ihr an euer Tun in eurem Leben herangeht – bestimmen könnt, welche Stäbe oder Energieströme innerhalb dieser Pranaröhre aktiviert werden.

Es gibt auch noch eine dritte Bedeutung des Begriffs »Kraftstäbe«, die wir gerne erläutern würden – und auch sie bezieht sich auf den physischen Stab, der im alten Ägypten zu Zeiten der hohen Initiationen verwendet wurde. Am Ende dieser Art von Stab befand sich eine Traube von bestimmten Kristallen und Edelsteinen, deren Frequenz und Struktur die Gedanken verstärkte, die dem Dritten Auge des Initianden oder der Initiandin entsprangen. Dazu kam es, wenn der Stab auf Armeslänge dicht vor den Initianden gehalten wurde, wobei die Kristalle eine direkte Linie vor dem Dritten Auge bildeten. Der Initiand konnte dann mit Hilfe innerer Methoden einen Gedanken formulieren und in die Kristalle hineinlenken, die diesen bestimmten Gedanken dann wiederum verstärkten.

Der Stab war ein macht- und wirkungsvolles Instrument – und gleichzeitig recht gefährlich. Wir möchten also nicht näher darauf eingehen, da diese Technologie in den Tagen von Atlantis auf eine andere Weise gebraucht und missbraucht wurde. Er wurde verändert, als er nach Ägypten kam. Das grundlegende Verständnis jedoch, wie Kristalle eingesetzt werden können, Gedankenenergien zu verstärken, um Heilung zu bewirken, ist selbst heute noch dem Wesen nach gleich.

Es gibt noch ein viertes und letztes Verständnis im Hinblick auf den Begriff »Kraftstäbe«, auf den wir nun gerne eingehen würden, und dieses hat mit dem zu tun, was man als den »vierten Bewusstseinszustand« bezeichnen könnte. Doch lasst uns, bevor wir auf diesen vierten Bewusstseinszustand eingehen, noch einmal die ersten drei Bewusstseinszustände durchgehen, für den Fall, dass sie euch nicht vertraut sind.

Der *erste Bewusstseinszustand* ist das *vegetative* Bewusstsein, was bedeutet, dass ihr als menschliches Wesen nicht als Vorstellung von euch selbst existiert, sondern nur als euer Körper. Achtet einmal auf ein neugeborenes Kind. Der Körper hat lediglich eine innere Selbstwahrnehmung und das Bedürfnis, weiterzufunktionieren. Auf ähnliche Weise behält ein Mensch, der einen massiven Schlaganfall erlitten und bei dem alle Funktionen innerhalb der höheren Zentren des Gehirns aufgehört haben, keine Erinnerung an sich selbst, selbst wenn der Körper weiterfunktionieren würde, wenn die lebenswichtigen Organe nicht geschädigt wären und die primitiven Strukturen des Gehirn intakt. Diese erste Bewusstseinsebene ist also die, wo sich der Körper seiner selbst bewusst ist und weiter funktioniert.

Der *zweite Bewusstseinszustand* ist die *Selbstwahrnehmung*, wo man sich aus dem vegetativen Zustand hinausbegibt oder dem, was ihr den niedrigeren, animalischen Zustand nennt, in ein Bewusstsein seiner selbst oder ein Bewusstsein, Teil der Matrix des Physischen zu sein – und doch davon getrennt. In den höheren Zuständen eines solchen Bewusstseins – in dem, was man in alter Zeit den »Zeugenzustand« nannte – beobachtet man sich selbst, während man sich seiner selbst bewusst ist. Dieses Bewusstsein ist Teil des biologischen Funktionskontinuums, und dennoch ist es auch davon getrennt. Dieses Selbst-Bewusstsein ist also der zweite Zustand oder die zweite Ebene des Bewusstseins, und es nimmt zu, indem man seine

Emotionen, seine Triebe, seine Instinkte und seine Gedanken beobachtet.

Der *dritte Bewusstseinszustand* betrifft andere in der *äußeren Welt.* Hierzu gehört ein Gewahrsein anderer Menschen, anderer Beziehungen, der äußeren Welt und der Kräfte, zu denen man gehört. Sich durch diese diversen Kräfte und Beziehungen hindurchzunavigieren, gilt de facto als Bestandteil eines normalen menschlichen Daseins. Da die Gesellschaft und ihre Gesetze auf einer bewussten Anerkennung dieser dritten Bewusstseinsebene basieren und auf einer Übereinkunft, was innerhalb dieser Bewusstseinsebene erforderlich ist, macht sie im wesentlichen die Aktivitäten im menschlichen Leben aus. Auf dieser Ebene endet die Entwicklung der meisten Menschen.

Es gibt jedoch noch einen *vierten Bewusstseinszustand*, bei dem sich das Bewusstsein vom Bereich des Personalen in den des *Transpersonalen* hineinbegibt. Es gibt Ebenen, die sogar hierüber hinausgehen, aber sie sind so abstrakt, dass die meisten Menschen nichts mit ihnen anfangen können. Diese Verlagerung in das transpersonale Erleben ist das nächste Evolutionsstadium für die Menschheit. Unser Verständnis dieser vierten Bewusstseinsebene bringt das Verständnis mit sich, dass alles Leben sich durch euch lebt und ausdrückt. Wie bereits festgestellt, ist es eine Bewegung vom Personalen zum Transpersonalen. Es ist eine Bewegung vom Egozentrierten zum Universellen. Das Ganze ist eine Bewegung, in der sich das Bewusstsein umschichtet und einem ganz klar wird, dass das Leben sich in zahllosen Formen ausdrückt. Das Leben bewegt sich durch Regenwälder, bewegt sich durch Meere, bewegt sich durch Schimpansen, durch Hunde, durch Goldfische, durch Amöben, durch Delfine und Wale und noch in den winzigsten Samenkörnern, die der Wind davon weht. Es bringt ferner ein tiefes Verstehen zum Ausdruck, dass ihr als

Menschen in eurem Menschsein, so heilig es auch ist, nicht wichtiger seid als irgend ein anderes Wesen, in dem das Leben seine Unermesslichkeit zum Ausdruck bringt. Und so ist diese vierte Bewusstseinsebene ein zutiefst spiritueller Kontext, in dem unsere eigene Rolle im Leben sich fortsetzt und man sich selbst, die Welt und das Leben immens und für immer anders erlebt.

Vieles an den internen Lehren der Mysterienschulen und dem Verständnis der Eingeweihten bestand darin, diesen Übergang auf die vierte Bewusstseinsebene zu bewältigen. Diese vierte Bewusstseinsebene wird durch vielerlei Dinge aktiviert. Sie kann durch selbstlosen Dienst an anderen aktiviert werden. Sie kann durch das Herz aktiviert werden, durch die Emotion der Liebe und durch Beziehungen. Sie kann durch ein Verständnis der Heiligen Elemente aktiviert werden oder durch Erhöhung des *Ka*. Möglichkeiten gibt es viele, aber die eine Möglichkeit, die sich in ihnen allen findet, ist der Energiefluss in der Zentralsäule, der Pranaröhre, auf die wir zuvor schon eingegangen sind.

Im Besonderen ist es, wenn man die Bewegung hin zur vierten Bewusstseinsebene vollzieht, so, dass die Pranaröhre sehr intensiv aktiviert wird, obwohl man dies je nach der eigenen Empfänglichkeit wahrnehmen mag oder auch nicht. Was jedoch im Grunde geschieht ist, dass sich durch euren Körper Himmel und Erde begegnen. Die himmlischen Kräfte – die tatsächlich eine Realität als Partikel haben – werden durch die Pranaröhre abwärts geleitet, durch die Krone in das Herz, und die Erdkräfte und -energien werden ebenfalls zum Herzen geleitet, wo beide einander begegnen. Die himmlischen Kräfte können auch in den einzelnen Wirbeln oder Chakras des Körpers zusammenkommen. Diese Pranaröhre wird also zu etwas ganz Zentralem, wenn man sich auf die vierte Bewusstseinsebene begibt.

In Grundzügen geschieht auf der vierten Bewusstseinsebene Folgendes: Statt dass die einzelnen voneinander getrennten Stäbe in ihrer Beziehung zu den diversen Zentren aktiviert werden, wird der gesamte Stab oder die Pranaröhre aktiviert. Wenn die Pranaröhre durch die Intensität des *Prana* zu vibrieren beginnt, hat man sich aus dem Persönlich-Menschlichen in das Überpersönlich-Menschliche hineinbegeben und findet Eingang in das universelle Leben. Hier tun sich die interdimensionalen Welten auf, sie offenbaren sich, und man beginnt ein sehr anderes Leben zu führen. Wenn man einen solchen Menschen äußerlich betrachtet, sieht man vielleicht nichts, worin er sich radikal von anderen unterscheidet, aber innerlich ist es eine ganz andere Wirklichkeit. Dieses Verständnis des Begriffs »Kraftstäbe« würden wir gern hervorheben und anregen, da es etwas darstellt, das als evolutionärer Schritt entschieden allen offen steht. Es ist einfach ein Frage der Entscheidung und Intention, ob man sich auf diesen Weg begibt oder nicht.

So, Virginia. Hast du Fragen?

Virginia: Was die Beziehungen und die Bewegungen der Energieströme zwischen den Chakras angeht, wie ihr sie hier beschrieben habt: Ist das so etwas wie das, was wir als eine Kundalini-Erfahrung oder -Öffnung bezeichnen würden? Außerdem: Welche der möglichen Muster des Chakraenergieflusses sind für die meisten Menschen heute die sichersten und bringen den größten Nutzen, wenn wir sie etablieren? Es war nicht klar, ob all diese Muster der Chakrabewegungen zunächst mit der Sex- oder Wurzelchakraenergie beginnen und sie nutzen.

Hathoren: Was die Frage angeht, welches der Energiezentren (Chakras) für alle Menschen am sichersten zu nutzen wäre, so wäre das Herzzentrum dieser Konzentrationspunkt. Der

Grund dafür ist, dass das Herzzentrum der Sitz der Seele ist, die wir *Ku* nennen, und dieses Ku, die Seele, ist das Keimbewusstsein, das seinen Sitz im Herzen hat. Die einzelnen Energieströme und Kraftstäbe also in ihrer Beziehung zum Herzen zu fokussieren, ist definitiv der sicherste Ansatz – es sei denn, man hat ein vollkommen klares Verständnis, wie diese sehr subtilen Energien einzusetzen sind. Das Herz beschleunigt die Evolution deshalb am schnellsten, weil das Herz die Emotion Liebe erzeugt, den positiven Zustand der Empfindungen, und die Harmonik bedingungsloser Liebe. Wenn man sich konzentriert auf bedingungslose Liebe ausrichtet, bewegt man sich auf der aufsteigenden Spirale nach oben. Hat man also, wie schon zuvor erklärt, eine sexuelle Beziehung zu einem anderen Menschen und drückt dabei diese Liebe in Relation zum Herzen aus, so wird diese Emotion, dieser Gefühlszustand, natürlich den sexuellen Ausdruck durchdringen. Dann wird der Ausdruck von Sexualität heilig und erhaben.

Genauso verhält es sich, wenn man die energetische Beziehung zwischen Herz- und Machtzentrum (Solarplexus-Chakra) ausdrückt: Dann wird beim Ausdruck von Macht der Machteinsatz durch Liebe auf eine höhere Ebene gehoben. Spricht man (durch das Halschakra) die Wahrheit aus, die man in jeder Faser seines Seins spürt, und die Worte gehen durch das Herz, durch die Liebe, so hebt man diese Worte auf eine höhere Ebene, und sie haben eine günstige Wirkung. Analog dazu wird man, wenn sich die visionäre Schau eröffnet und man hellsichtig wird (durch das Stirnchakra), dann, wenn dies auf einer Beziehung zum Herzen basiert, Regionen sehen, die ihr vielleicht die ätherischen oder astralen Ebenen nennt – feinstoffliche Sphären, die sich im Schwingungsfeld des Herzens befinden. Ihr umgeht dann die Negativität, die auf der Astralebene existiert, und die eigene Wahrnehmung der feinstofflichen Sphären gelangt auf eine höhere Ebene. Das geschieht auch bei der Öffnung des Kronchakras, wenn man in das transpersonale Zentrum hineingelangt. Das Herzzentrum ist also zum derzeitigen Zeitpunkt der menschlichen Entwicklung der nutzenreichste Konzentrationspunkt in Relation zu den anderen Stäben oder Energieströmen.

Die Antwort auf deine Frage, ob diese Bewegung der Energie mit der Kundalini gleichzusetzen ist, lautet: Ja! Macht euch klar, dass es neben der Kundalini-Energie auch noch weitere Energien gibt, die die Wirbelsäule hinaufsteigen. Die Initiationserfahrung in den Tempeln jedoch, bei der die Stäbe eingesetzt wurden, aktivierte in der Tat das, was man als die Kundalini-Energie bezeichnet.

Diese Kundalini, das elektromagnetische Energiefeld des Bewusstseins, ist im physischen Körper enthalten, beginnend am Wurzelchakra. Die Kundalini-Energie wandert die Wirbelsäule empor, von ganz unten, und somit beginnen alle sonstigen Bewegungen der Energie im Körper, innerhalb der feinstofflichen Sphären, am Wurzelchakra. Die Lebenskraft, die wir *Sekhem* nennen, wird in der Magengegend gespeichert, im Solarplexus und dem unteren Teil des Magens, und wandert dann in die Geschlechtsorgane hinunter, bevor sie die Wirbelsäule hinaufsteigt. Diese Energie wird aktiviert, indem man sich auf das zweite Energiezentrum konzentriert (das Sexualzentrum oder Kreuzbeinchakra). Bei der Anwendung der ägyptischen Alchemie sind diese Zentren also sehr wichtig für das Fundament der spirituellen Evolution.

Unserem Verständnis nach ist die Lebenskraft selbst im Körper enthalten und drückt sich zunächst als Stoffwechsel aus, um sich dann in das Wurzelchakra hinunter zu begeben – von wo aus der Energiestrom aufwärtsfließt. Wie bereits erwähnt, werden diese Energien dann, wenn das Herz im Brennpunkt der energetischen Beziehung zwischen den Energiestäben steht, durch Liebe auf eine höhere Ebene befördert. Wir wollen hier klarstellen: *Die Vitalkraft des Körpers und die Vitalkraft des Bewusstseins entspringen in den unteren Chakras, sodass man sie nicht wirklich umgeht. Es ist einfach so, dass diese Lebenskraftenergien bei gleichzeitiger Konzentration auf das Herz ausgedrückt werden.*

Virginia: Ja, das beantwortet die Frage, danke. Was nun die mechanischen Stäbe angeht, die metallenen, die früher in den Mysterienschulen Ägyptens verwendet wurden, sind diese heute nicht für uns passé? Sollten wir nicht, wie ihr in diesem Material hier angedeutet habt, den Blick auf unsere inneren Ressourcen richten, statt uns so sehr mit äußeren Hilfsmitteln zu befassen? Oder missverstehe ich die Botschaft? Mit anderen Worten, sollten wir diese metallenen Kraftstäbe heute benutzen, oder sollten wir die praktischen Übungen anwenden, die ihr hier habt einfließen lassen? Oder gibt es eine Kombination von beidem?

Hathoren: Idealerweise werden innere Technik und äußere Technik so angewandt, dass ein Gleichgewicht besteht. Die Menschen sind heute von technischem Schnickschnack und Technologie im Außen fasziniert, und viele glauben dabei, dass die äußerliche Technologie sie zum höheren Bewusstsein befördern wird, ohne dass eine innere Arbeit erforderlich ist. Das ist natürlich ein Irrtum, denn das, was im Grunde die Bewegung erzeugt, ist das Innere. Die Stäbe waren, wenn ihr so wollt, nur als Hilfsmittel da. Die eigentliche Bewegung der Vitalkraft die Wirbelsäule hinauf entstand durch die innere Intention des Initianden, durch seine Konzentration und seinen Willen. Was der Stab bewirkte, war lediglich, der Energie bei dieser Bewegung ein wenig nachzuhelfen.

An diesem Punkt in der Entwicklung der Menschheit kann der Einsatz von Klang, ob durch Stäbe erzeugt oder auf elektronischem Wege, selbstverständlich eine Hilfe sein. Und dennoch ist es im Wesentlichen der innere Fokus des Bewusstseins, der die Energiebewegung erzeugt, und so könnte die äußerliche Technik zwar hilfreich sein, aber ein überwiegender Teil des Flusses kommt durch inneres Bewusstsein und Meisterschaft zustande. Unser Augenmerk, unser Verständnis und unsere Auffassung zu diesem Punkt ist, seine eigenen innerlichen feinstofflichen Dimensionen zu meistern – dann verfügt man über persönliche Meisterschaft, und die äußerliche Technik wird absolut gar nicht benötigt. Im Rahmen unserer Lehren ist das, was wir als Ideal darstellen, dass ihr persönlich auf der inneren Ebene Meister werdet.

Virginia: Verstanden. Könntet ihr uns eine grobe Schätzung geben, wie viele Initianden in den ägyptischen Mysterienschulen durch diesen Fokus auf die innere Entwicklung Aufstieg und Meisterschaft erlangten? Und dann zum Vergleich, wie viele Menschen heute auf dem Planeten innerlich zur Meisterschaft kommen, damit wir eine Vorstellung haben, wie wir im Vergleich zu früheren Zeiten dastehen – insbesondere im Vergleich zur ägyptischen Epoche?

Hathoren: Du willst also einen Prozentsatz der Zahl von Eingeweihten?

Virginia: Ja, etwas, das zeigt, wie viele Menschen die Meisterebene erreichten – und ich nehme an, das war damals nicht einfach!

Hathoren: Meisterschaft ist nie einfach [... humorvoll ...]! Nun, zunächst einmal sei gesagt, dass wir nicht die Akasha-Chronik aller Seelen haben, die weltweit die diversen Initiationsprozesse durchliefen, da wir uns ja mit den Mysterienschulen in einer bestimmten Region befassten. Wir können jedoch etwas zu Ägypten in der Zeit sagen, in der die ägyptischen Mysterienschulen nicht mehr physisch präsent waren – eine Epoche, wo ein Großteil der äußerlichen Arbeit des Lehrens abgeschlossen war. Wir erkennen jedoch an, dass manche Mysterienschulen weiter bestanden, wenn sie auch weniger zugänglich waren und immer weniger Menschen sich auf sie einließen. Wahrscheinlich weniger als zehn Prozent der Initianden erlangten Meisterschaft, wenn wir Meisterschaft als den Punkt ansehen, wo man in der Lage ist, sein Bewusstsein dazu einzusetzen, zur höchsten Seinsebene aufzusteigen.

Virginia: *Zehn Prozent* der Gruppe, die ursprünglich anfing damit?

Hathoren: Ja.

Virginia: Und wie groß war der Anteil der Eingeweihten an der Gesamtbevölkerung? Ein kleiner Prozentsatz?

Hathoren: Oh ja, sehr klein. Weniger als *ein Prozent* der Gesamtbevölkerung. Was wir hier sagen ist, dass von der allgemeinen Bevölkerung weniger als *ein Prozent* sich dem Weg der Initiation gewidmet haben dürfte. Es gab diejenigen, die äußerlich die Rollen von Priestern und Priesterinnen annahmen, wenn ihr versteht, was wir meinen, aber was die Menschen angeht, die sich wirklich dafür entschieden, Initianden zu sein, und diesen Weg einschlugen, ihre Seele das Höchste erreichen zu lassen, so war weniger als *ein Prozent* der Bevölkerung hierin involviert. Von diesen Initiierten wiederum erreichten weniger als zehn Prozent die höchste Ebene dessen, was an der Mysterienschule gelehrt wurde. *Das bedeutet jedoch nicht, das die restlichen 90 Prozent der Initiierten die Prüfung nicht bestanden, denn Meisterschaft ist etwas, das durch sämtliche Leben hindurch weitergeht!* Das Erstgenannte ist ein Missverständnis, dem die Menschen derzeit anhängen mögen, wenn es um die Meisterschaft geht.

Es ist unwahr, dass man dann, wenn man es in diesem Leben »nicht schafft«, irgendwie durch die Prüfung gefallen ist. Das ist, so wie wir es sehen, allemal eine groteske Überzeugung, da dieses Leben nur eine Inkarnation in Zeit und Raum ist und *ein* Ausdruck von *Ku,* der Seele. Tatsache ist, dass jedes der aufeinander folgenden Leben ein weiterer Ausdruck eurer

Seele ist. Es ist wie die Blütenblätter, die an einer Blume wachsen. Sind die Blütenblätter kräftig genug und reif dafür, so öffnet sich die Blüte und erreicht, wenn ihr so wollt, ihr letztendliches Ziel. *Doch der Prozess, der dorthin führt – das ist die Meisterschaft.* Uns ist also nicht wohl dabei zu sagen, dass 90 Prozent der Initianden nicht bestanden, da sie unserem Verständnis nach durchaus auf dem Weg dazu waren, Meisterschaft zu erlangen. Es lag lediglich im zeitlichen Ablauf der Dinge, dass sie dieses letzte Ziel, zu dem die Mysterienschule sie hinführte, in der einen Inkarnation nicht erreichten. Später jedoch, in anderen Leben nach dem in Ägypten, erreichten viele von ihnen durchaus noch diese Meisterschaft.

Virginia: Ich denke, das hat die Frage geklärt. Könntet ihr dann noch einen Kommentar zu unserer aktuellen Situation abgeben? Ich glaube, ihr habt an irgend einer anderen Stelle in diesem Buch erwähnt, dass die Menschheitsfamilie heute ihre Initiationen in die Meisterschaft in alltäglichen Situationen erfährt, anders als bei den früheren Initianden, die sich selbst als solche identifiziert hatten und eine bestimmte Mysterienschule besuchten. Könntet ihr erklären, wie diese alltägliche Lernerfahrung für die Menschen heute funktioniert und uns ein Beispiel aus dem Alltag eines Individuums geben, damit wir besser verstehen, worauf ihr hinauswollt, wenn ihr sagt, dass wir wirklich mit jedem Tag der Meisterschaft näher kommen?

Hathoren: Wir würden diese Frage gerne mit Hilfe eines Mythos aus der Zeit des alten Ägypten beantworten: der Wiedererweckung des Osiris. Obwohl der Mythos sehr lang und komplex ist, haben wir in ihm tatsächlich einen alchemistischen Schlüssel, er ist eine Landkarte, die zeigt, wie man die Wiederauferstehung des Bewusstseins erlangt. Er ist eine Anleitung, ein Handbuch, wenn ihr so wollt, aber verschlüsselt, ein symbolischer Code. In der Erzählung von Osiris hat

Osiris einen Bruder, Seth, ein Code für die Schlange Apophis – die Schlange der Dualität. Diese Schlange der Dualität bedeutet einfach, dass der Konflikt zwischen Gut und Böse nur unterhalb der Ebene des höchsten Wesens auftaucht, das non-dual und geeint ist und keinen Konflikt kennt. Es gibt also einen Teil des Bewusstseins, der noch ausgewogen ist, unbeweglich, im Gleichgewicht, der allwissend ist, allgegenwärtig und ewig in Frieden.

Doch gibt es noch eine weitere Seite oder Ebene dieses Bewusstseins, des menschlichen Bewusstsein, die in der Dualität liegt. Im Mythos ist das Symbol oder das Wort für das, was ewig allgegenwärtig und auf immer friedvoll ist, *Maat*, das Gegenteil der Schlange Apophis, der Dualität. Die Geschichte von Osiris ist also, wenn ihr so wollt, die Geschichte des Kampfes zwischen Apophis und *Maat*, zwischen Wahrheit und Illusion. Im Mythos hackt Seth, der Bruder von Osiris, diesen in winzige Stücke und verstreut sie über die ganze Welt. Das ist das Symbol der Dualität, des dualistischen Geistes, der Dinge in Stücke schneidet und überall verstreut, statt die Ganzheit der Dinge zu erhalten. Kurz zusammengefasst, hat Osiris einen Sohn namens Horus, der seinen Tod rächt. Da Horus das Symbol für *Maat* ist, während Seth das Symbol für Apophis ist, ist Horus der Ausdruck der Wahrheit, des allgegenwärtigen, ewigen Friedens, und Seth ist der Ausdruck der dualistischen Natur.

Der Mythos dreht sich um den Konflikt zwischen diesen beiden Aspekten, und worin sich der Mythos in all seinen Fassungen einig ist, ist, dass schließlich ein Wesen entsteht, das den Namen Seth-Horus trägt und bei dem Seth mit Horus zu einem Wesen zusammengekommen ist, wenn auch getrennt. Horus wird in seiner formhaften Gestalt als habichtköpfiger Mensch dargestellt, und Seth mit einer Art Hundekopf auf einer menschlichen Gestalt. Das alchemistische Verständnis hiervon lautet, dass der Mensch aus einer Mischung von Illusion und Wahrheit gleichzeitig besteht. Es gibt die Tiernatur Seths, die im Kern ein Zögern oder eine Weigerung ist, zu verzeihen und Ärger und Eifersucht loszulassen, von daher sind diese Eigenschaften das, was ihn in dieser Mythologie zur dämonischen Gestalt macht. Da Horus derjenige ist, der mit dem Göttlichen verbunden ist, gibt es an allen Menschen eine Seite, die sowohl göttlich als auch dämonisch ist. Wie uns die Alchemie sagt, wie uns der Mythos sagt, muss man die Wahrheit dessen anerkennen, was man ist – dass es Teile von einem gibt, die nachtragend sind, neidisch oder eifersüchtig, kleinlich und voller Ärger, genauso wie ihr Aspekte habt, die erhaben, liebevoll und voller Mitgefühl sind.

Die unausgesetzte Frage ist die, von welchem Teil ihr kommen wollt. Was wählt ihr für euch, was wollt ihr zum Ausdruck bringen – die Seth-Natur oder die Horus-Natur? Sie sind beide da und in jedem Augenblick zugänglich, da das Leben ein ständiges auf freiem Willen basierendes Entscheiden ist, was ihr ausdrücken wollt. In den Mysterienschulen Ägyptens prüften die Priester und Priesterinnen die Initianden, um nachzuspüren, wie es um ihre Ethik bestellt war. Glich ein Initiand oder eine Initiandin eher Seth als Horus, was bedeutete, dass die Person noch an Mustern des Nachtragendseins, der Eifersucht und des Neids sowie des Ärgers festhielt, so wurde ihr kein Zugang zu den inneren Lehren und inneren Techniken gewährt, denn es wäre gefährlich gewesen, jemandem, der nicht im Gleichgewicht war, eine solche Macht zu geben.

Und so erfolgte die Auswahl der Schüler durch die Priester und Priesterinnen. Es gehörte mit zu den Aufgaben der Hüter der Mysterienschule, dass sie die moralische Güte der Initianden sicherstellen mussten. Dieser Prozess existiert heute nicht mehr in dieser Form, da jedes Individuum das für sich selbst tun muss.

Die Erde ist nun auf dem Weg, in ein höheres Schwingungsfeld einzutreten, und alles wird stimuliert, darunter auch die Seth-Natur und die Horus-Natur des Individuums. Bei vielen Menschen kommt nun als Reaktion auf die Aufwärtsbewegung der Erde ihre schlimmste und/oder ihre beste Natur zum Vorschein. Und so stellen die Situationen in eurem Leben, ob ihr euch dessen bewusst seid oder nicht, eine Chance dar, zu entscheiden. Reagiert ihr auf eine Situation in Form eurer Seth-Natur – mit Ärger, Neid und Eifersucht, Kleinlichkeit, einem Hang, nachtragend zu sein? Oder entscheidet ihr euch, aus eurer Horus-Natur heraus auf die Situation zu reagieren, die Liebe und Mitgefühl, Verständnis und Wahrheit ist? Eure emotionale Reaktion kreiert euer Schicksal und die zukünftigen Muster, die sich in eurem Leben entfalten. Ihr legt die Strasse oder den Weg zum Himmel oder zur Hölle an, Stein für Stein, durch die Entscheidungen, die ihr in eurem Alltag trefft.

Virginia: Ja, danke. Wenn wir diesen Gedanken nun weiter fortführen, seht ihr da eine Möglichkeit, wie die Menschen heute auf dem Planeten ansatzweise ermessen können, wo sie stehen? Natürlich ist die Art und Weise, wie alles in ihrem Leben läuft, ein Beispiel dafür, woran es sich erkennen lässt. Gibt es noch etwas Eindeutiges, anhand dessen wir unsere eigenen Fortschritte einschätzen können?

Hathoren: Nun, zunächst einmal würden wir sagen, dass ihr basierend darauf, wie euer Leben äußerlich läuft, nicht eure spirituellen Fortschritte einschätzen könnt. Manche Menschen glauben, wenn sie das »Richtige« täten, würde ihr Leben perfekt sein. Sie glauben auch, wenn etwas Negatives eintritt, dass sie versagt haben. So verstehen wir es nicht. Ihr müsst euch klarmachen, dass die Situationen, die euch in eurem Leben begegnen, »Oberflächenereignisse« sind, was bedeutet, dass sie an der Oberfläche des Bewusstseins auftauchen (mit anderen

Worten: in der dreidimensionalen Wirklichkeit). Unterhalb der Ereignisse selbst finden sich unermessliche, unsichtbare Kräfte, die aus der Tiefe des Bewusstseins selbst heraus agieren. Dieses Bewusstsein mag sich durch euch ausdrücken, durch eure Kultur, durch Erdveränderungen und sogar durch kosmische Kräfte unvorstellbaren Ausmaßes. Nicht alle Ereignisse werden einzig und allein von euch geschaffen (wohl aber definitiv eure Wahrnehmung von ihnen). Diese unterschiedlichen Kräfte – individuelle, kulturelle, auf der Erde angesiedelte und kosmische – wirken aufeinander ein, um an der Oberfläche die Ereignisse eures Schicksals zu erschaffen.

Manche dieser Kräfte, die sich in eurem Leben manifestieren, sind die Folge von Gedanken, Gefühlen und Handlungen eurerseits. Sie sind Saatgut, das ihr in die Erde eures eigenen Bewusstseins gepflanzt habt. Manches davon mag jüngeren Datums sein – was innerhalb eures jetzigen Lebens angesiedelt bedeutet – während anderes älteren Ursprungs sein mag. Die Zeit ist hier kein Hindernis. Gedanken oder Handlungen, die in anderen Leben gepflegt wurden, können sich karmisch auf euer jetziges Leben auswirken. Das ist keine Bestrafung, sondern eine Gelegenheit für die Seele, die Früchte ihrer Handlungen zu erkennen.

Für die fortschreitende oder aufsteigende Seele sind die Ereignisse des Lebens etwas, das als wundersam und schön gesehen wird, da es eine potenzielle Heilung ermöglicht, und eine Heilung von Vergangenem ist zentral für den Aufstieg des Bewusstseins. Heißt von daher unabhängig davon, welche Ereignisse sich in eurem Leben entfalten, diese mit wacher Wahrnehmung, Mitgefühl und intelligenten Entscheidungen mit offenen Armen willkommen. Macht euer Schicksal nicht schlecht. Akzeptiert das, was geschieht – nicht aus einer Art von Resignation oder einem »Sich-Ergeben« heraus, sondern in Anerkennung dessen, was da eigentlich geschieht. Ausge-

hend davon, dass ihr eure Situation als »eure« anerkennt und sie akzeptiert, könnt ihr dann dazu übergehen, die Dinge zu ändern, die zu ändern in eurer Macht steht.
Diese Haltung des Annehmenkönnens wird euch dann befähigen, durch die Harmonik der Eigenliebe und des rechten Handelns auf eine höhere Ebene zu gelangen und somit die Saat für ein höheres Schicksal und größere spirituelle Kraft auszusäen.

13

Die nicht gestellte Frage

Unser letztes Thema steht unter der Überschrift »Die nicht gestellte Frage«, da ihr beim Durchlaufen und Erkunden der Dimensionen des Bewusstseins und des Potenzials für ein höheres Bewusstsein merken werdet, dass die Fragen, die ihr stellt, entscheiden, worauf ihr Antworten erhaltet. Da die Antworten in die Fragen selbst eingebettet sind, ist es entscheidend, die richtigen Fragen zu stellen, sodass euch die Antworten offenbart werden, von denen ihr am meisten profitiert. Betrachten wir die Evolutionsmuster von Menschen, so scheint es offensichtlich, dass die meisten in ihre eigene kleine Welt involviert sind, ihre eigenen Sehnsüchte, ihr eigenen Wünsche, die Erfüllung ihrer eigenen persönlichen Fantasien. Jede Person scheint sozusagen allein loszuziehen. Von daher heißt die Frage, die von den meisten Individuen gestellt wird: »Was gewinne ich dabei?«

In fast jeder Situation, die sich ihnen präsentiert, stellen die meisten Menschen die Frage: »Was bringt mir das?« Und das ist also ihr primärer Filter. Ein paar Menschen sind natürlich über diese Einstellung hinausgewachsen, was ermutigend ist. Doch die breite Masse ist in vielerlei Hinsicht noch ohne Bewusstsein. Die Frage »Was bringt mir das?« ist zwar für bestimmte Ebenen der Evolution angebracht, für die höheren Bewusstseinsebenen jedoch, die derzeit in unserer Reichweite sind, ist sie zu einschränkend.

Freunde, die nicht gestellte Frage ist eine Frage, deren Antwort euch die größte Freiheit, die größte Beschleunigung des Wachstums, die größte Erweiterung des Bewusstseins und die größte Meisterschaft über euer eigenes Bewusstsein bringen wird. Die Antworten auf einige der tiefgründigsten, weitreichendsten Mysterien des Lebens liegen in dieser zentralen Frage. Der Kontext für diese Frage hängt mit der Erkenntnis zusammen, dass man Teil einer fortlaufenden, umfassenderen Erfahrung von Leben ist. Das Leben lebt sich selbst und drückt sich derzeit in zahllosen Formen aus, eingeschlossen euch selbst.

Der Baum zum Beispiel hat eine primäre Lebenskraft, die sich durch ihn hindurchbewegt und die sich durch Hunderte, ja Tausende von Blättern ausdrückt. Obwohl jedes Blatt für den Baum wichtig ist, geht der Baum weit über das einzelne Blatt hinaus. Tatsache ist, dass das Bewusstsein eines Blattes das Bewusstsein des Baumes nicht in sich umfangen kann, da der Baum umfassender ist als das Blatt, das von einem seiner Zweige hängt. Und dennoch ist der Baum paradoxerweise auf der tiefsten Ebene der Materie und des Bewusstseins als Information auch in das Blatt eingebettet.

Die gigantische Zahl an Neuronen in eurem Gehirn ist wechselseitig verbunden und ermöglicht so den Strom an Informationen, den man als eine Vielzahl individueller Bewusstseine verstehen kann, denn genau das sind sie in der Tat auch. Jedes Neuron birgt in sich ein eigenes Bewusstsein seiner selbst, und dennoch verbindet es sich mit anderen. Diese Verbindung mit anderen ist es, was das Phänomen eures Bewusstseins hervorruft, eurer bewussten Körperwahrnehmung. Das einzelne Neuron in eurem Gehirn ist sich der immensen Komplexität, von der es selbst ein Teil ist, nicht bewusst. Das Gleiche trifft auch auf euch zu. Die zahllosen Wesen auf diesem Planeten, seien sie menschlicher, pflanzlicher oder tierischer Natur, sind alle Teile eines umfassenderen Lebens – Ausdruck eines größeren Geistes, wenn ihr so wollt.

Ja, ihr seid für die Erde wie Neuronen. Dementsprechend

bewirkt die Frage, die die meisten Menschen stellen – »Was bringt mir das? Was ist für mich persönlich in einer vorliegenden Situation oder bei einer Begegnung von Wert?« –, nur ein endloses Neuabspulen von Antworten, die allein schon aufgrund ihrer Natur sehr einschränkend sind. Indem ihr eure Wahrnehmung von euren eigenen Bedürfnissen und Wünschen auf die ungestellte Frage umschwenkt: »Was kann ich in dieser Situation für das umfassendere Wohl aller tun?«, entwickelt sich euer Bewusstsein weiter. Ihr seht, der Kontext hat sich hiermit radikal verlagert, stimmt es? Denn nun habt ihr euch, statt euch lediglich auf eure eigenen individuellen Bedürfnisse auszurichten und zu beschränken, bewusst dafür entschieden, weiter zu werden, um den kollektiven Ausdruck des Lebens in seinen vielfältigen Formen zu umfassen.

Es ist schon gesagt worden, dass ihr lieben müsst, um geliebt zu werden, und das ist eine Seite der Frage, die wir hier besprechen. Wenn ihr die Erfahrung machen wollt, geliebt zu werden, so bringt jemand anderem die Energie der Liebe entgegen. Indem ihr eure Liebe zu anderen hinströmen lasst, wird die Liebe – so will es das Gesetz des Magnetismus und der Resonanz – reagieren und zu euch zurückkehren. Aber ihr müsst euch dabei über die winzige Welt eurer Überzeugungen, Reaktionen und Wünsche hinaus ausdehnen, um von diesem wunderbaren Gesetz profitieren zu können. Euer Bewusstsein auszudehnen, um anderen zu helfen, wenn möglich – nicht auf eure eigenen Kosten, sondern auf eine wohlausgewogene, integrierte Weise –, erlaubt eurem individuellen Bewusstsein, sich in das größere Ganze hinein auszudehnen. Das geschieht, wenn ihr euch bewusst werdet, was sich überall um euch herum ausdrückt, und nicht nur durch euch.

Es ist, als würde sich ein individuelles Neuron in eurem Gehirn verwandeln und ihm würde die Gesamtheit der Galaxie von Neuronen innerhalb des ganzen Gehirns bewusst. Das ist eine immense Verlagerung des eigenen Fokus, und genau das wird die nicht gestellte Frage euch eröffnen, wenn ihr an euer Leben so herangeht, dass ihr dabei dem Leben dient. Euer Leben dienend zu leben, ist ein anderer Kontext als euer Leben nur für euch selbst zu leben. Euer Leben für das Leben zu leben, um des Ausdrucks dieses Lebens willen, wie es euch und andere durchströmt, wird euch dazu bringen, für euch selbst und in eurem Miteinander mit anderen Entscheidungen zu treffen, die das Leben bejahen, erweitern, wertschätzen und alle anderen Wesen als heilig behandeln. Beginnt man diesen Prozess, der dazu führt, das eigene Leben zum Wohl des Lebens selbst zu führen, so taucht man in ein größeres Meer der Möglichkeiten ein, einen größeren Ozean der Chancen. Das Leben wird viel reicher, erfüllt einen viel mehr, weil man die wechselseitige Verbundenheit von allem zu sehen beginnt sowie die immensen Bewusstseinskräfte, die das Universum durchziehen. Befindet man sich erst einmal in seinen Armen, so sieht, fühlt und erfährt man das eigene Leben als heilig, und auch alles andere Leben ist einem heilig.

Von daher passt es – wenn wir auch gekommen sind, um euch Mut zu machen und euch zu unterstützen –, dass wir euch, wenn wir gehen, eine Herausforderung hinterlassen. Wir fordern euch dazu heraus, diese Chance zu nutzen, die ihr jetzt unmittelbar vor euch habt: euer Leben im Dienst am Leben zu führen. Das bedeutet nicht, eure Macht an jemand anderen abzugeben. Es bedeutet nicht, sich auf eure eigenen Kosten um andere zu kümmern. Es bedeutet, sich der wechselseitigen Verbundenheit von allem bewusst zu sein, alle Wesen zu ehren, sodass die Motivation für das eigene Tun nicht mehr der bloße Eigennutz ist, sondern ein Interesse am Wohl aller. Wenn ihr euch weiterentwickelt und über die Aufstiegsspirale, die Bewusstseinsspirale nach oben wandert, wird sich eure Sicht des Gemeinwohls ändern, denn *alle Dinge sind relativ und auf den Bewusstseinszustand bezogen, aus dem heraus ihr sie wahrnehmt.* Das ist ein entscheidender Gedanke! Behaltet bitte im Sinn, dass alle Dinge relativ sind und auf den Bewusstseinszustand bezogen, aus dem heraus sie wahrgenommen werden. Was also auf einer Ebene eine negative Situation sein mag, kann in einem anderen Bewusstseinszustand tatsächlich als positiv erfahren werden.

Nichts ist verbindlich oder absolut in dem relativen Universum, in dem ihr lebt. Das Einzige, was absolut und unveränderlich ist, ist das tiefste, unbewegliche Zentrum eures eigenen Bewusstseins. Wenn ihr euch auf die Evolution des Lebens selbst auszurichten beginnt, auf das Wachsen des Lebens und Bewusstseins, werdet ihr in einer Weise aufgebaut werden, wie ihr es euch vielleicht nicht einmal vorstellen könnt. Denn es finden Wunder statt! Chancen tun sich auf, und euer Schicksal ändert sich, wenn ihr euer Leben im Dienst am Leben verbringt. Und warum? Weil diese Schwingung alles im Handumdrehen verwandelt.

Die Vergangenheit lässt sich ändern, und in der Zukunft tun sich Möglichkeiten auf, die eure kühnste Fantasie übersteigen. Und so ergeht von uns an euch die Herausforderung, zu leben und zu experimentieren, wie es so viele Heilige, Lehrer und Meister vor euch getan haben und es noch immer tun. Probiert es ein paar Wochen aus und seht euch an, was geschieht. Bietet sich eine Chance, gütig zu sein zu einem anderen Menschen oder einem Tier, lasst eure Güte zum Vorschein kommen. Bietet sich eine Chance, jemand anderem gegenüber mitfühlend zu sein, so habt Mitgefühl.

Bietet sich eine Chance, jemandem zuzuhören, seid so gütig und hört zu. Hört voll und ganz und mit aller Innigkeit zu, ohne dem anderen eure eigenen Ansichten, euer eigenes Programm aufdrängen zu wollen. Wenn ihr zuhört, um euer Gegenüber zu hören und aufzunehmen, was es sagt, so werdet ihr merken, dass sich eure Beziehungen rasch immens verwandeln. Es erwarten euch Wunder, wenn von euch die nicht gestellte Frage kommt: *»Was kann ich hier tun, das dem Wohl aller dienen wird? Was kann ich hier tun, das durch mich dem tiefsten Zweck des Lebens dienen wird?«*

Schließlich würden wir euch sagen, dass ihr die Schlüssel zu eurer eigenen Befreiung, eurer eigenen Erleuchtung, eurer eigenen Erhebung in der Hand haltet. Diese Schlüssel erhaltet ihr durch die Kraft eurer Wahrnehmung, euer Vermögen, eure Wahl zu treffen sowie durch das Gesetz der Schwingung und Resonanz. Das Gesetz sorgt dafür, dass das, was in euch Resonanz findet, sich euch zeigen wird. Wenn euer Bewusstsein eine Resonanz auf das Allererhabenste zeigt, werdet ihr das Leben auf eine himmelhoch erhabene Weise erfahren. Erfahrt ihr euer Leben durch die Schwingung von Zwietracht und Habgier und durch die eines engen Bewusstseins, so werdet ihr das Leben als eine Art von Hölle erfahren. All diese Reiche und Sphären existieren gleichzeitig und können jederzeit von euch aktiviert werden. Tatsache ist, dass sie bereits in jedem Augenblick eures Lebens aktiviert werden durch den Akt der Wahl.

Während ihr euer Leben dem Dienst an einem Leben im umfassenderen Sinne widmet, dem Dienst an der Evolution des Bewusstseins, wie sie sich durch euch ausdrückt, sichert ihr euch einen festen Stand auf der Treppe, die zu den himmlischen Sphären führt. Welche Entscheidung ihr auch trefft, nehmt dabei euren Status der Meisterschaft zur Kenntnis und eure Freiheit, ihn aus euch sprechen zu lassen. Diejenigen unter euch, die sich bereits entschieden haben oder sich nun dafür entscheiden, dem Leben und dem Wachstum des Bewusstseins zu dienen, wie es sich durch euch und alle Wesen ausdrückt, heißen wir als mitreisende Brüder und Schwestern willkommen. So sei es.

Und nun, Virginia, laden wir dich wieder ein, deine Fragen zu stellen.

Virginia: Ihr habt erkennen lassen, dass alle Dinge relativ sind und bezogen auf den Bewusstseinszustand, aus dem heraus sie wahrgenommen werden. Was wäre der höchste Bewusstseinszustand, den wir in unserer Beziehung zu euch, den Hathoren, aufrechterhalten könnten, wenn wir zu dieser Zeit des Erwachens Informationen von euch oder anderen spirituellen Wesen erhalten?

Hathoren: Der höchste Bewusstseinszustand, durch den wir wirklich wahrgenommen werden können, so wie wir es verstehen, ist das Schwingungsfeld, das ihr Liebe nennt. Das ist keine wahllose Liebe; es ist kein Lieben, bei dem man nicht wahrnimmt, was aus der Harmonie herausfällt, sondern eines, bei dem das Unterscheidungsvermögen als wichtiger Teil des Bewusstseins zum Zuge kommt. Es ist einfach nur so, dass ihr von diesem Schwingungsort der Liebe in euch selbst in der Lage seid, klarer die wahre Natur der Dinge wahrzunehmen – entgegengesetzt zu dem, was eure Sinne euch sagen.

Die physischen Sinne übermitteln euch eine Information, aber diese ist nur eine schmale Scheibe von dem, was sich abspielt. Wenn ihr jedoch von einer Einstellung und einem schwingungsmäßigen Empfinden und Gespür der Liebe und wechselseitiger Verbundenheit kommt, so befindet sich euer Bewusstsein auf einer höheren Stufe. Von dieser höheren Warte aus sind eure Intuition, eure Erkenntnis und euer Verständnis viel unmittelbarer und klarer. Von daher könnt ihr das empfangen, was euch angeboten wird – ob von uns, anderen galaktischen Zivilisationen, spirituellen Kontakten oder einem anderen Menschen – mit Unterscheidungsvermögen und es so deutend, wie es der höchsten Ebene entspricht.

Virginia: Ihr habt noch eine weitere Aussage getroffen, die lautet: »Nichts ist verbindlich oder absolut in dem relativen Universum, in dem ihr lebt.« Könntet ihr uns darüber aufklären, ob es ein Absolutes außerhalb oder jenseits des relativen Universums gibt? Und was meint ihr mit einem relativen Universum?

Hathoren: Das Absolute ist in Wirklichkeit in das relative Universum eingebettet und durchdringt sich mit dem relativen Universum beziehungsweise durchzieht es. Es enthält das relative Universum, hat aber paradoxerweise keinen eigenen Ort, denn es findet sich an allen Orten gleichzeitig. Es ist im Quantenfeld, um die Sprache der Wissenschaften zu gebrauchen, die ihr nun anwendet.

Das relative Universum ist alles, was ihr durch eure Sinne kennt, da alles, was geschieht, in einer Beziehung zu etwas anderem steht. Nichts ist wirklich unabhängig. Alles hängt mit allem zusammen. Würden zum Beispiel die Bäume und Pflanzen auf diesem Planeten beschließen, den Streik anzutreten und keinen Sauerstoff mehr zu produzieren, so würde die menschliche Spezies samt ihren vielen Zivilisationen nicht sehr lange überdauern. Sie würden verschwinden. Das Leben, wie ihr es kennt, fände ein Ende. Also könnte der Mensch, der sich arroganterweise für die Krone der Schöpfung hält, de facto vom Pflanzenreich eliminiert werden, würden die Pflanzen nicht mitspielen.

Alles ist mit allem verbunden. Wir sind mit allem verbunden. Selbst andere Dimensionen sind miteinander verbunden.

Deshalb ist das, was sich auf dem Planeten Erde abspielt, so wichtig und entscheidend, und deshalb verfolgen Beobachter aus anderen Reichen, wie es ausgehen wird. Sie kommen, weil das, was gerade jetzt auf diesem Planeten geschieht, interdimensional eine Resonanz findet und andere Universen beeinflussen wird. So sind also alle Dinge wirklich miteinander verbunden.

Virginia: Wie könnte sich das, was wir auf der Erde tun, auf andere Universen auswirken?
Hathoren: Der Aufstieg eines Planeten, und das ist ja im Grunde das, was in dieser Situation geschieht, zieht enorme Kreise, da sich die Oktave verschiebt. Es ist so, als würdet ihr hören, wie jemand Klavier spielt und dabei eine bestimmte Tonart im mittleren Tastenfeld spielt. Plötzlich spielt diese Person eine Oktave höher, worauf die Musik sich radikal ändert, und damit alles, was in Beziehung zu ihr steht, ebenfalls. Genau das geschieht hier.
Während die Erde den Übergang zu einer höheren Dimension vollzieht, einer höheren Frequenz, ist alles, was in einer Beziehung zur Erde steht – und dazu gehören sämtliche Organismen, nicht nur die Menschen – davon betroffen. Euer Sonnensystem ist davon betroffen, und durch das Gesetz der Resonanz der Rest des Universums – und sogar andere Dimensionen. Es ist also etwas sehr Positives, was sich da anbahnt, und es ist von großem Interesse für diejenigen, die den Prozess begreifen und für diejenigen, die Mittel haben, sich dorthin zu begeben, um das Ganze zu beobachten.
Virginia: Wie kommen sie hierher, um diese Beobachtungen anzustellen?
Hathoren: Interessante Phänomene. Manche von ihnen verlagern ihr Bewusstsein und sind in der Lage, Zeit und Raum zusammenzufalten und tatsächlich einen Teil ihres Bewusstseins loszuschicken, damit es hier anwesend sein kann, obwohl sie selbst physisch nicht hier sind. Andere Kulturen und Zivilisationen haben herausgefunden, wie sie sich durch das, was ihr Astralreisen nennen mögt, selbst an einen anderen Ort befördern können, und sie befinden sich hier in den feinstofflicheren Sphären, immer noch physisch sehr präsent, aber dennoch in den subtilen Sphären. Natürlich gibt es einige andere Zivilisationen, die die Fähigkeit gemeistert haben, sich physisch

an einen anderen Ort zu versetzen, indem sie etwas benutzen, was ihr als Raumschiff bezeichnen würdet, obwohl der Begriff im gängigen Sinn nicht ganz korrekt ist. Aber es ist ein physisches Hilfsmittel. Es gibt jedoch andere, noch stärker esoterische Wege, also steht einem eine große Bandbreite an Mitteln zur Verfügung, zu diesem Quadranten des Universums hier zu kommen. Da es sich herumgesprochen hat, dass auf dieser Seite der Milchstraße etwas Bedeutendes geschieht, kommt es zu einer Fülle von Aktivitäten.

Virginia: Was die Verfahren angeht, die diese Wesen benutzen, um hier sein zu können, aus welchem Grund auch immer: Lauern darin für die menschliche Population Gefahren? Ich meine, wenn es darum geht, zu erkennen, wer wer und was was ist? Woher weiß man als Mensch, wer einem freundlich gesonnen ist? Würde jemand auf physische Weise erscheinen – so etwas, was bei uns als UFO bezeichnet würde –, wie kann man sich da energetisch schützen, wenn man solchen Wesen begegnet?

Hathoren: Nun ja, die Energetik des Ganzen ist außerordentlich vielschichtig, wenn man es mit einem Wesen zu tun hat, das physisch aus einer anderen Dimension in die Wirklichkeit der dritten Dimension hineingelangt ist, ob mit oder ohne Hilfsmittel (eine andere Sache ist es, wenn es nur mit seinem Bewusstsein hier ist) – dann habt ihr es mit einem anderen Schwingungsfeld zu tun als bei euch selbst. Je nachdem, aus welcher Dimension diese Wesen kommen, welche Absichten sie haben und so weiter, wird es sehr komplex.

Deshalb – und nicht, weil wir versuchen, etwas übermäßig zu vereinfachen, das extrem komplex ist – kommen wir auf diesen einen Rat zurück. Wir raten es euch, da es der beste Schutz ist und außerdem das beste Mittel, sein Schicksal auf eine höhere Ebene zu bringen. Unser Rat lautet, zu lieben, denn Liebe ist die höchste Schwingung, die Grundoktave, der

Grundton, der im gesamten Universum und allen Dimensionen widerhallt. Dieser Ton ist das Gewebe, das die Welten und Atome zusammenhält. Er unterhält und bindet die wechselseitige Verbundenheit aller Dinge.
Dieser Grundton, diese Grundschwingung wird, wenn ihr euch dort hineinbegebt, undurchdringlich, unbezwingbar, und was auch immer dann geschieht, kann euch keinen Schaden zufügen! Mit diesem Schwingungsfeld der Liebe ist es so, als wäre man von einem Lichtfeld umschlossen, dessen Reinheit unangreifbar ist. Wir reden hier nicht von Liebe, wie die meisten Menschen sie sehen, sondern von Liebe als totaler Schwingung, die so machtvoll ist, dass sie in allen feinstofflichen Körpern widerhallt und regelrecht eine harmonische Resonanz erzeugt. Innerhalb dieser liebevollen harmonischen Resonanz seid ihr abgeschirmt, wenn ihr diesen Begriff verwenden möchtet – wenngleich er nicht ganz genau zutrifft – da es nichts gibt, wovor ihr euch zu schützen hättet, wenn ihr in diesem Zustand der Liebe seid. In dieser wahren, tiefen Schwingung könnte euch ein Wesen von welchen Quadranten auch immer begegnen, aus dem bekannten oder unbekannten Universum, und ihr wärt ungefährdet. Das ist also das Ziel für euren Selbstschutz bei der Begegnung mit Außerirdischen – aber seine Wichtigkeit geht weit über dieses eine Anwendungsgebiet hinaus.
Virginia: Danke. Dann sagt ihr also, dass die Menschen, die von Außerirdischen entführt wurden und im Laufe der letzten Jahrzehnte Negatives oder Schwierigkeiten mit E.T.s erlebt haben, nicht von ihnen kontaktiert worden wären, wenn sie in einem Zustand der Liebe gewesen wären?
Hathoren: Ganz so einfach ist die Antwort nicht. Sie wären vielleicht entführt worden, aber sie hätten keinen Schaden genommen. Sie hätten keinen Schaden nehmen können. Auch hier sagen wir nicht, dass diejenigen, die entführt wurden und

denen Implantate eingesetzt wurden und/oder die negative Erfahrungen machten, keine Liebe hatten. Das entspricht nicht dem, was wir sagen. Zusätzlich zu eventuellem Karma war ihre Harmonik einfach nicht stark genug, um sie zu schützen. Die Frage ist einfach: wie stark ist die Schwingung eurer Harmonik?

Virginia: Kommt es so auch zustande, dass Gruppen, die zusammen meditieren, diese höhere Harmonik erzeugen?

Hathoren: Wenn zwei oder mehr in Liebe versammelt sind, so ist da eine dritte Macht, die weitaus machtvoller ist als die beiden, wie ihr gelernt habt.

Virginia: Was die vielen Channelmedien angeht, die heute Informationen durchgeben – könntet ihr etwas dazu sagen, in welcher Hinsicht wir unser kritisches Urteilsvermögen einsetzen sollten, wenn es darum geht, Informationen anzunehmen, die von jenseits unserer Bewusstseinsebene hier stammen?

Hathoren: Zunächst einmal: Nehmt nicht automatisch an, dass Informationen, die von einem nicht inkarnierten Wesen stammen – einem Wesen ohne Körper –, weiser oder wertvoller seien als das, was euch ein anderer Mensch sagen könnte. Nur weil man keinen Körper hat, heißt das nicht, dass man weise ist. Es gibt eine Menge unbewusste Wesen ohne Körper; uns sind viele davon begegnet. [... Lachen ...] Aber was das kritische Urteilsvermögen angeht, so würden wir sagen, ihr solltet die beiden fundamentalen Kräfte nutzen, die ihr als Menschen habt. Nämlich die Kraft des Herzens und die Kraft des Geistes – oder das, was ihr Urteilsvermögen nennt.

Nehmt das, was gesagt wird, nicht fraglos als wahr hin. Lasst es durch den Filter eures Herzens rinnen und betrachtet euch, wie es sich für euch anfühlt – spürt nach, ob es die Wahrheit ist. Und nachdem ihr es durch den Filter eures Herzen habt laufen lassen, macht von eurem logischen Verstand Gebrauch und eurem Vermögen, die Sache kraft eurer Vernunft zu ergründen. Nehmt Dinge nicht passiv entgegen, indem ihr einfach akzeptiert, dass die Information die Wahrheit ist. Prüft die Information gründlich; findet heraus, was in ihr steckt, was an ihr dran ist. Und dann testet sie in eurem Leben und seht euch an, ob sie funktioniert. Das gilt auch für alles, was wir sagen!

Virginia: Noch etwas in Zusammenhang hiermit: Es hat ja einige nicht inkarnierte Wesen gegeben, die sagen, wir sollten uns Implantate einsetzen lassen, um auf eine höhere Ebene aufzusteigen, und aktuell läuft eine kontroverse Debatte, ob das ratsam ist. Möchtet ihr hierzu etwas sagen?

Hathoren: Etwas in sich einbauen zu lassen, das nicht mit einem harmoniert oder nicht Bestandteil des eigenen Wesens ist, ist nicht allein überflüssig, sondern sogar potenziell gefährlich. Ihr habt alles in euch, was ihr braucht, um die Spirale hinaufzugelangen und die höchsten, die erhabensten Bewusstseinszustände zu erlangen. Sie sind in Samenform in euch allen angelegt.

Da gibt es nichts, was von außen hinzugefügt werden müsste. Alles, was es zu tun gibt ist, das Erdreich eures Wesens zu kultivieren, sodass die Saat keimen und schließlich Früchte tragen kann. Das erfolgt durch Liebe, Mitgefühl, Unterscheidungsvermögen oder Vernunft.

Virginia: Danke. Etwas, das uns Menschen hier unten verwirrt, ist dieses ganze Reden von unterschiedlichen Reichen, Sphären und Dimensionen des Bewusstseins, die gleichzeitig existieren. Wie können wir uns selbst, noch während wir in einem Körper sind, verstehen helfen, wie all das funktioniert? Ich weiß, es ist eine gigantische Frage, aber für viele ist das sehr frustrierend.

Hathoren: Unsere Sicht ist die, dass das Bewusstsein sich in und durch Materie zum Ausdruck bringt – und diese Materie wird dann vom Bewusstsein auf eine höhere Ebene und somit zum Leben erhoben. Dieses Leben wird zunehmend komplexer und erhabener, bis man schließlich ein Bewusstsein hat, das ein Gewahrsein seiner selbst in Beziehung zur Natur aufrechterhalten kann. Dann unterhält es ein Bewusstsein einer Beziehung zwischen sich und der Kraft hinter der Natur oder in der Natur, und diese Kraft ist das, was ihr Gott nennt. Für euch erfolgt dieser Schritt – der Prozess, sich in diese höheren Zustände hineinzubewegen – derzeit dadurch, eine menschliche Gestalt zu haben. Wir sehen das nicht als Fluch. Wir sehen es nicht als Strafe. Wir sehen es als enorme Chance für eine einzigartige Ausdehnung des Bewusstseins, und zwar durch das Gleichgewicht zwischen dem, was zeitlos und formlos ist und dem, was zeitlich und formhaft ist. Es ist eine einzigartige Dichotomie. Der Druck zwischen diesen beiden – jenem Teil von euch, der zeitlos ist und dem physischen Teil von euch in der Zeit – erschafft einen alchemistischen magnetischen Strom – und aus diesem Strom ergibt sich eine Erhöhung des Bewusstseins.

Virginia: Ich erinnere mich noch, wie ihr an früherer Stelle sagtet, die Hathoren seien aus einem anderen Universum gekommen. Wie ist das in Anbetracht dessen, was ihr gerade erklärt habt, möglich?

Hathoren: Euer in der dritten Dimension angesiedeltes Universum ist nur eines von vielen möglichen Universen. Unsere Ursprünge sind das, was man »nicht physisch« nennen könnte, von daher, dass unser Universum primär aus Energie, Licht und Klang besteht. In dem Universum, aus dem wir kommen, existiert Materie, so wie ihr sie hier in der Welt der dritten Dimension erfahrt, im Grunde nicht. Die »Partikel«, aus denen unsere Welt besteht, sind nach euren Maßstäben extrem flüchtiger Natur. In unserem Universum gibt es noch weniger Festkörper als in eurem, und bereits eure Welt besteht zu zirka *99 Prozent* aus Raum!

Diese Feststellung mag manchen merkwürdig vorkommen, aber Universen folgen in ihrer Anlage geometrischen Konfigurationen. Aus der Perspektive des Hyperraums ist es so, als wäre jedes Universum innerhalb einer Art von Kugel oder in einer donutartigen Form eingeschlossen. Diese Universen sind zu Reihen oder Spiralen aneinander gereiht, und es ist möglich, in diesen verschiedenen Universen »aufzutauchen« und sie wieder zu verlassen, wenn man weiß, wie.

Euer Körper lässt sich im dreidimensionalen Raum lokalisieren, indem man Koordinaten benennt, die euch irgendwo auf der Erdoberfläche (Längengrad und Breitengrad) platzieren. Die Erde wiederum lässt sich im dreidimensionalen Raum in ihrer Beziehung zur Sonne und zu anderen Planeten lokalisieren. Sie befindet sich außerdem in einer bestimmten Region des Spiralarms eurer Milchstraßengalaxie. Das ist nur eine Galaxie unter Tausenden in eurem Universum, und jede dieser Galaxien steht in einer dreidimensionalen räumlichen Beziehung zu allen anderen Galaxien. In eurem dreidimensionalen Universum ist die räumliche Position also zentral dafür, zu bestimmen, wo etwas oder jemand sich befindet.

Auf den nicht-physischen Hyperraum trifft das nicht zu. *Die Ortung in nicht-physischen Sphären erfolgt nicht räumlich, sondern durch ein verfeinertes Vermögen des Bewusstseins, das eine Kombination aus Gedanken und Empfinden ist.* Mit anderen Worten, wenn wir mit jemandem Kontakt aufnehmen wollen, brauchen wir keine räumlichen Koordinaten. Wir »denken an« diese Person beziehungsweise fühlen oder spüren, wie wir in ihrer Gegenwart sind. Durch die Gesetze der harmonischen Resonanz wird ein Aspekt unseres Bewusstseins diese Person dann »finden«. Auch ihr habt diese Fähigkeit. Es ist lediglich eine Frage davon, sie zu entwickeln.

Was die Schnittstelle zwischen eurem Universum und unserem angeht, so kennen wir nur zwei Durchgänge. Man kann in eure dreidimensionale Welt aus dem nicht-physischen Hyperraum eintreten, durch ein »Portal« wie den Sirius, oder durch das Substrat der Materie selbst. Tretet ihr in das Substratum von Zeit, Raum und Materie ein, so werdet ihr mit einem Aspekt des Bewusstseins in Kontakt kommen, der sowohl allwissend ist, was bedeutet, dass es sich überall gleichzeitig befindet, als auch multidimensional, was bedeutet, durch alle Dimensionen ausgebreitet, nicht nur in der dritten vorkommend. Dieser Prozess der Kontaktaufnahme mit dem Substratum eures Universums oder dem, was eure Physiker das Quantenfeld nennen, erfolgt durch das Bewusstseins selbst.

Wenn man weiß, wie, kann man durch »Mikro-Portale«, die sich im Umfeld subatomer Teilchen befinden, in dieser Welt ein und aus gehen. Das ist jedoch nicht der Durchgang, den wir benutzt haben, um in euer Universum zu gelangen. Wir sind mit wenigen Ausnahmen durch das galaktische Portal des Sirius in euer physisches Universum eingetreten.

Virginia: Manche unserer herausragenden Physiker glauben, dass das Universum holografischer Natur ist. Deckt sich das mit eurem Verständnis?

Hathoren: Ja, das ist unsere Meinung. Die Wissenschaft, die sich bei euch mit Holografie befasst, steckt noch in den Kinderschuhen, und ihr habt, wie es so schön heißt, bislang das Ganze »nur an der Oberfläche gekitzelt«.

Aus unserer Sicht sind Energie und Materie wechselseitig austauschbar, wie eure Wissenschaft belegt hat. Um genauer zu sein, ist jedoch alle Materie im Kern »gefangenes Licht« oder Licht, das auf eine langsamere Schwingung reduziert ist.

Die Holografie hat gezeigt, dass man ein dreidimensionales Bild erzeugen kann, indem man ein Bild auf eine bestimmte Weise fotografiert und dabei einen hochgradig kohärenten Lichtstrahl namens Laser verwendet. Betrachtet man das entwickelte Bild aus dem gleichen Blickwinkel, aus

dem es aufgenommen wurde, so entsteht ein Eindruck von Dreidimensionalität.
Wir würden euch gerne den Gedanken nahebringen, dass genau das in jedem Augenblick eures Lebens geschieht. Die physische Welt, die ihr derart substanziell erfahrt, ist ein Trugbild, das von der holografischen Natur der Materie erzeugt wird. Euer Bewusstsein ist buchstäblich wie ein Laserstrahl kohärentes Licht. Alles was hier geschehen ist, ist, dass ihr als Menschen eingewilligt habt, die Linse eures Bewusstseins so zu halten, dass ihr alle genau das Gleiche »seht«. Jedoch seid ihr neurologisch an diese Erscheinung der Dinge nicht gebunden. Indem ihr den Fokus eures Bewusstseins ändert, könnt ihr eure Wahrnehmung der Welt ändern. Das erfolgt jedoch nicht durch Gedanken, wie ihr normalerweise denkt. Es geschieht durch eine kraftvolle Ausrichtung des Gewahrseins und der Intention. Diese beiden zusammen können buchstäblich die Textur von Raum und Zeit »verziehen«, sodass sich eurer Wahrnehmung eine sehr andere Welt zeigt.
Wie ihr euch selbst und eure Welt erfahrt, kommt im Wesentlichen durch euch zustande, auf den tiefsten Ebenen des Bewusstseins. Auf dieser tiefen Ebene, auf der Geist und Materie einander begegnen, kommt die holografische Natur der Materie durch euer Gehirn und Nervensystem zum Ausdruck. Von daher erfahrt ihr die Welt als eine »objektive«, »äußerliche« und »körperliche« dreidimensionale Wirklichkeit. In Wirklichkeit ist eure Wirklichkeit alles andere als objektiv, äußerlich und körperlich oder dreidimensional. Diese Illusionen kommen dadurch zustande und werden dadurch aufrecht erhalten, wie ihr eure Aufmerksamkeit fokussiert. Dies ist ein erworbenes Vorgehen, das euch beigebracht worden ist (größtenteils unbewusst) von euren Eltern, Lehrern und Gleichaltrigen. Da es eine erworbene Wahrnehmungsgewohnheit ist, lässt es sich auch wieder ändern. Diese Änderung der Wahr-

nehmung ist elementar wichtig, wenn ihr das, worüber wir hier sprechen, unmittelbar erfahren wollt. In dieser Hinsicht werdet ihr die Übungen, die wir euch gegeben haben, sehr hilfreich finden, da sie euer Nervensystem sachte darin trainieren, diese »verborgene Wirklichkeit« wahrzunehmen.

Wie eure Wissenschaft verifiziert hat, haben Hologramme die einzigartige Eigenschaft der eingebetteten Informationen. Wenn ihr zum Beispiel ein Hologramm nehmt und das Bild in mehrere Teile zerschneidet, so enthält jedes dieser Teile das Gesamtbild in Miniatur, ganz gleich, wie klein die Stücke sind. Bei Hologrammen ist das Ganze im Teil enthalten. Da das ganze Universum holografischer Natur ist und ihr ein Teil davon seid, birgt euer eigener Körper in sich den Zugang zur gesamten holografischen Wirklichkeit eures Universums. Und wir könnten ergänzend sagen, dass ihr auch den Zugang zu nicht-physischen Dimensionen habt.

Virginia: Das ist wunderbar. Danke. Damit komme ich zu meiner letzten Frage, bei der es darum geht, »sein Leben dem Leben dienend zu führen«. Könntet ihr uns bitte ein paar gesunde und praktikable Wege sagen, wie wir das im Alltag praktizieren können?

Hathoren: Jedes Zusammentreffen mit einem anderen Menschen ist eine Chance, dem Leben zu dienen. Wenn ihr an die Tankstelle heranfahrt, um zu tanken, wenn ihr zum Lebensmittelladen geht oder wenn ihr eine Kollegin oder einen Kollegen seht, ist das eine Gelegenheit, freundlich zu sein und zu signalisieren, dass euch an der anderen Person etwas liegt. Wenn ihr jedoch so gehetzt oder so sehr mit euren eigenen Angelegenheiten beschäftigt seid, dass andere lediglich Objekte sind, so ist euch ein neuer Augenblick der Heiligkeit entgangen. Ihr habt eine Chance verpasst, dem Leben zu dienen. Aber wenn ihr euch in diesen Situationen befindet und ihr haltet nur einen Moment lang inne, um euch zu erinnern, dass ihr mit einem anderen Menschen zusammen seid und das heilige Mysterium des Lebens miteinander teilt, so habt ihr die Möglichkeit, dem Leben zu dienen.

Es ist in der Tat so, dass dann, wenn ihr innehaltet und dem oder der anderen in die Augen seht, oder einfach auf irgend eine Weise euer Gegenüber als mehr würdigt als ein Objekt, dem Leben gedient habt. Von daher ist jede Beziehung eine Chance. Es geht nicht einfach nur darum, wie viel ihr sagt oder tut; es ist eine innere Haltung, die in eurem Energiefeld gespeichert ist. Bewahrt euch einfach die Haltung, dass alle Menschen, denen ihr begegnet – ob ihr sie mögt oder nicht –, Teil des großen Universums sind, denn das ist eine zutreffende Beschreibung. Wenn ihr wirklich an dieser Beschreibung festhaltet, dieser Erinnerung in euch, so macht ihr damit etwas heilig oder geweiht.

Die wahre Bedeutung von »heilig« hat etwas mit Heilsein zu tun, damit, etwas unversehrt und ganz zu machen. Etwas heil zu machen, ist also ein heiliges Werk – die heilige Aufgabe, das große Universum im Bewusstsein zu einen. Dies erfolgt von Mensch zu Mensch oder mitunter von Mensch zu Haustieren, Tieren, Pflanzen und anderen Formen von Leben. Im Kern erfolgt es von einem Wesen zum anderen. Indem ihr in eurem Innern anerkennt, dass jedes Wesen, dem ihr begegnet, einen Wert hat, dient ihr dem Leben. Ihr wisst vielleicht nicht, wen ihr vor euch habt, kennt die Geschichte eures Gegenübers nicht oder seine Überzeugungen, aber es ist Teil des Lebens, und so würdigt ihr es. Wenn ihr diese Zielsetzung in eurem Energiefeld bewahrt, so übermittelt sich ihm Liebe und Annahme. Und das heißt, dem Leben zu dienen.

Virginia: Sehr schön. Was für ein guter Abschluss für ein Buch. Habt ihr noch eine letzte Bemerkung hinzuzufügen?

Hathoren: Wir würden als letzten Schlusssatz sagen, dass in euch, den Menschen, ein großes Mysterium darauf wartet,

sich zu entfalten und euch förmlich zu blenden. Alles, was es dazu braucht, ist die Berührung der Liebe. Liebt also euch selbst, liebt andere. So einfach ist das. So sei es in jeder Zeit und in jedem Raum.
Wir sind eure spirituellen Weggefährten.

Die Hathoren

Danksagung

von Tom Kenyon und Virginia Essene

Viele helfende Herzen und Hände waren uns zu Diensten, als es darum ging, als einen Schritt der redaktionellen und Veröffentlichungsarbeit Mitschriften der zahllosen Audiokassetten zu erstellen, auf denen aufgezeichnet war, wie Tom und Virginia mit den Hathoren sprachen. Für ihr liebevolles Transkribieren und ihre vielen Stunden ehrenamtlicher Arbeit danken wir vor allem Carlos Haylock, Patricia Barrantine, Lynda Keith, Barbara Sawicki, Sherry Bender, Janice Samuelson, Patricia Seek und Briana Rose.

Bedanken möchten wir uns auch bei Paula Savage, die Anregungen für die Schaubilder in diesem Buch einbrachte, sowie bei Garret Moore, der sie fertigstellte.

Unser besonderer Dank geht auch an den Vorstand der SHARE Foundation für seinen Weitblick und sein Engagement, an Pat Proud für ihre wohlüberlegte redaktionelle Hilfe, an Ron Cantoni für Buchgestaltung und Desktop Publishing, an Teammitglied Jan Riqueros für flexible Aufträge bei Bedarf und an die Büromanagerin Alma Scheer für ihre unbezahlbare Unterstützung während des gesamten Publikationsprojekts.

Hier sei klar Toms und Virginias irdische Dankbarkeit bezeugt sowie die der Hathoren, die ebenfalls häufig ihre Wertschätzung für alle Mitglieder des »Erdenteams« und sein engagiertes Bemühen zum Ausdruck gebracht haben. Auf Weisen, die schwer zu beschreiben sind, ist die Veröffentlichung dieses Buchs auf so vielen Ebenen ein Sinnbild eines kooperativen Akts von spirituellem Gruppenbewusstsein!

Dank an das Eine und an alle!

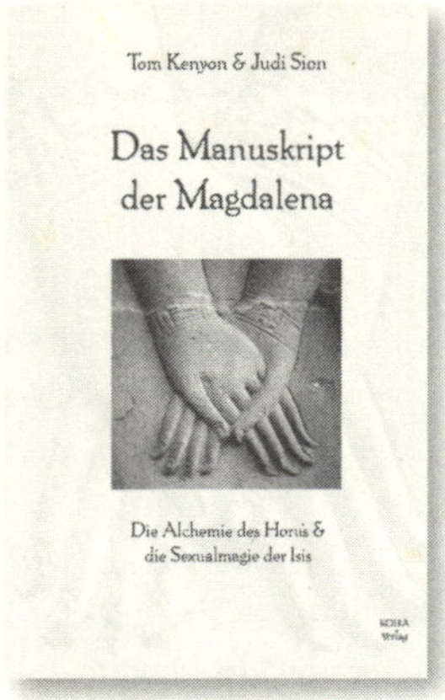

Tom Kenyon
Das Manuskript der Magdalena

Ein Buch – drei Teile – ein Thema: Die Rückkehr der Kosmischen Mutter und die Würdigung und Wieder-Inthronisation des Weiblichen. Der erste Teil enthält die persönliche Geschichte von Maria Magdalena und ihrer Beziehung zu Jeshua ben Joseph, den wir heute als Jesus Christus kennen. Diese Geschichte enthüllt einige der tiefsten Geheimnisse des Isis-Kultes, so wie Isis selbst es wollte. Die Liebe zwischen Magdalena und Jeshua war so groß, dass sie zwei Jahrtausende der Lüge überdauerte, um heute, am »Anfang vom Ende der Zeit« endlich erzählt zu werden. In diesem Manuskript, das Magdalena diktiert hat und das hier wortgetreu wiedergegeben wurde, beschreibt sie auch die alchemistischen Praktiken, die sie und Jeshua durchführten. Diese Praktiken für Fortgeschrittene sowie einführende Übungsanleitungen für Anfänger werden hier detailliert und leicht nachvollziehbar dargestellt. Wunder, wie Jesus sie vollbrachte, sind, wie Magdalena erklärt, ein natürlicher Ausdruck der Kraft, die die Praktizierenden der Inneren Alchemie erwerben. Diesem bemerkenswerten Text hat Tom Kenyon einen Überblick über die wichtigsten Traditionen der Inneren Alchemie beigefügt, mit besonderer Berücksichtigung der hohen ägyptischen Alchemie und einer Erläuterung der Alchemie des Horus. Auf Magdalenas Bitte hat Judi Sion ihre »Geschichte einer Frau« hinzugefügt, die die Geschichte jeder Frau ist.

Paperback, 252 Seiten, € 17,40, ISBN 978-3-929512-96-0